Gerald Lehner

Das menschliche Maß. Eine Utopie?

Gespräche mit Leopold Kohr über sein Leben

EDITION
TANDEM

Umschlagbild:
Unermüdlich bis zum Schluss – der 85-jährige Leopold Kohr arbeitet an einem Zeitungsmanuskript. Aufgenommen im Februar 1994 in Gloucester, Großbritannien - drei Wochen vor seinem Tod.

Foto: Gerald Lehner

Für meine verstorbenen Eltern
Anna Lehner (1933 - 1993) und Erwin Lehner (1922 - 2009)

Mein Vater befuhr einst als junger Steuermann auf einem Vorpostenboot der Deutschen Kriegsmarine den Atlantischen Ozean. Seine Erzählungen von Kriegsgefangenschaft und der freundlichen Aufnahme in den Vereinigten Staaten von Amerika schürten mein Fernweh schon als Kind.

Gerald Lehner

aufgewachsen in Bad Gastein und Saalfelden (Land Salzburg). Journalist, Autor, Filmemacher, ORF-Redakteur; Studien der Medien- und Politikwissenschaft, Pädagogik; ursprünglich Maschinenbau-Ingenieur; Lehramt für Sonderschulen und Schwerstbehinderte, Diplompädagoge; Alpinist und Bergrettungsmann.

Biografische Arbeiten über den Ski-Pionier und Hollywood-Regisseur Otto Lang. Emigrationsforschung in den USA, Canada, Europa, Neuseeland. Daneben Recherchen, Publikationen auf den Spuren von NS-Kriegsverbrechern, Wissenschaftern und Spitzensportlern bei SS, SA und NSDAP.

Kontakt: dogman@gmx.eu – Website: www.kohr.at

Inhaltsverzeichnis

Leopold Kohr im hohen Alter mit seiner Großnichte Maria Zaghi.
Bild: Familie Kohr

Einführung

Gebrauchsanweisung zu diesem Buch

„Wenn ein Mensch einmal einen halben Tag lang in den Wäldern spazieren geht, weil er sie liebt, dann besteht die Gefahr, dass er als Tagedieb angesehen wird. Wenn er dagegen den ganzen Tag als Unternehmer zubringt und diese Wälder abhackt und die Erde vorzeitig kahl werden lässt, so wird er als fleißiger und unternehmungslustiger Bürger betrachtet."
(Henry David Thoreau, Vom Leben in den Wäldern, Massachusetts 1847)

Die Grundlage dieses Buches bilden die mehr als 50 Stunden langen Gespräche mit Leopold Kohr, die ich 1993 und 1994 auf Tonband aufgezeichnet habe. Es sind international keine anderen Quellen bekannt, in denen der Philosoph selbst über sein Leben so ausführlich berichtet hätte. Besonders seine umfangreichen journalistischen Arbeiten im amerikanischen Exil, wo er als Kommentator und Analytiker das Hitlerregime in den führenden Zeitungen der USA und Kanadas hintergründig beleuchtete, kritisierte und bekämpfte, waren in Vergessenheit geraten und wurden erst durch meine Recherchen bei Kohr für die Öffentlichkeit wieder „entdeckt". Kohr hatte sich in dem noch immer vom Nationalsozialismus verseuchten Österreich der Nachkriegszeit mit der Präsentation seiner offensiven Artikel zurückgehalten.

Die meisten unserer Gespräche fanden in seiner britischen Wahlheimat Gloucester statt; zuletzt wenige Wochen vor seinem Tod. Er starb am 26. Februar 1994. Um Umrisse eines so vielschichtigen Menschen zu skizzieren, genügt es nicht, sich allein auf Gesprächsinhalte zu verlassen. Erinnerungen verblassen, das Gedächtnis färbt manches positiv, manches negativ, blendet Dinge ein und aus. So war mir bald klar, dass es für ein vollständig(er)es Bild Kohrs notwendig sein würde, Ansichten seiner Zeitzeugen und Freunde einzubinden und selbst in Archiven bzw. Akten zu stöbern. Ich prüfte also viele Angaben Kohrs auf weiteren Reisen nach Großbritannien, in die USA und nach

Kanada. Erstaunlich war und ist die Exaktheit seines Erinnerungsvermögens; was er mir erzählte, deckte sich mit sehr vielen Daten, Fakten und Dokumenten aus meiner Forschungstätigkeit. Wenngleich er sich vehement dagegen wehrte, über wichtige Frauen in seinem Leben zu erzählen, konnte ich auch dieses Kapitel beleuchten.

Im Frühjahr 1993 nahm ich ein paar Tage Urlaub vom Reporterjob beim ORF und flog das erste Mal zu Kohr nach Gloucester in Großbritannien.

Anarchismus

Fast den ganzen ersten Nachmittag redeten wir über den Spanischen Bürgerkrieg, das Buch von Hans Magnus Enzensberger „Der kurze Sommer der Anarchie", das ich bereits als Jugendlicher mit Begeisterung gelesen hatte und über seinen Gefährten Georg Orwell alias Eric Arthur Blair, den Kohr als junger Reporter 1937 in Valencia kennengelernt hatte.

Bald kamen wir auch auf Henry David Thoreau zu sprechen, Kohr, 54 Jahre älter als ich, hatte dessen Buch „Walden oder Leben in den Wäldern. Von der Pflicht zum Ungehorsam gegen den Staat" als Jugendlicher ebenso verschlungen wie ich. Für Kohr waren Thereaus Schriften eine Grundlage des Lebenswerkes. Deshalb beleuchten wir auch den Amerikaner hier zum Einstieg ein wenig. Der Transzendentalist Thoreau beschäftigte sich mit der Flora und Fauna seiner landschaftlich gar nicht spektakulären Waldheimat von Massachusetts an der Ostküste der USA. Als Gegner der Puritaner gehörte er neben Nathaniel Hawthorne, Margaret Fuller und Ralph Waldo Emerson zu den „Transzendentalisten", die das Sendungsbewusstsein weißer Einwanderer als Ursache elementarer Zerstörung von amerikanischen Kulturen und Lebensräumen brandmarkten.

Thoreau war Kohrs Idol

Die Transzendentalisten waren frühe Gegner der Sklaverei und gelten als Wegbereiter einer eigenständigen Literatur Nordamerikas. Sie rechneten mit dem Erbe ihrer puritanischen Vorfahren und Zeitgenossen ab. Beobachten, berichten, dokumentieren, mit Fiktion vermischen, ohne Illusionen und Kitsch – das war der Gegenpol zur europäischen Romantik, die sich früh mit dem Nationalismus gepaart hatte. Amerikanische Autoren fragten sich vielmehr: Wie reagiert der Mensch auf die erbarmungslose Natur? Der Naturalist Thoreau wollte kein Naturwissenschafter sein. Es reichte ihm nicht, die Schöpfung in Theorien und Modelle zu pressen und zu archivieren. Er war der Ansicht, dass Poesie so wenig mit Literaturwissenschaft zu tun hatte wie der Flug und die Schönheit des Schmetterlings mit Insektenkunde. Eine seiner wenigen Reisen führte ihn zum nahen Atlantischen Ozean, wo er mit dem Text zu „Cape Cod", einer Halbinsel in Massachusetts, begann.

Thoreau, der lange vor der Entwicklung der Astrophysik lebte, ahnte bereits, was später Experten herausfanden: Dass auch der Mensch aus der Asche der explodierten Sterne besteht, so wie alle chemischen Elemente. Unaussprechliches schien ihm so tief in den Dingen verewigt zu sein, dass es nicht zerredet werden sollte.

Die Gier nach Reichtum und Macht betrachtete Thoreau als schwere Krankheit des Geistes. Die rücksichtslose Mehrung privater Besitztümer klassifizierte er als gefährliche Droge. Der Mensch sei mit Gewissen ausgestattet, das uns helfe, die Schattenseiten der Seele zu bekämpfen.

Henry David Thoreau wurde am 12. Juli 1817 in Massachusetts geboren. Der Bundesstaat am Atlantik im Nordosten zählte zu den dreizehn Ur-Staaten der Union und war bereits schon zu der britischen Landnahme ethnisch „gesäubert" worden. Der junge Thoreau spürte in den Wäldern auf Schritt und Tritt das Erbe der Indianer. Er grub Scherben und Feuerstellen aus. Als Teenager befuhr er mit seinem Bruder John die Flüsse Merrimack und Concord. Thoreau wohnte in einer selbstgebauten Holzhütte, pfiff auf Ehe und widmete sich seinen Studien. Die Askese hatte einige Widersprüche. Als er sich in die Einsamkeit zurückzog, ließ wenige Kilometer entfernt seine Mutter einen Glockenturm auf ihrem Haus bauen. So konnte der Herr Philosoph von Mama an den Tisch zu gutem Essen gerufen werden. Gegen seine Schwindsucht nutzte das nichts. Thoreau starb am 6. Mai 1862 an Tuberkulose, jung, wie so viele seiner Zeitgenossen, mit nur 45 Jahren.

Spurensuche beim Walden Pond

Frühling 2006. Ich verfolgte die Spuren von Thoreau in Massachusetts. „Ja, Henry war wirklich ein Spinner", meinte ein Computertechniker an der Bar des „Old Colonial Inn" in Concord. Dann spendierte er mir einen Whiskey und tischte die Story vom „Weichei mit dem Glockenturm" auf. Im Laufe des Abends trudelten immer mehr Leute ein, einige Yuppies mit gestylten Frauen im Schlepptau. Es sprach sich bald herum, dass dieser Reporter „from Austria" gekommen sei, um das Grab von Thoreau und den Walden Pond zu sehen, jenen Teich im Wald, wo Thoreaus Hütte stand. Eine Ähnlichkeit mit der Region um den Salzburger Fuschlsee fiel mir auf. Schon zu Thoreaus Zeiten führte hier - in den benachbarten Wäldern – die Eisenbahn in Richtung Boston vorbei. Der Bahnlärm ist erträglich und illustriert Thoreaus These, wonach die Wildnis nichts dem Menschen Fernes sei, sondern gleich neben oder direkt in der Zivilisation beginne. In uns selbst.

Von seinem Holzhaus auf dem Hügel am Nordufer steht nichts mehr, nur eine kleine Tafel markiert den Platz. Etwas entfernt wurde für Touristen und Pilger eine Nachbildung errichtet. Außer einer indischen Familie war hier bei meinem Besuch niemand zu sehen. Wir kamen ins Gespräch. Rajendra Singh ist aus Delhi in die USA eingewandert und betreibt in South Dakota ein Restaurant. Er hatte seine Kinder und die Großmutter zum Pond mitgebracht und erzählte mir, schon als Schüler in Indien von Thoreau gehört zu haben: *„Mit diesem Besuch erfüllt sich ein Traum."* Er verehre Gandhi. Und der habe im Kampf gegen Großbritannien oft Thoreau zitiert, aus „Walden", über den Ungehorsam gegen den Staat.

Unabhängigkeit für alle?

Thoreau schwärmte von der kleinen Brücke über den Merrimack River bei Concord, auf der einfache Farmer einst den wütend aus Boston anrückenden Engländern erstmals eine vernichtende Niederlage zufügten – im Vorfeld des langen und äußerst brutal geführten Krieges sowie der Unabhängigkeitserklärung von 1776. Thoreau bewunderte die „Minutemen", einfache Bauern, die innerhalb weniger Minuten ihre Arbeit liegen ließen, Flinten holten und für die künftigen USA den Imperialismus Londons bekämpften. Positiv betrachtet, handelte es sich um eine frühe Form anarchistischer Dezentralisierung. Und es war ein Aufstand von Wohlhabenden. Die freien Taglöhner, Besitzlosen und das Massenheer der schwarzen Leibeigenen hatte bei dieser „Befreiung" vom britischen Joch nichts zu melden bzw. zu erhoffen.

In der wenig später folgenden und von Thomas Jefferson formulierten Unabhängigkeitserklärung der USA wurden zwar Grundrechte festgelegt, allerdings galten diese nicht für die Sklaven aus Afrika oder die Ureinwohner. Leopold Kohr missbilligte den Rassismus aus tiefster Seele. In sehr jungen Salzburger Jahren noch glühender Sozialdemokrat, war der Austro-Amerikaner im hohen Alter eher dem Pragmatismus zugeneigt; während man von ihm – dem nunmehr sehr lebenserfahrenen Anarchisten – radikalere Positionen erwartete. In einem

Gespräch über die Sklaverei in dem (von ihm als vorbildlich angesehenen) antiken Griechenland sagte Kohr:

„Die Welt war leider nie auf Gerechtigkeit gebaut, und eine klassenlose Gesellschaft wäre wie eine sexlose Gesellschaft."

Kurzzitate wie dieses und auch längere Teile aus meinen Gesprächen mit Leopold Kohr habe ich in den Kapiteln integriert.

So hören wir Kohr zwischendurch immer wieder im „Originalton" (OT), wie wir Rundfunkleute sagen. Wenn ich an seine Stimme, den leichten Sprachfehler, das Genuschel des Schwerhörigen, sein Fuchteln mit dem Hörgerät, das ungebrochene Charisma des Hochbetagten, die jugendlich blitzenden Augen und manches Streitgespräch zurückdenke, dann sitzen wir noch immer beisammen; so viele Jahre nach seinem Tod. Da erinnere ich mich an Kohrs Poesie, seine manchmal auch ärgerliche Sturheit, die Widersprüche zwischen Theorie und Praxis, seinen Charme und diese kreative Widerspenstigkeit. Und wenn ich im Seekajak oder in den Bergen unterwegs bin, dann weiß ich, warum er Thoreau so mochte.

Gerald Lehner

Salzburg, im Februar 2014

Kohr mit seinem Biografen, Gloucester, Großbritannien, Herbst 1993.
Bild: Frank Tichy

Keine Idylle von Gartenzwergen

Wer war Leopold Kohr?

Im September 1941 erschien im New Yorker Magazin „The Commonweal" ein Artikel von Leopold Kohr mit dem Titel „Disunion Now". Darin sprach er sich gegen nationalen Größenwahn und für ein Europa der Kantone aus, wie es die Schweiz vormacht. Kohrs wesentliches Ziel war die Zerstörung großer Nationalismen mit friedlichen und ökonomischen Mitteln. Die Schweiz war sein Traumland, weil dort Italiener, Franzosen und deutschsprachige Schweizer relativ friedlich miteinander leben. Kohr sah ihr hohes Maß an dezentraler Selbstverwaltung als Basis des Zusammenlebens, andernfalls hätten sich die Volksgruppen längst dem „chronisch gefährlichen Nationalismus" der jeweiligen Zentralstaaten angeschlossen. Nationalstaatliche Einigungsprozesse der Vergangenheit hätten nur imperiale Großmächte hervorgebracht, die sich gegenseitig in den Haaren lägen, schrieb Kohr 1941. Neun Jahre später erschien sein Hauptwerk „The Breakdown of Nations" („Das Ende der Großen").

Ernest Hemingway und George Orwell

Eine Grundlage für Kohrs Thesen war der Spanische Bürgerkrieg. In dieser Zeit arbeitete er als Zeitungskorrespondent gegen die Faschisten Francos und die deutschen Nazis. Er teilte das Korrespondentenbüro mit Ernest Hemingway und lernte den Journalisten Eric Arthur Blair kennen, der unter dem Pseudonym „George Orwell" publizierte. Neben dem Kampf gegen Franco und Hitler wehrten sich Spaniens Anarchisten gegen die Unterdrückung durch Marxismus und Kommunismus. Sie wollten freie Dörfer, Städte und Regionen. Die anarchistisch-syndikalistischen Widerstandsgruppen inspirierten Kohr. Seiner Ansicht nach liegt das Wohl im „menschlichen Maß", nicht in wirtschaftlichem Wachstum. Die Ursache sozialen Elends sei oft die falsche Dimension der Dinge: „etwas" (Staat, Wirtschaftseinheit, Betrieb, Institution) sei dann zu groß geworden. Kohr verwies auf die Dinosaurier, die ebenfalls an ihrer Größe zugrunde gegangen seien – (was mittlerweile als widerlegt gilt). Es soll ein großer Metorit gewesen sein, der sie auslöschte. Als Beispiel für die Folgen von Größenwahn führte Kohr den zentralistischen Vielvölkerstaat der UdSSR an – heute längst in kleinere Einheiten zerfallen. Idealerweise sollte ein Staat eine Bevölkerungsgröße von zwölf bis fünfzehn Millionen Menschen nicht übersteigen, sonst würde er nicht funktionieren und der Kontakt zwischen Regierung und Bevölkerung wäre weg.

Das „Anguilla-Projekt"

Kohrs Faible für kleine Staaten machte ihn zum Kämpfer für die politische Unabhängigkeit von Wales und von Anguilla, einer kleinen Insel in der Karibik. Anguilla, zirka 300 km von Puerto Rico entfernt, hatte 6.500 Einwohner und stand mit den Nachbarinseln Nevis und St. Kitts unter britischer Verwaltung. Die Bewohner erklärten sich 1967 für unabhängig und wiesen dem britischen Gouverneur die Tür. Kohr lehrte damals an der „University of Puerto Rico" und wollte den Anguillanern helfen. Mit Freunden in den USA und Kanada organisierte er eine „Staatsgründungsaktion" und machte die Weltöffentlichkeit auf die Probleme der Insel aufmerksam. Der Bau amerikanischer Großhotels wurde auf Kohrs Anraten ebenso verhindert wie die Errichtung einer Basis für Schiffe des griechischen Großreeders Onassis. Die Entwicklung von Anguillas Wirtschaft sollte kleinräumig erfolgen. Das „Anguilla-Projekt" wurde allerdings nach zwei Jahren von der Regierung Wilson in London militärisch beendet. Großbritannien setzte auch Fallschirmjäger gegen die friedliche Bevölkerung ein. Anguilla behielt die eigene Verwaltung, bekam aber wieder einen britischen Gouverneur. Erst 1981 wurde die Insel endgültig unabhängig.

Abenteuerliches Leben

Kohrs Philosophie war von seiner familiären Herkunft stark beeinflusst. Auf seinen Geburtsort, die Flachgauer Stadt Oberndorf, war er sehr stolz. Er betonte, seine „Urbegriffe" seien nicht global, kontinental oder österreichisch zu verstehen, sondern immer land-salzburgisch. Seine „Urdistanz", für ihn das Maß aller Entfernungen, war jene 22-Kilometer-Einheit, die Oberndorf geografisch von der Stadt Salzburg trennt. Auch wegen seines Heimatstolzes wurde er von einigen Kritikern als „Philosoph der Gartenzwerge" diffamiert.

Leopold Kohr wuchs in Oberndorf auf, besuchte dort die Volksschule und in Salzburg das Gymnasium. In Innsbruck promovierte er in Rechtswissenschaften.

Den zweiten Doktortitel holte er sich in Wien in Staats- bzw. Politwissenschaft. Nach dem Einmarsch deutscher Truppen und dem Beginn der nationalsozialistischen Herrschaft flüchtete Kohr aus Österreich und gründete mit Otto Habsburg in Paris eine Widerstandsgruppe. Von Le Havre erreichte er auf dem Dampfer „Bremen" im Sommer 1938 die Vereinigten Staaten. Dort half ihm der aus Oberndorf stammende Bäcker Lämmermeyer über finanzielle Schwierigkeiten hinweg. Bei der schweren Arbeit in einem kanadischen Goldbergwerk erlitt Kohr einen Hörsturz. Durch glückliche Zufälle machte er Bekanntschaften mit einflussreichen amerikanischen Intellektuellen und Auslandsösterreichern. In der „Österreich-Frei-Bewegung" setzte er sich in Kanada und den USA mit monarchistischen, bürgerlichen und linken Österreichern für die Befreiung der alten Heimat vom nationalsozialistischen Joch ein. Bei seiner psychologischen Kriegsführung gegen Hitler wies Kohr als Journalist und Vortragender in Nordamerika immer wieder auf das kulturelle Erbe des kleinen Österreich im Herzen Europas hin.

Mit der New York Times gegen die Nazis

Kohr benutzte auch die Entstehungsgeschichte des Weihnachtsliedes „Stille Nacht, Heilige Nacht" aus dem frühen 19. Jahrhundert. Es war nur wenigen Amerikanern bekannt, dass der „Song" aus Kohrs Heimatstadt Oberndorf bei Salzburg stammte. Er schrieb darüber große Artikel für die „New York Times", „Washington Post" und „Los Angeles Times", forderte die USA zum verstärkten Kampf gegen das Hitlerregime auf und propagierte Österreichs Willen zur Unabhängigkeit gegenüber Deutschland. Kohr, der aus einer Gegend stammte, die von Hitlers Geburtsstadt Braunau am Inn nur 30 Kilometer entfernt ist, verfasste viele Zeitungsartikel über Hitlers Wurzeln und die seiner Komplizen.

In einer Mischung aus glühendem Patriotismus und kriegsbedingter Bereitschaft zu Propaganda zeichnete er ein einseitiges Bild Österreichs als „Opfer" des Nationalsozialismus. Bewusst eingesetzte Klischees österreichischer Idyllen nützten dem positiven Image in Übersee. Auf den von Kohr in Nordamerika mitgeprägten Opfermythos griff man im befreiten Österreich gerne zurück und lenkte damit von der eigenen Mittäterschaft im nationalsozialistischen Herrschaftssystem ab.

1943 begann Kohr seine Lehrtätigkeit an Universitäten in den USA, später in Puerto Rico, Aberystwyth (Wales) und England. 1983 rückte die Verleihung des „Alternativen Nobelpreises" (Right Livelihood Award) in Stockholm Leopold Kohr und seine Philosophie in das Bewusstsein der europäischen und österreichischen Öffentlichkeit. Drei Jahre später wurde in Neukirchen am Großvenediger die

„Leopold Kohr Akademie" gegründet, die sich bis heute seinen Ideen widmet. Auch der Kontakt zu seiner Heimatstadt Oberndorf riss nicht ab. Im Sommer 1993 wollte Kohr nach Oberndorf ins Land Salzburg „heimkehren" und in eine Dachwohnung in der Pension „Salzachhof" ziehen. Noch bevor er das schaffte, verstarb er am 26. Februar 1994 in seiner britischen Wahlheimat Gloucester. Die letzte Ruhestätte fand Leopold Kohr im Familiengrab auf dem Oberndorfer Ortsfriedhof, etwa 18 Kilometer nördlich der Stadt Salzburg.

Gegen Gleichschaltung: Mumford, Canetti, Kohr

„Das Maß aller Dinge ist daher der Mensch, nicht die Menschheit, die Gesellschaft, die Nation oder der Staat. Da der Mensch klein ist, müssen auch seine Institutionen – Familie, Betrieb, Wirtshaus, Spital, Dorf, Stadt, Gesangsverein – relativ klein bleiben, wenn sie ihn nicht zerquetschen sollen. Aus demselben Grund ist die beste Regierung nicht die stärkste, sondern die schwächste, die gerade ausreicht, dem Bürger ein aristotelisch gutes Leben zu sichern. Die beste Regierung ist die, die nicht am meisten für den Bürger tut, sondern sich am wenigsten in seine Privatsphäre einmischt und ihn in Ruhe lässt."
(Leopold Kohr: Das Ende der Großen)

Der letzte Satz könnte auch von Margaret Thatcher oder Ronald Reagan stammen. Sie predigten allerdings den Individualismus zum Nutzen der Mächtigen und Superreichen – als ideologische Waffe gegen Kommunismus und Marxismus. Realpolitisch waren sie unerbittliche Zentralisten, Akteure des Großkapitals, und sie förderten die Machtanhäufung des militärisch-industriellen Komplexes, der Atomindustrien und multinationaler Konzerne. Kohr betonte das Grundrecht auf Selbstbestimmung als Utopie im Sinn der amerikanischen Gründerväter. Kohrs Individualismus speiste sich aus antiken, romantischen und modernen Quellen. Er bezog sich auf Aristoteles, Augustinus, den Amerikaner Henry David Thoreau und auf die Anarchisten Kataloniens, denen er als junger Reporter im Spanischen Bürgerkrieg begegnet war.

Mit dem Crash der Sowjetunion erfüllte sich eine alte Prophezeiung Kohrs. Als er vom Ende dieses Staatsterrors erfuhr, konnte er es kaum glauben. Jahrzehnte zuvor hatte er den Zusammenbruch des kommunistischen Sauriers als einsamer Rufer in der Wüste vorhergesagt und dafür viel Kritik und Häme eingesteckt. Der Untergang des Imperiums führte aber nicht zur erwarteten Freiheit russischer, kaukasischer und sibirischer Regionen. Vielmehr entstanden neue Zentralstaaten und Riesen unter demokratischen Deckmänteln im Stil der früheren Sowjetunion. Kohrs Kritik am Größenwahn der Moderne gehört ideengeschichtlich nicht zum Mainstream wie die Thesen von Lewis Mumford und Elias Canetti. Mumford machte den technokratischen Wahn zum Thema seiner Literatur, Canetti die irrationale Verführbarkeit der Massen. Kohrs Theorie der Macht konzentriert sich auf die Größe der Staaten. Alle drei skizzieren ein pessimistisches Menschenbild und beleuchten die grundlegende Gefährlichkeit des Menschen. Aus dieser Sicht propagiert auch Kohr keine „Idylle der Gartenzwerge", wie ihm besonders Marxisten immer wieder vorwarfen. Die Massenstaaten im Nationalsozialismus und Stalinismus hätten bewiesen, dass große Imperien nicht zu zähmen seien, schrieb er. Ob faschistisch, nationalsozialistisch, kommunistisch oder großkapitalistisch, Kohrs Theorie sollte ein Instrument gegen die Gleichschaltung der Massengesellschaft sein.

Alternativer Nobelpreis 1983

Kohr war 74 Jahre alt und ganz aus dem Häuschen, als er 1983 erfuhr, dass ihm das schwedische Parlament den „Alternativen Nobelpreis" verliehen hatte – den „Right Livelihood Award" (RLA). Dieser Preis war eine Auszeichnung der internationalen Jury für seine Fundamentalkritik an der Staatenwelt, die Kohr seit Ende des Zweiten Weltkrieges entwickelt hatte: *„Kohr ist der Wegweiser aus dem Irrweg des globalisierten Größenwahns. Er hat als Erster gewarnt, dass eine Gesellschaft ohne menschliches Maß unmenschlich ist"*, sagte Jakob von Uexküll, Stifter des RLA. Bei Kohr hieß es in der Begründung der Jury:

„Für seine frühe Inspiration, die zur Gründung einer ganzen Bewegung für das menschliche Maß führte. Leopold Kohr vertrat hartnäckig die These, wonach autonome Kleinsysteme eine effektive Lösung für jene Probleme sind, die heute die Menschheit beschäftigen. In Bezug auf die Dritte Welt wies Kohr frühzeitig darauf hin, dass massive Hilfe von außen die Identität der dörflichen Strukturen gefährdet und die Kräfte der Selbsthilfe und Eigeninitiative zerstören kann. Stattdessen befürwortet Kohr die der zentralisierten Strukturen, weil seiner Ansicht nach kleine Einheiten wie Dörfer besser in der Lage sind, lokale Probleme zu lösen. Und zwar mit eigenen Materialien und eigenen intellektuellen Ressourcen."

Die Einwände der Kritiker spitzten sich vor allem darauf zu, dass Kohr eine Idylle der Dörfer predige, die es in der Menschheitsgeschichte nie gegeben habe. Die Land- und Forstwirtschaft gerade im alpinen Raum war bis weit ins 20. Jahrhundert alles andere als eine sozial verträgliche Wirtschaftsform. Nicht selten war sie eine verkappte Form der Sklaverei, was für viele Generationen besitzloser Knechte und Mägde eine bittere Erfahrung war, denen

Grundbesitzer, Großbauern, Jagdherren und ihre bis heute mächtigen Standesvertretungen gegenüberstanden. Kohr gab bei Streitgesprächen zu, dass das von ihm propagierte Dorf alles andere als eine Idylle sei: Schattenseiten seien jedoch viel leichter zu kontrollieren, weil eben der Maßstab kleiner sei als im Großstadtdschungel, aus dem es kaum Auswege gibt. Dass dörfliche Intrigen, Tratsch, soziale Ausgrenzung von Schwächeren und nicht selten lebenslange Feindschaften zwischen Nachbarn im Dorf das Leben zur Hölle machen können, räumte Kohr zwar ein, fand die Anonymität der urbanen Massengesellschaft jedoch viel schlimmer. Viele bezweifeln diese Perspektive. Sie haben ihren Heimatdörfern oft schon in jungen Jahren den Rücken gekehrt, um soziale Kontrolle, Bevormundung, Vorurteile und Kleinkariertheit gegen städtische Entwurzelung und neue Freiheiten einzutauschen.

Private Widersprüche

Wie widersprüchlich, charmant und aufschlussreich Kohr auf die Licht- und Schattenseiten der Provinz reagierte, zeigen seine vielen Besuche in der alten Heimat Oberndorf nach 1945. Kam er aus den USA, Puerto Rico oder Wales zu Verwandten und Freunden ins Land Salzburg, so pries er den landschaftlichen Zauber und das scheinbar intakte Dorfleben über alles. Waren einige Tage vergangen, konnten ihm Provinzialismus, Tratsch und die ewig gleichen Geschichten schnell auf die Nerven gehen. Kohr sehnte sich nach Cocktail-Partys und anderen Genüssen urbaner und universitärer Zentren. In Kohrs Philosophie liegt ein Schlüssel zum Verständnis der globalisierten Welt. Er sah die Region und ihre Selbstversorgung als Waffe gegen große Nationalismen. Immer wieder zitierte er die Schweiz und ihre autonomen Kantone als Vorbilder.

Kulturell und sprachlich zwar sehr unterschiedlich, würden die Volksgruppen der Schweiz seit Jahrhunderten zusammenhalten. Kohr stellte die Frage, warum italienische Schweizer nicht von Nationalisten im Rom regiert werden wollen, und warum sich Deutschschweizer nicht von Berlin oder Wien die Gesetze machen ließen. Die Selbstverwaltung der kleinen Schweizer Kantone sei die Ursache. Große Nationalismen hätten da keine Chance. Wegen dieser Struktur sei der Schweizer Staat über Jahrhunderte so widerstandsfähig gegen alle Lockrufe und Spaltungsversuche von außen. Bei seinem Loblied verschwieg er nicht selten die Schattenseiten, die international heftig umstrittene Finanz- und Steuerpolitik der Schweiz, die Skrupellosigkeit bei Waffengeschäften und Schiebereien. Neben der Schweiz verherrlichte Kohr auch das noch viel kleinere Liechtenstein. Kritiker sehen dagegen in beiden Kleinstaaten bewährte Rückzugsgebiete und Geldspeicher für Diktatoren und Steuerhinterzieher.

Regionen: Schlüssel zur Welt

Jeder Mensch lebt in einer Region. Glaubt man Kohr, dann ist die Region eine Basis für das Verständnis anderer Regionen und globaler Zusammenhänge. In seinem Buch „The Breakdown of Nations" betonte er, der Makrokosmos – und sei er noch so groß – sei immer nur Ergebnis der *„sich ausgleichenden Vielfalt"*, die in der Kleinheit aller Dinge stecke. Im freiwilligen Zusammenspiel und Nebeneinander der geografischen Regionen erkannte er das menschliche Maß für die Politik – unabhängig von großen und kleinen Nationalstaaten. Wer die Vorteile und Schattenseiten der Region kennt, könne diese Erfahrungen auf viele Gegenden übertragen und anwenden. Kohrs Jünger sehen eine grundsätzliche Ähnlichkeit von Gemeinschaften, die in Grönland nicht anders seien als in Westafrika oder in dichtbesiedelten Stadtteilen von Manhattan und Tokio. Wer in jungen Jahren sein Provinznest möglichst schnell verlassen wolle, um die große Welt und ihre „coolen" Metropolen kennenzulernen, stoße in vielen Regionen auf Probleme, die sich auf territoriale Größe und Zentralisierung zurückführen ließen. Damit war Kohr der erste Philosoph und Politikwissenschafter, der die territoriale und demografische Größe als Faktoren bzw. Variablen in die Physik der Staatenwelt einführte.

Bekannt und weitgehend unbestritten ist, dass der Mensch für das Leben in Kleingruppen bzw. dörflichen Strukturen geschaffen ist. Auch Hillary Clinton hat in ihrem Buch „It takes a village" darauf hingewiesen. Warum organisiert sich auch ein Universum wie New York City in „Dörfern": Greenwich Village, Midtown Manhattan, Lower Eastside oder Little Italy? Es geht um „Neighbourhood", die auch in den (fast) menschenleeren Weiten Kanadas und Alaskas das Leben leichter macht. Ob man Kohrs Lobliedern auf Überschaubarkeit und Kleinheit zustimmt oder nicht: Tatsache bleibe, so Jakob von Uexküll und das schwedische Parlament in ihren Begründungen zum Alternativen Nobelpreis, *„dass Kohr unter allen Staatstheoretikern der Neuzeit der Erste war, der das ‚menschliche Maß' als politischen Faktor erkannte und erforschte."*

Bücher

1957 publizierte er sein wichtigstes Buch: „The Breakdown of Nations" („Das Ende der Großen"). Darin sagte er das Ende der Machtblöcke des Kalten Krieges voraus, lange bevor die Sowjetunion zusammenbrach. Er plädierte für „richtige Größe" zu einer Zeit, als Wachstum und internationale Zusammenschlüsse weltweit als einzige Möglichkeit gesehen wurden, politische Katastrophen und Menschheitsverbrechen wie den Nationalsozialismus für die Zukunft zu verhindern. Kohr befürwortete die friedliche Zerschlagung der großen Nationalstaaten bzw. Kolonialmächte wie Deutschland, Frankreich, Großbritannien, Spanien und Italien nach kantonalen und regionalen Gesichtspunkten wie in der Schweiz. Sein Blick galt lange der Sowjetunion. Ende der 1980er-Jahre überholte ihn die Wirklichkeit, als der Sowjet-Kommunismus mit einem Tempo formal vom Erdboden verschwand, das selbst Kohr überraschte.

1962 wurde sein zweites Buch „Die überentwickelten Nationen" („The Overdeveloped Nations") veröffentlicht. Kritischer noch als in seinem ersten Werk beleuchtete er die Beschleunigung des modernen Lebens. Die Steigerung der Geschwindigkeiten, im Verkehr ebenso wie im Berufs- und Privatleben sowie im Absatz von Waren, führe zu dauerhaft negativer Entwicklung. Dabei kannte er Internet und Smartphones noch gar nicht.

1965 erschien das Buch „Weniger Staat". Anders als der Titel vermuten lässt, war es keine Verherrlichung des Neoliberalismus. Der Titel der britischen Originalausgabe lautet: „Freedom from Government" – Befreiung vom Regiert-Werden. Kohr entwickelte seine These weiter, wonach nur das Maßvolle das individuelle und kollektive Leben bereichere. Jedes Übermaß ersticke die Menschen. Die Begriffe „Staat", „Nation" oder „Volk" kritisierte Kohr als Schablonen und Worthülsen, welche auch dazu dienten, die Übergriffe der Obrigkeit auf Würde und Lebensqualität des Individuums zu tarnen.

1973 folgte „Entwicklung ohne Hilfe" („Development without Aid"). In diesem Buch nahm Kohr die „Entwicklungshilfe" bzw. „Entwicklungszusammenarbeit" auseinander. Der Weg zum Wohlstand führt laut Kohr nicht über möglichst viel (Spenden)Geld oder zwischenstaatliche Almosen. Diese seien unwürdig. Geschenktes Geld und Hilfsgüter würden jeden Ansatz zu eigenständiger Entwicklung im Keim ersticken, schrieb er und bezog sich auf mittel- und langfristige Strategien. Rasche Hunger-, Katastrophen- und Flüchtlingshilfe sind bei ihm kein Thema, er lehnt sie aber auch nicht ab.

Während seiner Professur an der Uni von San Juan in Puerto Rico verfasste Kohr zahlreiche Zeitungsartikel und Kolumnen, die im Sammelband „The Inner City" publiziert wurden. 2008 erschien das Buch auch in deutscher Sprache im Salzburger Otto Müller-Verlag unter dem Titel „Probleme der Stadt". Kohr beschrieb das Wesen einer intakten Stadt und stellte es aktuellen Problemen von Städten gegenüber. Besonders interessierten ihn moderne Stadtzentren, denen das menschliche Maß fehle. Kaputte Strukturen, Verkehrschaos, Landflucht und korrupte Politiker waren seiner Meinung nach die Ursachen für die Zerstörung vieler Regionen und Städte.

In Fachkreisen sind die Meinungen geteilt. Seine zentrale und idealistische Forderung, dass jede Region vor Eingriffen von außen geschützt werden sollte, stößt schnell auf praktische Grenzen des realpolitischen Alltags. Zum Beispiel bei Einsätzen internationaler Friedenstruppen, um Massaker an Zivilisten und Völkermord zu verhindern – wie auf dem Balkan oder in Afrika. Auch von vielen Problemen begleitete und dennoch sinnvolle Projekte des „Nation Building" (Aufbau ziviler und demokratischer Strukturen mit Konfliktlösung von außen – zum Beispiel der Vereinten Nationen) widersprechen Kohrs Thesen. Dennoch bleibt seine Forderung nach möglichst viel Autonomie und Selbstverwaltung kleinerer Einheiten ein gutes Gegengift, wenn durch Zentralisierung und Vereinigungswahn die Diktatur droht.

Kohr und Laotse

Eine bemerkenswerte Initiative hat der österreichische Diplomat Michael Breisky vom Außenamt der Bundesregierung in Wien mit einer Vortragsreise durch die Volksrepublik China gesetzt. Im Frühling 2008 referierte er an fünf chinesischen Universitäten und stieß auf „überaus positives Echo" auf Kohrs Philosophie:

„Meine Erwartungen wurden weit übertroffen, von Studenten, Professoren und Journalisten wurden mehrfach Parallelen, ja Gleichsetzungen zwischen Kohr und Laotse bzw. dem Tao geäußert."

Die großen Widersprüche zwischen dem maoistischen Zentralismus und Kohrs dezentralem Anarchismus seien dabei kaum diskutiert worden, vielmehr sei es um den Brückenbau zwischen Ost und West durch die Prozess-Philosophie gegangen: *„Diese will die konfliktorientierte Dialektik überwinden und Berührungsängste zwischen Wissenschaft, Religion, kulturellen Traditionen und Ästhetik konstruktiv auflösen. Nicht zufällig wurde meine Vortragsreise vom Zentrum für Prozess-Philosophie in Claremont/Kalifornien organisiert."*

Laut Breisky sehen chinesische Intellektuelle bei Kohr eine Nähe zur taoistischen Naturphilosophie:

„Seine Kritik am Größenwahn könnte eine realistische Chance eröffnen, dass sich Chinas Eliten intensiver mit Kohr befassen. Dadurch könnte langfristig auch schädlicher Zentralismus aufgeweicht und letztlich überwunden werden. Denn immer mehr Verantwortliche sind sich bewusst, dass die vielen Volks-, Sprach- und Kulturgruppen Chinas weitreichende Autonomie und Dezentralisierung brauchen, damit der Gesamtstaat weiter bestehen kann."

Leopold Kohr vor der Abreise in den Spanischen Bürgerkrieg mit seiner Schwester Maria. Salzburg, 1937.
Bild: Familie Kohr.

Der Spanische Bürgerkrieg

Wurzeln des Anarchismus

Im Frühling 1937 zog der 27-jährige Kohr in den Spanischen Bürgerkrieg. Er ahnte nicht, dass diese relativ kurze Zeit sein ganzes Leben entscheidend prägen würde. Kohr wollte sich in Spanien – auf republikanischer Seite gegen die Faschisten Francos – als Reporter und Korrespondent von westeuropäischen Zeitungen praktisch bewähren. Er hatte schon zwei Doktortitel in der Tasche, hatte Jura in Innsbruck studiert und in Wien die Politik- bzw. Staatswissenschaften. In diesen Jahren stand der spätere Anarchist Kohr noch klar auf sozialdemokratischer Seite – wie sein Vater und die meisten seiner Mentoren an der London School of Economics, wo er ab Spätherbst 1928 fast ein Jahr lang studiert hatte. Sein als Praktikum vorgeschriebenes Gerichtsjahr hatte der junge Jurist in Salzburg und Wien absolviert. Die bürgerliche Langeweile dieser Aufgaben ließ ihn Mitte der 1930er-Jahre rasch nach Paris flüchten, wo sich Kohr für die kleine Nachrichtenagentur „Agence Viator" erste journalistische Sporen verdiente und Freundinnen hatte. Den Zauber der Arbeit als Reporter hatte er als Student in London entdeckt, wo Kohr bei einem Freund seines Vaters erste Einblicke bekam – bei Egon Ranshofen-Wertheimer aus Braunau am Inn, einem späteren Mitbegründer der UNO und Berater der US-Regierung im Zweiten Weltkrieg, von dem hier noch die Rede sein wird. Viele junge Leute in Westeuropa und Nordamerika sympathisierten Mitte der 1930er-Jahre mit der frischgebackenen Demokratie Spaniens, die aus einer ultrakonservativen, klerikalen und absoluten Monarchie hervorgegangen war. Manche Modernisten träumten auch vom militärischen Kampf bei den Internationalen Brigaden gegen Francos Faschisten. Und so fuhr der Salzburger Kohr im Mai 1937 als Zeitungskorrespondent von Paris aus nach Spanien. Die Gedankenwelten katalanischer Anarchisten und Regionalisten – die bis heute gegen Madrider Zentralregierungen spürbar sind – wurden zur Grundlage seiner Philosophie der staatlichen Kleinheit.

Katalonien im Kampf gegen den Faschismus

In welches Biotop tauchte Kohr da ein? Welche Leute beeinflussten ihn? Wie war die allgemeine Stimmung? Der deutsche Schriftsteller Hans Magnus

Enzensberger hat 1972 bei Rowohlt einen Roman über den katalanischen Volkshelden Buenaventura Durruti veröffentlicht: „Der kurze Sommer der Anarchie". Durrutis Ermordung im November 1936 durch moskautreue Stalinisten entfachte in Katalonien eine Massentrauer, die den Hass auf die Madrider Zentralregierung noch verstärkte. Der Schlosser und Automechaniker hatte sich neben seinen politischen Aktivitäten seit den 1920er-Jahren immer wieder als Bankräuber, Attentäter und Bombenleger betätigt.

Er war eine Mischung aus Schwerverbrecher, Robin Hood, Julius Cäsar und Familienvater; ein Krimineller, der auch zu Mitgefühl und Selbstaufopferung fähig war, jedoch mit Feinden in Politik und Justiz wenig Gnade kannte. Die Massen in den Arbeiterbezirken von Barcelona – so wird dort noch heute erzählt – hätten Durruti wie einen Schutzheiligen verehrt. Am Tag seiner Bestattung seien eine halbe Million trauernde Katalanen auf die Straßen gegangen, schreibt Enzensberger.

Der Anarchismus hatte in den 1930er-Jahren für viele die Funktion einer religiösen Lehre. Sie träumten vom Ende der jahrhundertealten Grundherrschaft, von der Befreiung aus verhassten Zuständen, vom Untergang der verdeckten Leibeigenschaft, die ihnen Großgrundbesitzer, Kirche und Zentralstaat aufzwangen. Phantasien vom Jüngsten Gericht wurden geweckt, in dem Gott die Ausbeuter zur Rechenschaft zieht. Spanische Bauern wollten das Evangelium endlich *„auf die Füße stellen"*, beschreibt Enzensberger die Entwicklung:

„Diese Aufstände entfesselten eine elementare Massengewalt und wurden mit beispielloser Todesverachtung ausgefochten. Sie nahmen immer denselben stereotypen Verlauf. Die Landarbeiter machten die Guardia Civil nieder, nahmen Pfarrer und Beamte gefangen, zündeten die Kirche an, verbrannten Grundbücher und Pachtverträge, schafften das Geld ab, sagten sich vom Staat los, erklärten sich zu unabhängigen Kommunen und beschlossen, das Land gemeinsam zu bewirtschaften."

Eine Ursache war die Ausbeutung der Kleinbauern, eine andere die Unzufriedenheit der Arbeiter in den Fabriken Kataloniens, der von jeher reichsten und industriell am höchsten entwickelten Region Spaniens. Ihre Hauptstadt Barcelona ist eine Metropole der Schifffahrt, des Exports, der Banken und der Textilindustrie. Zwischen 1870 und 1930 wuchs ein Millionenheer von anarchistischen Arbeiterverbänden. In Katalonien gab es viele Utopien. „Utopia" – so nannte der Humanist Thomas Morus (1516) eine fiktive Insel, auf der ideale soziale Verhältnisse herrschen – bedeutet „Nicht-Ort" und steht für Wunschvorstellungen und Sehnsüchte. Die Hauptlast im Kampf um radikale Selbstverwaltung und Basisdemokratie in Barcelona trug der anarchistische Gewerkschaftsverband, die syndikalistische C.N.T. *(Confederacion Nacional Anarquista Iberica)*. Sie hatte 1937 mehr als zwei Millionen Mitglieder, Männer, Frauen und Jugendliche. Kohr sah die Entwicklung so:

„Ein Angreifer, eine Diktatur, hat immer einen Vorteil im Augenblick. Letzten Endes geht es nicht. Der Hitler war zuerst ein großartiger Militärführer. Nur dass er übersehen hat, er kann nur bis zu einem gewissen Punkt gehen. Und das Ende war dann, dass er sich mit dem Revolver erschießen musste. Der Ruchlose gewinnt immer die ersten Schlachten und verliert die letzte; das gilt auch für Stalin."

Kurz bevor Kohr 1937 in Spanien ankam, erreichte der Kampf der Anarchisten gegen Stalin einen Höhepunkt. Dessen Einfluss und Druck auf die republikanische Regierung war die Ursache, dass am 3. Mai 1937 eine Revolution der anarchistischen Arbeiter und Bauern ausbrach. Sie richtete sich gegen die kommunistisch dominierte Zentralregierung in Madrid und ihre „Internationalen Brigaden". Am 7. Mai wurden diese Aufstände von Regierungstruppen niedergeschlagen. Den Vormarsch begleiteten zahlreiche Massaker, bei denen Kommunisten mitmachten. Bauern und Arbeiter, Männer und Frauen wurden entwaffnet, viele gefoltert und ermordet.

Am folgenden Tag betrat Leopold Kohr zum ersten Mal spanischen Boden. Er reiste mit der Eisenbahn von Frankreich ein und spürte die gespenstische Stille, die über dem Land lag. Die Zeitungen waren von einem anderen Ereignis dominiert: In New York war einen Tag zuvor, am 6. Mai 1937, das deutsche Luftschiff „Hindenburg" abgestürzt und verbrannt. Das war die erste Nachricht, die Kohr in Spanien erreichte. Er hatte Aufträge von vier Redaktionen in der Tasche, für die Zeitungen „Echo" und „Express" in Wien, für die Nachrichtenagentur „Agence Viator" in Paris und für das Schweizer Blatt „ABC". Vier Monate wollte Kohr nun als Kriegsreporter in Spanien arbeiten.

Mit George Orwell im Kaffeehaus

Sommer 1937. Rauchwolken in der Ferne! Wahrscheinlich schwere Artillerie. Oder Luftangriffe? Die Straßencafes im Zentrum von Valencia waren überfüllt. Die Sonne plagte die Menschen stärker als die Nähe der Front, die nur 100 Kilometer entfernt war. Im Schatten der Baldachine ließ sich der Krieg aushalten. Ein internationales Publikum bevölkerte die Cafés. Lokale Dialekte, Spanisch, Baskisch, Katalonisch mischten sich mit dem Slang amerikanischer Revolutionstouristen, man hörte Französisch, auch Deutsch.

Abseits der Schlachtfelder bekamen Gerüchte und Nachrichten aus Schützengräben einen bizarren Reiz, der die Phantasie der Zaungäste beflügelte und diejenigen zum Träumen brachte, die das Grauen noch nicht erlebt hatten. Chronisten, Reporter und Redakteure schickten von Valencia ihre Schreckensmeldungen in die Welt hinaus. Der Faschismus war in Spanien auf dem Vormarsch. Da draußen, irgendwo hinter dem Horizont, nutzten Truppen Francos den Wirrwarr und die Streitigkeiten unter den Republikanern für ihre Zwecke. Nur wenige kampferprobte Brigadisten waren unter den Kaffeehausgästen. Waren sie Spanier, dann trugen sie oft ihre besten Hemden, waren rasiert und herausgeputzt. Ganz im Gegensatz zu Gästen aus anderen Ländern, den Reportern, Schriftstellern, Abenteurern und Lebenskünstlern. Viele hatten Stoppelbärte, steckten in verwahrlosten Klamotten, wie wenn sie direkt von der Front kämen. Echte Kämpfer zeigten sich in der Stadt als Salonlöwen – trotz ihrer abgezehrten Gesichter. Katalonische Frauen, so hieß es, wollten keine Verschwitzten und Geschundenen für die kurze Zeit, die noch blieb bis zum Sterben. Bis auf wenige Stellen waren auch die Gehsteige mit Kaffeehaustischen und Stühlen verstellt. Ein bärtiger Brite bahnte sich den Weg. Bei einem jungen Ausländer war noch Platz. Der legte seine Zeitung weg, er trug einen feinen Anzug – offenbar auch einer dieser Revolutionstouristen, die sich 1937 zu Tausenden in Spanien aufhielten. Die beiden Männer hatten sich nie zuvor gesehen.

„May I sit down?" „Yes, of course …"

Und nach einer Pause: *„Everyone in Spain nowadays introduces himself with a false name."* So stellte sich der Unbekannte mit seinem Decknamen vor: *„George Orwell."* Komisch, dachte Leopold Kohr. Decknamen und Pseudonyme sind wohl große Mode hier im Krieg. Zehn Jahre später erinnerte sich Kohr genau, wer ihm da begegnet war. In der Weltpresse war von einem gewissen George Orwell die Rede. Es war ein Pseudonym. Der Brite rechnete in seiner Literatur mit dem Stalinismus und der Sowjetunion ab, zum Beispiel in „Animal Farm". Eigentlich hieß er Eric Arthur Blair, geboren am 25. Juni 1903 in Motihari, Indien – Sohn eines britischen Kolonialbeamten. Blair schlug sich als Polizist, Lehrer, Reporter, Kriegsberichterstatter und Schriftsteller durch. Mehrere Jahre lebte er in Südostasien. Mit dem Roman „1984" gelang Blair Ende der vierziger Jahre ein Bestseller. Mit nur 46 Jahren starb er 1950 an Tuberkulose. Vor dem Buch „1984" hielten sich Orwells literarische Erfolge in Grenzen, er galt allerdings als wagemutiger Reporter. Wegen seines schwierigen Charakters und exzentrischer Auftritte hatte er viele Feinde. Orwell hasste den Faschismus und den Kommunismus gleichermaßen. „1984" und „Farm der Tiere" sind seine Monumente gegen den totalitären Staat.

Als sich Kohr und Orwell im Sommer 1937 trafen, war der Brite noch ein Unbekannter. Der junge Österreicher arbeitete – wie er – als Reporter. Und auch Kohr war Lebenskünstler; sechs Jahre jünger als Orwell.

Der junge Kohr als Reporter im Spanischen Bürgerkrieg, Gesprächspartner von George Orwell und Ernest Hemingway.
Bild: Familie Kohr

Schon beim nächsten Drink erfuhr Orwell, dass das berühmte Weihnachtslied „Silent Night" aus Kohrs Heimat Oberndorf in Österreich stammte; ein Ansatzpunkt für weitere Gespräche über Geschichte und Politik. Kohr und Orwell trafen sich in den folgenden Tagen öfter in diesem Café, eine Woche lang. Sie erzählten, tranken, entwarfen Szenarien vom Ausgang des Krieges gegen Franco, von der Zukunft Europas, wenn die Faschisten gewannen. Sie waren sich einig, dass die Stalinisten auf republikanischer Seite Massenmörder wie Francos Faschisten waren. Stalins Kommissare liquidierten anarchistische und trotzkistische Kampfgefährten in den eigenen Reihen, die dunkelste Seite der „Internationalen Brigaden", die bis heute von linken Chronisten verschwiegen oder heruntergespielt wird. Orwell und Kohr sahen sich nie wieder. Der Salzburger erinnerte sich 1993 an diese Woche in Valencia:

„Wir haben in Valencia auch über Zeitalter der Geschichte gesprochen: Altertum, Mittelalter und Neuzeit. In Wirklichkeit ist die Reihenfolge genau umgekehrt. In der Antike war die Menschheit noch jung und frisch. Die Neuzeit ist das Zeitalter der Senilität! Es ist ein Drama in drei Akten, das nun bald zu Ende geht. Was jetzt kommt, ist nicht der vierte Akt des Dramas, sondern der erste Akt einer neuen Tragödie: Das Zeitalter der Masse hat die Bühne übernommen und das Individuum verdrängt. Und dieses Zeitalter wird zum Glück nur sehr kurz sein. Ein Einakter. Über dem Hauptplatz von Valencia hing damals ein großes Plakat. Die Leute sollten sich daran erinnern, dass der Feind nur 150 Kilometer entfernt ist. Das haben wir kommentiert. Nicht 150 Kilometer ist er entfernt! Er ist schon da – mitten unter uns! Der Krieg ist diese neue Art von Feind: die totale Kontrolle in der Massengesellschaft."

Agenten aus Moskau und kommunistische Kämpfer aus vielen Ländern nutzten den Bürgerkrieg, um rivalisierende Milizen innerhalb der antifaschistischen Widerstandsbewegung auszuschalten. Ziel war ein kommunistisches Spanien. Doch diese Hoffnung schwand. Überall waren 1937 die Faschisten auf dem Vormarsch. Der Stalinismus zerstörte Kohrs letzte Illusionen über den Marxismus.

Schon drei Jahre zuvor, als er nach seinem Jura-Studium in Wien als Gerichtspraktikant arbeitete, war ihm einiges klar geworden. Die austrofaschistische Regierung unter Bundeskanzler Engelbert Dollfuß hatte 1934 sozialdemokratische und kommunistische Arbeiter vom Bundesheer bekämpfen und einige hinrichten lassen, darunter auch Schwerverletzte. Kohr hatte sich schon als Gymnasiast für Marx interessiert:

„Diese Exekutionen haben mich furchtbar empört. Einem Verwundeten musste sogar geholfen werden, dass er da bis zum Galgen hinauf kommt. Einem Todkranken. So ... jetzt werd' ich Kommunist, habe ich mir gedacht!"

Kohr suchte lange, bis er jemanden fand, der ihm den Kommunismus erklären konnte. Es war ein junger Wiener, dessen Namen er später vergaß. Der hatte in Moskau die Parteischule besucht.

„Der Kommunismus war nichts für mich. Statt beizutreten war das der letzte Punkt, der mich zum Anarchisten machte. Frei von Ideologie! Das ist Anarchismus! Es ist die edelste der Philosophien. Aber eine Gesellschaft kann nur ohne Staat und ohne Regierung leben, wenn der Einzelmensch so ethisch erzogen ist, dass es niemandem einfallen würde, in den Bereich des anderen einzudringen. Anarchisten, die jemanden erschießen, die sind Lustmörder. Die sollen eingesperrt werden! Lebenslänglich. Nicht weil sie jemanden umgebracht haben, sondern weil sie sich Anarchisten nennen. Ein Anarchist ist unorganisierbar. Er ist der einzelne Mensch, der nach seinen eigenen Gedanken geht und dessen Interessen auf seine unmittelbare Umgebung beschränkt sind. So eine Unionsbewegung wie ‚Arbeiter aller Länder – vereinigt euch', das passt dem Anarchisten nicht. Er hört auf, sich um Einigkeit mit anderen Arbeitern zu bemühen, wenn es mehr Zeit als eine Stunde braucht, dass er zu diesen Arbeitern hinkommt. Die müssen sich selbst für ihre Rechte einsetzen. In 20 Kilometern Entfernung."

Was waren die Ziele der Anarchisten?

„Keine Regierung! Alles lokal im Kleinen zu lösen. So weit wie die persönlichen Interessen gehen. Ohne Regierung, das geht natürlich nicht ganz. Und das nächste Ideal des Anarchisten, das ich immer betone, ist: so wenig Regierung wie möglich. Und, um so wenig Regierung wie möglich zu haben, bedarf es einer kleinen Gemeinschaft."

In seinem Buch „Die überentwickelten Nationen" (Original: „The Overdeveloped Nations" 1978) schrieb Kohr Jahrzehnte später: *„Sehr viele kapitalistische Diskussionsredner sind überzeugt, dass Kommunisten schlecht denken, schlecht sind, schlecht aussehen, schlecht reden und schlecht handeln. Da diese Diskussionsredner nicht imstande sind, Menschen in ihnen zu sehen, ist es nicht weiter erstaunlich, dass es ihnen selten gelingt, die Kommunisten von ihrer eigenen Menschlichkeit zu überzeugen."*

In den 1930er-Jahren waren es die Bewohner ganzer Regionen, die mit Gewalt versuchten aus dem Elend auszubrechen. Schlecht organisiert, wurden Dorfrevolten nach wenigen Tagen von Regierungstruppen niedergeschlagen. Die Soldaten verhalfen Großgrundbesitzern wieder an die Macht. Im Kampf der spanischen Anarchisten gingen 1937 Zehntausende Frauen und Männer in den Tod.

„Sie waren genau das Gegenteil der meisten so genannten Revolutionäre, weil ihre Prinzipien ziemlich vage, ihr Hass auf Privilegien und Ungerechtigkeit dagegen echt war. Weltanschaulich sind Kommunismus und Anarchismus polare Gegensätze. Die Kommunisten betonen immer den Zentralismus und den Nutzeffekt, die Anarchisten Freiheit und Gleichheit", schrieb Orwell in seinem Kriegstagebuch *„Mein Katalonien".*

Orwell berichtete für Blätter in Großbritannien, hauptsächlich für die linke Londoner Wochenzeitung „Tribune". Gegen Ende 1937 trat Orwell der POUMMiliz (Partido Obrero de Unificacion Marxista) – der „Arbeiterpartei der marxistischen Einheit" – als Freiwilliger bei. Diese rekrutierte sich aus Anhängern des russischen Revolutionärs und Massenmörders Leo Trotzki, der im Auftrag Lenins die Rote Armee aufgebaut und den Stalinismus in der Sowjetunion sehr früh bekämpft hatte. Trotzki wurde später in Mexico von einem Agenten Stalins mit einem Eispickel erschlagen. Die trotzkistische POUM trug neben den anarchistischen Milizen eine Hauptlast im Kampf gegen Francos Truppen, die vom faschistischen Italien und von Hitlerdeutschland mit Waffen und Fachleuten unterstützt wurden. Der Krieg entschied sich im Sinne der Faschisten, die ihren Marsch gegen die Hauptstadt Madrid fortsetzten, um die Republik und die demokratisch gewählte Zentralregierung zu stürzen. Am 8. November 1936 sendete Radio Madrid einen Hilferuf an die Welt:

„Hier ist Madrid! Hier in Madrid verläuft an diesem Tag die universale Grenze zwischen Freiheit und Sklaverei. Hier sind zwei unversöhnliche Welten zum Endkampf angetreten. Hier ist Madrid! Es kämpft für Spanien. Mit seinem Blut verteidigt es die ganze Menschheit. Madrid! Madrid!"

„Die Schlacht, die am Westrand von Madrid am 7. November begann, war eine der seltsamsten der modernen Kriegsgeschichte. Auf der einen Seite eine reguläre Armee, glänzend ausgerüstet, aber nur einige 20.000 Mann stark, hauptsächlich Marokkaner und Fremdenlegionäre; auf der anderen eine Stadtbevölkerung, schlecht ausgebildet, kaum ausgerüstet, aber eine enorme Masse.“, schrieb der Historiker Hugh Thomas.

Die trotzkistische POUM und Anarchistenmilizen kämpften weiter gegen Stalinisten. Während der Diktator in der Sowjetunion Millionen Menschen ermorden, deportieren oder in die Arktis Sibiriens verbannen ließ, arbeiteten seine Kommissare auch in Spanien für ihre so genannte „Weltrevolution“. Das bewirkte die Spaltung der republikanischen Widerstandsbewegung, eine der Ursachen, die zum Sieg Francos führten. Orwell beschuldigte die Sowjets, den Faschisten bewusst in die Hände gespielt zu haben, weil Stalin bei den anarchistischen Arbeitern keine Chance gehabt hatte:

„In jedem Land der Welt ist ein ungeheurer Schwarm von Parteibonzen und schlauer, kleiner Professoren beschäftigt, zu „beweisen“, dass Sozialismus nichts Anderes bedeutet als planwirtschaftlichen Staatskapitalismus, in dem das Motiv des Raffens erhalten bleibt.“ (George Orwell in *„Mein Katalonien“*)

In diesem Sommer 1937 schickte Leopold Kohr diese Story an die Redaktion des Nachrichtenmagazins „ABC“ in Zürich. Sie erschien am 2. September 1937 in der Schweiz.

Leopold Kohr (rechts hinten) in der elterlichen Küche nach Rückkehr aus dem Spanischen Bürgerkrieg mit seiner Familie. Links neben ihm seine Schwester Maria, links hinten sein Vater.
Bild: Familie Kohr

Die Anarchisten – Bericht aus dem Bürgerkrieg

von Leopold Kohr

Die spanischen Anarchisten
Dr. jur. Leopold Kohr

Zeitungsartikel von Leopold Kohr

Im Juli 1936 waren es die Anarchisten, die sich den aufständischen Garnisonen mit unbrauchbaren Waffen und unerhörtem Mut entgegenwarfen, binnen 24 Stunden die reguläre Armee in Barcelona besiegten und von da aus im Sturm durch Katalonien zogen, siegreich die Front bis weit hinein nach Aragon trugen.

Sie unterließen es, ihre Erfolge zu organisieren, denn Organisation ist jener Begriff, durch dessen Verneinung ein Mensch zum Anarchisten wird. Trotz der Unübersichtlichkeit der Kampfeslinie widersetzten sie sich getreu ihren Dogmen einem Einheitskommando, ja jedem Kommando überhaupt, erfanden das Wort vom „freiwilligen Gehorsam", ohne aber jemandem Befehlsgewalt einzuräumen. So entstand die berühmte Aragonfront, eine idyllische Eroberungslinie im Spanischen Bürgerkriege, an der kein Schuss mehr fiel und die einem wohlgepflegten, von Rosen umrankten Zaune glich, bis zu dem von beiden Seiten die Bauern ihre Pflüge führten, ernteten und in Frieden lebten. In Sichtweite standen sich vor Huesca die katalanischen Anarchisten und die Faschisten gegenüber. Man rief: „Nicht feuern!", und traf sich mit feindlichen Kollegen zu politischen Gesprächen oder Handel treibend mit Konserven und Zigaretten. Abends lauschte man der Musik, die aus den Kaffeehäusern der Stadt heraufdrang; es gab Kommandanten, die in Zivil durch die Linien nach Huesca auf einen Mokka gingen, und feindliche Posten, die in der Nacht gemeinsam Wache hielten.

Aber es gab auch Zeiten kriegerischer Stimmung. Da lagen die Parteien in ihren Gräben und beschimpften einander als „faschistische Gauner", oder sie riefen: „Kommt in unsere Reihen, wir wollen ja nur eure Ausländer köpfen." Denn vor Huesca gab es ein paar Dutzend Engländer mit Byronherzen, die gekommen waren, um mit dieser „einzigartigen antimilitaristischen Armee" zu kämpfen und dann friedensmüde wieder nach England desertierten. Monate hindurch verweilten sie mit Blick auf Huesca, fochten eine Stunde lang und badeten die übrige Zeit im Flusse. Die einzige Krankheit, die sie hatten, war Sonnenbrand. So sah die stille Aragonfront aus, für deren Ruhe man zu Unrecht die katalanische Regierung verantwortlich machte. Die Anarchisten kümmerten sich nur um ihre Revolution, der Krieg war ihnen gleichgültig. Womit sie Franco verschonten, das ersparten sie nicht ihrer eigenen Regierung, deren staatspolitischen Maßnahmen sie sich in den verrückten Maitagen mit der Waffe in der Hand widersetzten. In Verbindung mit syndikalistischen Organisationsformen zeitigten die anarchistischen Ideen die sonderbarsten Blüten. Die Arbeiter der Munitionsfabriken erzeugten Panzer und Maschinengewehre, lieferten sie aber nicht an die nahezu entwaffnete Front ab, sondern reservierten sie für den Fall eines Angriffs der „faschistischen" Regierung auf ihre Rechte.

Die Waffen konnten ihnen nur durch List abgenommen werden. So ließ sich ein kühner Hauptmann von einem anarchistischen Führer – man müsste solche Leute besser Priester nennen – eine Bestätigung ausfertigen, die ihn berechtigte, elf Schrauben aus einer Munitionsfabrik zu holen. Aus den Schrauben machte er Tanks und entführte den Ahnungslosen an die Front, wo man sie brauchte. 800 Maschinengewehre lagen in Barcelona bereit für Straßenkämpfe, und ein Waffenschiff musste den gefährdeten Weg nach Valencia machen, da sich die katalanischen anarchistischen Arbeiter weigerten, die Ladung zu löschen, mit der Begründung, dass die Waffen doch nur gegen sie verwendet würden. So drohten sie langsam den ganzen Staatsapparat, der allein fähig ist, den Krieg zu führen, lahmzulegen. Sie stahlen Autos und verfuhren das wertvolle Benzin zum Vergnügen. Die 2000 anarchistischen Straßenbahnangestellten Barcelonas widersetzen sich noch heute der Verstaatlichung der Verkehrsmittel, die einer Stadt von anderthalb Millionen dienen, und beuten sie nach bestem kapitalistischem Muster für sich selbst aus. Die Bauern haben sie einige Zeit lang durch Zwangskollektivierungen erfreut, so dass mir der kommunistische Landwirtschaftsminister Vincente Uribe – die Kommunisten sind ihre schärfsten Gegner – mit Pathos erklären konnte: „Wir anerkennen nicht nur das Privateigentum, sondern wir sind es, die es gegen die Unkontrollablen schützen."

Und auf meine Frage, wer die geheimnisvollen Unkontrollablen seien, sagt er klipp und klar: „Das sind die Anarchisten, nur nennen wir sie so, um sie in ihren Gefühlen zu schonen." Wie lange sie noch geschont werden, ist unbestimmt. Bestimmt ist nur, dass die nächste Revolution gegen sie gerichtet sein wird. Sie sind das Problem der Republik. Dass sie in Spanien als einzigem Lande der Welt zum Problem werden konnten, liegt im Wesen des Spaniers, der in gewisser Hinsicht von Natur aus Anarchist ist. Sie aber unterscheiden sich von den anderen dadurch, dass sie es in jeder Hinsicht sind. Sie werden Franco zwar wie vor einem Jahr mit dem unbegreiflichen Ausmaß des spanischen Mutes bekämpfen, aber erst in Barcelona, weil sie dort jede Regierung bekämpfen. Aber so weit wird es nicht kommen. Denn die Regierung hat damit begonnen, sie dadurch zu entwaffnen, dass sie sie organisiert. Und wer Anarchisten organisiert, der verzaubert ihren Spuk. Ein neuer, ganz unspanischer Begriff ist im republikanischen Spanien entstanden: die Disziplin, und die europäische Presse dürfte aufhören, die Regierungen von Valencia und Barcelona als rot zu bezeichnen, was sie nicht sind, und sie gleichzeitig für die Taten der Anarchisten verantwortlich zu machen, die sie bekämpfen.

Ernest Hemingway – zwischen Gerüchten und Geschichten

„Almeria ist völlig zerstört! Die Hafenstadt im Süden Spaniens ist vor wenigen Tagen von einem Kriegsschiff Hitlerdeutschlands angegriffen worden ..."

Diese Nachrichten diktierte Ernest Hemingway im Sommer 1937 seiner Sekretärin im internationalen Pressebüro von Valencia. Sie gab die Story einer Zeitung in New York durch. Auch André Malraux arbeitete in diesem Korrespondentenbüro von Valencia. Und ein Schreibtisch gehörte dem jungen Österreicher Leopold Kohr. Malraux sei in diesen Wochen oft im Stress gewesen, erzählte Kohr. Der Franzose übernahm immer wieder militärische Aufgaben für das republikanische Spanien und sprang als Kampfpilot und Fluglehrer ein. Malraux nutzte seine Bekanntheit, um bei internationalen Gönnern Geld für die Modernisierung der spanischen Luftwaffe aufzutreiben. Spenden aus dem „freien" Europa und den USA wurden zur Überlebensfrage für die republikanische Regierung in Madrid. Francos Faschisten erhielten Waffenhilfe aus Deutschland und Italien.

Der Angriff des Kriegsschiffes „Deutschland" auf Almeria zeigte den Verteidigern der Republik und den Vertretern der internationalen Presse, dass sich Hitler nun offen in den Bürgerkrieg einmischte. An diesem Vormittag, als die

Kohr in der Zeit des Spanischen Bürgerkrieges
Bild: Familie Kohr

Nachricht aus dem Süden endlich durchkam, saß Leopold Kohr in Valencia beim Frühstück. André Malraux wollte einen besonders eindringlichen Zeitungsbericht schreiben. Die freie Welt sollte endlich aufgerüttelt werden. Kohr war zehn Jahre jünger als der Kommunist Malraux, der ihm recht freundschaftlich begegnete. Hemingway dagegen sei immer als Star aufgetreten, oft mit einer unerträglichen Arroganz, sagte Kohr. Später, als er die Verbrechen Stalins durchschaute, verließ Malraux die KP und kämpfte mit französischen Panzertruppen gegen Deutschland. Er wurde gefangengenommen, konnte mit Hilfe seines Halbbruders nach Südfrankreich fliehen, schloss sich aber erst spät der Résistance an. Nach dem Zweiten Weltkrieg arbeitete er als Berater und Informationsminister des konservativen Präsidenten Charles de Gaulle. Am Beginn seiner Tätigkeit im Korrespondentenbüro von Valencia wurde Kohr kaum beachtet, was sich bald ändern sollte:

„Was ist denn los?", fragte er an diesem Vormittag, während Hektik ausbrach. Malraux: *„Die Nazis haben Almeria zerstört!"* Das klang nach Tausenden Toten. *„War jemand dort, haben wir Fotos?", fragte Kohr. Sie starrten ihn an, Hemingway schütteltden Kopf. „Woher sind dann diese Nachrichten?"*, wollte Kohr wissen.

Kohr ließ die Stars schreiben und dachte nach. Hemingway verfasste flammende Aufrufe, in denen er pathetisch das „Gewissen der freien Welt" aufforderte, den Faschismus endlich in den Boden zu stampfen. Mit der Zerstörung von Almeria sei das Maß endgültig voll und die Zeit der Diktatur abgelaufen! Die Aufrufe aus sicherer Entfernung lasen sich wie Frontberichte, an denen noch das Blut klebte. Reporterschicksal? Kohr beschloss, nach Almeria zu fahren. Später erinnerte er sich, dass ihn Hemingway abgeschreckt habe. Der Amerikaner habe ständig betont, ein Sozialist zu sein. Er suchte nach Sensationen, um sich selbst als Kriegsheld präsentieren zu können:

„Hemingway liebte auch den Stierkampf. Das passt aber gar nicht zu einem Sozialisten. Wir waren alle gegen Stierkämpfe. Auch sein Herumfuchteln mit Gewehren konnte ich nicht ausstehen. Ich habe damals kaum gewusst, was der schon für einen Ruf hatte. Er hat mir nie so richtig imponiert."

Und wie gefällt Ihnen seine Literatur?

„Da ist vieles immer so übertrieben. Was immer ich von ihm gelesen hab', es hat nicht echt ausgeschaut. Nur auf Effekt gemacht. Er war keine literarische Größe. ‚Wem die Stunde schlägt' ist eines seiner besten Bücher. Schließlich habe ich dieses Milieu in Spanien aus eigener Erfahrung miterlebt. Also, das ist ihm wirklich ganz gut gelungen. Sogar der Titel. Manchmal passt halt alles ganz gut zusammen. Wir hatten in Valencia unsere Schreibtische direkt nebeneinander."

War er ein Effekthascher?

„Das ging bis zu seinem ‚ersten' Tod viele Jahre später, den er ja letztlich inszeniert hatte. Eines Tages war er verschwunden. In Afrika. Sein Flugzeug stürzte ab, offenbar eine fingierte Geschichte. Er war aber lange genug weg, um der Weltpresse die Möglichkeit zu geben, die Nachrufe zu veröffentlichen. Hemingway wollte als eitler Knopf genau wissen, was die über ihn schreiben. Jede Zeitung hat ja ein eigenes Archiv, wo sie lange vor dem Tod von berühmten Leuten die Nachrufe vorbereiten. Das ist so eine Art Grab, in dem sie alle sind."

Damals war Hemingway mit der attraktiven Journalistin Martha Gellhorn aus St. Louis unterwegs. Die Blondine schrieb für „Vogue", „United Press" und die „St. Louis Post Dispatch". Als Hemingway sie kennenlernte, war Gellhorn gerade 28 und eine Flucht für den 39-Jährigen, um seine Affäre mit Jane Mason und die zerrüttete Ehe mit Pauline Pfeiffer zu verdrängen. Gellhorn hatte es laut Kohr nicht leicht. In Barcelona war Hemingway noch mit einer jungen Krankenschwester zusammen, einer sehr hübschen Amerikanerin namens Maria. Hemingway beschrieb sie als *„immer fröhliche Seele"*. Kurz nach Beginn des Krieges war sie von Faschisten vergewaltigt worden. Hemingway nahm sie zum Vorbild für eine Hauptfigur in seinen Roman „Wem die Stunde schlägt".

Die Heldin im Buch sei der realen Maria verblüffend ähnlich, sagte Kohr, obwohl sie Hemingway als Spanierin darstellt. Ihr Schicksal wurde im Roman aber nicht zu Ende erzählt. Sie sei letztlich im Krieg gefallen, so Kohr. Ob er selbst in sie verliebt war, darüber wollte er mir nichts Genaueres berichten:

„Wir sind alle zu einem Schriftstellerkongress nach Barcelona gefahren. Da habe ich das erste Mal mit der Maria lange gesprochen. Wir haben einen ganzen Tag in einer kleinen schattigen Stadt Rast gemacht. Ich sehe Maria noch immer vor mir. Sie war sehr hübsch. Aber das Thema ... ich erinnere mich nicht. Wir haben über sehr vieles gesprochen. Es war auch politisch ... aber

das Gesicht ... sie hat mir nach längerer Zeit erzählt, dass Hemingway so viele Frauen hat. Sie war sehr traurig. Diesen ganzen Tag hat Hemingway kaum mit ihr gesprochen."

War sie seine Geliebte?

„Ich glaube. Hemingway hat auf dieser Fahrt meistens mit André Malraux gesprochen. Ein Amerikaner war noch da, Norman Thomas, Journalist und ebenfalls Schriftsteller. Und ich habe mich sehr angeregt mit Maria unterhalten. Die anderen standen immer im Schatten der großen Bäume. Abseits."

Haben Sie mit ihr geflirtet? Erzählen Sie mehr.

„Ich will nicht."

Wie hat Maria ausgesehen?

„Hübsch, blond, ich glaube dunkelblond. Aber wie gesagt, bei der Haarfarbe kann ich mich auch irren. Ich kann jemanden als blond hinstellen, die in Wirklichkeit brünett ist. Bei Haarfarben wirkt mein Gedächtnis nur 20 Minuten. Das sind jetzt mehr als 50 Jahre. Ich habe später den Hemingway und sie aus den Augen verloren. Hemingway sah ich erst 1961 in Puerto Rico wieder kurz bei einem anderen Kongress. Das war kurz vor seinem Selbstmord."

Was geschah mit ihr?

„Später habe ich erfahren, dass sie während eines Gefechtes mit Faschisten in den Kugelhagel geriet. In einer kleinen Stadt zwischen Barcelona und Valencia, wo dann eine der größten Schlachten ausbrach. Sie soll von einem Panzer überfahren worden sein."

Almeria und der Journalismus im Krieg

Constanza de la Mora, Kohr ließ sich diesen Namen auf der Zunge zergehen. Die Spanierin mit pechschwarzem Haar, war Chefin der Presseabteilung im Außenministerium von Madrid. „Eine tolle Frau", erinnerte er sich, „elegant und ernst!" Sie sollte ihm helfen die Reise nach Südspanien zu organisieren. Kohr plante eine Reportage über die Vorfälle in Almeria zu schreiben, er misstraute den Berichten aus zweiter und dritter Hand, die Valencia erreicht hatten. Es waren Gerüchte und Storys, die von Hemingway, Malraux und anderen Korrespondenten hinausposaunt wurden, ohne dass sie an Orten des Geschehens waren.

Der Weg nach Almeria war gefährlich, die meisten Verbindungen unterbrochen oder zerstört. Constanza de la Mora hatte eine Idee. Sir George Young, ein reicher Brite, wollte ebenfalls in den Süden, nach Murcia über Almeria. Der Abgeordnete des Oberhauses in London hatte viel Geld gespendet, um Krankenhäuser für Kriegsopfer bauen zu lassen. Diese Projekte wollte er sich ansehen. Ursprünglich hatte Young einen Studenten aus Oxford als Chauffeur engagiert. Der ließ ihn im Stich, also suchte er einen neuen Fahrer. Da kam Kohr gerade recht.

„Es gab damals in ganz Europa viele Studenten, die wollten nach Spanien, um ihren Freundinnen zu imponieren. Wenn es geht, aus der Ferne. Sie blieben nur kurz, und wenn sie zurückkamen, da hatten sie etwas zu erzählen, mit dem sie imponieren konnten. Anfang 1937 war ich mit dieser Dänin in Paris beim Studieren. Auf einer Party waren viele Studenten aus Skandinavien, einige sehr eingebildet und hochnäsig. Solche Leute kann ich nicht leiden. Ich tanzte mit meiner Freundin. Einer hieß Sven Börklund. Ein arroganter Medizinstudent. Wenn ich in die geheimen Höhlen meines Herzens hineinschaue, der Grund für meine Reise nach Spanien war nicht schriftstellerisch und vorerst auch nicht so politisch.
Es war so, wie man im Mittelalter auf Kreuzzüge gegangen ist. Wenn ein Ritter aus dem Krieg zurückkam, dann ging er zu seiner Angebeteten zum Schloss. Das Mädchen erschien auf dem Balkon, und er hat ihr Blumen hinaufgeworfen. Dann ging er wieder für viele Jahre auf Kreuzzug. Und das Mädchen hat sich dann gedacht, Herrgott noch einmal, wenn dieser Depp doch endlich aufhören würde mit Blumen und Kreuzzügen, wenn er doch endlich zu mir auf den Balkon heraufklettern würde. Den Snobs auf der Party in Paris

habe ich dann erzählt, dass ich als Reporter nach Spanien reisen werde. Meine Freundin war richtig stolz auf mich. Viele Aktionen in unserem Leben sind ja dadurch beeinflusst, dass wir imponieren wollen."

Kohr traf Young in einem Madrider Hotel. Dann waren sie schon auf dem Weg nach Süden. Young trug einen breiten Strohhut und einen weißen Anzug. In der Limousine war ein komfortabler Sommersessel montiert. Die Reise begann in der Glut des Sommers, fast im Schneckentempo, über holprige, vom Bürgerkrieg zerstörte Straßen. Kohr musste über Feldwege ausweichen:

„Dann hat er gefragt, ob ich nicht schneller fahren kann. Ja, habe ich gesagt. Obwohl ich mir gedacht habe, das ist ein alter Kerl. Für den ist es sicher angenehmer, wenn ich langsamer fahre. Aber dann bin ich halt schneller gefahren. Nach einiger Zeit fragte er wieder: Is that all you can do? Dann habe ich begonnen zu rasen, um ihm Schrecken einzujagen. Aber das ist mir nicht gelungen. Der saß völlig ruhig hinten in seinem Strohsessel. Das war so ein typisch englischer Excentric. Das ist immer sehr schön bei den Engländern, heute würde man ausgeflippt sagen. Bei denen geschehen immer so unerwartete Sachen. Wir sind also dann in Alicante angekommen, irgendwann. Das ist half way to Murcia, am Meer, eine wunderbare Stadt. Constanza de la Mora hat uns dort ein Zimmer reserviert. Telefonisch. Ich habe das Gepäck die Stiegen hinaufgetragen. Es hat da nur Zweibettzimmer gegeben. Was mir sehr leid getan hat. Als Anarchist in jeder Hinsicht möchte ich oft gerne allein sein. Aber ich konnte nix gegen das Zweibettzimmer machen. Also musste ich mit Sir George Young das Bett teilen. Wie ich hinaufkomme und seinen Koffer hinstelle, springt der Deckel auf. Und heraus rollen kostbare Damenkleider. Wie sagt man auf Deutsch? Busenhalter, Dessous, bestickte Unterhosen, eben feine Damenunterwäsche ... delikatest! Ein Transvestit, dachte ich. Ja, ausgerechnet mir muss das passieren. Typisch. Ich hatte ja schon gehört, dass es in Oxford viele Homosexuelle gibt. Und nun musste ich mit dem ein Zimmer teilen."

Haben Sie etwas gegen Homosexuelle?

„Natürlich nicht! Aber ich persönlich kann überhaupt nichts damit anfangen. Da möchte ich absolut meine Ruhe haben. Ich bin dann zu ihm in die Hotelhalle hinunter gegangen. Trotz meines Respekts habe ich ihn etwas scharf angesprochen: Ist das Ihr Koffer? For heaven! No! Der Sir war völlig überrascht. Es war alles ein Irrtum. Bei unserer Abreise in Madrid wollte das Hotelpersonal besonders aufmerksam sein, aus Enthusiasmus dem Sir Young

gegenüber, weil der ja so viel Geld für Spanien gespendet hat. Und da haben diese Hilfskräfte den Koffer in unseren Wagen gestellt. Eine Verwechslung. Und irgendeine arme Spanierin hat damit ihre kostbarsten Kleider verloren. So schöne Dessous hat man nirgends kaufen können. Im Krieg."

Sir George Young und Leopold Kohr besuchten das Kinderkrankenhaus von Murcia. Schwestern, Ärzte und Helferinnen hatten für den Wohltäter aus England ein Begrüßungsfest organisiert, für den Partylöwen Kohr eine schöne Abwechslung:

„Die meisten Mädchen vom Personal in Murcia waren Engländerinnen. Die kamen nach Spanien aus Frustration. Weil sie zu Hause nicht gewusst haben, was sie machen sollten. Es herrschte ja tiefste Wirtschaftskrise. Eine war dabei, die kannte ich schon von Valencia. Ich hatte sie bei einem Strandspaziergang kennengelernt. Am Vortag war dort ein Schiff versenkt worden. Beladen mit Orangen. Was für die einen eine Katastrophe ist, das ist für andere ein Glück. Wir sind da bis zur Brust ins Meer hinein, haben stehend die Orangen aufgebissen und ausgesaugt. Sie hat mir gestanden, dass sie nun in einen der Ärzte vom Kinderspital verliebt ist. Es war ein großes Fest in diesem Krankenhaus. Es gab eine Menge Cocktails. In einem Zimmer wurde gefeiert. Daneben stand die Tür eines Krankenzimmers offen. Da lag ein todkrankes Kind drin. Das sehe ich noch heute vor mir. Es war ein kleiner Bub. Er hatte große Atemnot und lag im Sterben. So ist die Menschheit. Man tanzt gleich nebenan. Das hat mich immer sehr bewegt. Wenn jemand von Millionen und tausenden Opfern in Kriegskatastrophen spricht, dann scheint es vielen so, als sei das natürlich. Aber sobald das Schicksal eines einzelnen Menschen spürbar wird, dann ist es fürchterlich. Für die Masse ist der Krieg scheinbar etwas Normales. Die Masse ist nix wert. Schließlich schaut der liebe Herrgott immer zu, wenn alle 100 Jahre sich die ganze Massengesellschaft selbst ausrottet."

Young und Kohr fuhren weiter in Richtung Almeria. Hitze lag über dem Land, als sie ankamen. Gespannt machte sich Kohr auf eine Katastrophe gefasst:

„Zu diesem Zeitpunkt hatte die Weltöffentlichkeit schon die Deklarationen von Hemingway und anderen gelesen. Nicht ein einziger war selbst dort. Wie wir angekommen sind, lag die Stadt im Mittagsschlaf. Bei glühender Hitze. Eben Zeit für Siesta. Auf den Sandbänken am Fluss, der fast kein Wasser mehr gehabt hat, da lagen auf den Steinmauern einige Leute. Ein paar haben laut geschnarcht. Es herrschte tiefster Friede! Mitten im Krieg. Wer Frieden haben wollte, musste nach Almeria kommen!"

War Almeria gar nicht total zerstört?

„Nein. Nichts. Die Deutschen haben die Stadt zwar vom Meer her beschossen. Aber große Zerstörungen habe ich nicht gesehen. Wahrscheinlich war es der Schock der Einwohner, dass es ein deutsches Schiff war. Deshalb die Horrormeldungen. Nun half auch Nazi-Germany mit schweren Waffen dem Franco. Das hat viele republikanische Spanier geschockt. Das war ja schon allerhand. Und zum Schluss haben die Faschisten mit Hilfe Deutschlands ja auch gewonnen. Die Angst war also durchaus berechtigt."

Young und Kohr trennten sich in Almeria. Der Brite kümmerte sich um sein Krankenhaus. Kohr sprach mit Einheimischen und machte sich Notizen für eine Reportage. Am Stadtrand sah er einen überfüllten Lastwagen, der nach Madrid unterwegs war. Auf der Plane des Lkw war noch Platz frei. Vom Führerhaus hing ein Seil herunter. Und Kohr kletterte hinauf:

„Die ersten 50 Kilometer waren schlimm. Die Spanier fahren ja so wild. Ich wäre fast hinuntergefallen und hatte große Angst. Aber so bin ich dann wieder nach Madrid gekommen. Es ist ziemlich weit. Das letzte Stück mussten wir die Eisenbahn nehmen. So kamen wir auf den Bahnhof einer kleinen Stadt. Mit meinen Reisegefährten ging ich in ein Kaffeehaus, bis der Zug kam. Da waren auch viele Katalanen drin, die meisten sicher Anarchisten. Auf einer Bank lag ein schwerbewaffneter Mann. Er schnarchte laut. Ich habe gefragt, wer das ist. Das ist der Chef der kommunistischen Partei, hat mir die Kellnerin erzählt. So paradox sind manche Revolutionen. Die Anarchisten haben sich ja erbittert gegen den Einfluss der Stalinisten gewehrt. Und hier lag der schwerbewaffnete Führer der kommunistischen Partei tief im Schlaf auf der Bank im Kaffeehaus. Wahrscheinlich hatte er einen Rausch.
Jeder von den Anarchisten hätte hingehen können, sein Messer oder den Revolver herausziehen, ihn erstechen oder erschießen können. Die Welt ist oft sehr paradox. Aber wenn die Menschen im Kaffeehaus sind, dann vergessen viele ihren Hass. Ich bin dann ohne Probleme in Madrid angekommen und habe mich wieder in ein kleines Hotel beim zentralen Platz eingemietet. Ich glaube, Las Ramblas hieß es. Diese Gegend hat mich sehr interessiert. Auf dem Zentralplatz hatte die anarchistische Hauptrevolution stattgefunden, kurz bevor ich nach Spanien gereist bin. Sie hatten die Telefonica besetzt, das Fernmeldegebäude der spanischen Post. Einer dieser schwerbewaffneten Freiwilligen auf dem Dach der Telefonica war übrigens George Orwell, wie ich später gelesen habe. Die trotzkistischen Milizen, wo Orwell dabei war, kämpften mit den Anarchisten gegen die Stalinisten. Die Anarchistenrevolution war von der Regierung brutal niedergeschlagen worden."

Flucht vor den Nazis

Ins Exil: Paris, New York, Toronto ...

Herbst/Winter 1937/38. Leopold Kohr kehrte aus Spanien zu seiner dänischen Freundin nach Paris zurück. Sie studierten, mieteten ein billiges Hotelzimmer in der Nähe von Notre Dame. Kohr verdiente Geld als Journalist. Nachrichten aus der Heimat Österreich ließen nichts Gutes erwarten. Es wurde Frühling. Er träumte, wachte oft schweißgebadet auf, sah im Traum die Nazihorden der SA in ihren Braunhemden; wie sie die Brücke der Salzach überquerten zwischen der bayerischen Kleinstadt Laufen und seiner Heimatgemeinde Oberndorf im Land Salzburg. Eine Woche später war es tatsächlich so weit. Hitlers Truppen überschritten die Staatsgrenze von Österreich. Aber nicht bei Oberndorf. Zwanzig Kilometer nördlich fuhr am 12. März 1938 ein gepanzerter Mercedes-Geländewagen am Nachmittag bei Simbach über die Brücke des Inn nach Braunau: Hitler und seine Offiziere der „Wehrmacht" und der SS. Österreichs Bundesheer hatte keinen Widerstand geleistet.

So betrat Hitler in seiner Geburtsstadt Braunau erstmals wieder österreichischen Boden, fuhr weiter nach Linz und Wien. Schon in den ersten Tagen begann die Gestapo mit Verhören, Folterungen und politischen Morden. Die ersten Österreicher wurden in das Konzentrationslager Dachau bei München verschleppt. Der 28-jährige Kohr blieb in Paris und wartete ab. Einen Tag nach Österreichs „Anschluss" war er zu einer Party von Auslandsösterreichern eingeladen. Der Gastgeber hieß Ernst Hoor, ein junger Diplomat und Lehrer aus Wien, der in der Nähe der Champs Elysees eine kleine Wohnung besaß. Hoor machte Kohr mit anderen Österreichern bekannt, auch mit dem 25-jährigen Otto Habsburg, dem Sohn des letzten Kaisers. Der richtete am 16. März 1938 in der Zeitung „Petite Parisienne" einen Aufruf an die freie Welt, endlich militärisch gegen Nazideutschland vorzugehen.

„Der Ernst Hoor hat gesagt, Majestät, darf ich Ihnen den Leopold Kohr aus Oberndorf vorstellen. Und ich habe dann zum Otto gesagt, mit dem Sektglas in der Hand, Majestät, ich muss Sie warnen. Ich kann nämlich mit der Monarchie nichts anfangen, weil ich ein Sozialist bin. Das stört gar nicht, hat der

Otto gesagt, er sei auch irgendwie ein Sozialist. Er hat mir dann herzlich die Hand geschüttelt."

Wurde in Paris dann eine Widerstandsgruppe gegründet?

„Ja, natürlich, gleich an diesem Abend. Dem Hitler zeigen wir es, dachten wir. Ich war dann einer der Delegierten, die ein paar Tage später mit dem Ernst Hoor nach Genf gefahren sind. Zum Völkerbund. Die hatten dort nach dem Untergang Österreichs ihre erste Sitzung. Wir wollten beim Völkerbund erreichen, dass die deutschen und österreichischen Flüchtlinge getrennt behandelt werden. Denn wenn wir mit den deutschen in einen Topf geworfen werden, dann wäre das so eine Art internationale Anerkennung des Anschlusses Österreichs an Deutschland gewesen. Das wollten wir verhindern. Unsere österreichische Delegation, gegründet auf dieser Party in Paris, war zahlenmäßig viel größer als die britische. Auch die Vereinigten Staaten hatten weniger Leute zum Völkerbund nach Genf geschickt. Wir Österreicher waren eine ganze Woche dort. Das Resultat war Null, die Unterhaltungen schön. Ich bin dann wieder zurück nach Paris gefahren."

Bei einer Kontrolle musste Kohr seinen österreichischen Pass vorweisen. Der französische Polizist betrachtete ihn, Kohr sei also ein Deutscher, alles in Ordnung. Kohr protestierte: *„Nichts ist in Ordnung. Ich bin kein Deutscher, sondern Österreicher!"* Der Polizist entgegnete, Österreich gehöre doch neuerdings zu Deutschland.

Ähnliche Erfahrungen machten auch Kohrs Freunde in Frankreich. Es war ein Schock für viele Flüchtlinge. Die Behörden hatten die Verbrechen Hitlers also indirekt längst anerkannt. Ein schwerer Schlag. Wenige Wochen nach Hitlers Einmarsch veröffentlichte Leopold Kohr einen Artikel in der französischen Zeitschrift „Globe": „Sa Guerre" („Sein Krieg"). Kohr warnte vor Hitlers Größenwahn, der für die ganze Welt gefährlich sei. Er kritisierte die weiche Haltung Großbritanniens, Frankreichs und der USA, die zu lange dem Treiben der Nazis zugesehen hätten. Kohr brandmarkte das verhängnisvolle Gipfeltreffen vom 29. September 1938 in München, bei dem Mussolini und Hitler den britischen Premier Chamberlain und den französischen Regierungschef Daladier über den Tisch gezogen hatten. Hitler hatte eine Art Freibrief erhalten, die deutschsprachigen Teile der Tschechoslowakei zu besetzen. Als Kohr die Story in Paris publiziert hatte, erntete er Hohn und Spott bei Einheimischen. Viele Franzosen bewunderten Hitler wegen seiner waghalsigen Aktionen. Antisemiten und Rechtskonservative in vielen Teilen Europas sympathisieren mit dem Kommunistenfresser in Berlin. Endlich einer, der gegen den „kulturellen Sumpf der Moderne" durchgreife, hieß es. Kohr war entsetzt, dass bei Franzosen und Briten nicht mehr Widerstand gegen die Nazis vorhanden zu sein schien. Er kam zur Überzeugung, dass Frankreich kein sicherer Boden mehr war. So hoffte er auf die Hilfe seines Mentors Egon Ranshofen-Wertheimer, eines gebürtigen Innviertlers aus Braunau und Freund seines Vaters, den er schon seit seiner Jugend kannte. Jahrgang 1894, arbeitete Ranshofen-Wertheimer als Diplomat für den Völkerbund. In den 1920er-Jahren hatte er dem frischgebackenen Maturanten Leopold Kohr einen Studienplatz an der London School of Economics vermittelt. Durch seine Beziehungen konnte Kohr in der amerikanischen Botschaft von Paris vorsprechen. Die Auskunft des zuständigen Beamten dort enttäuschte ihn. Alles deutete darauf hin, dass neben Großbritannien und Frankreich auch die USA nun Österreich als Teil Deutschlands betrachteten. Er dürfe kein Visum ausstellen, wenn nicht deutsche Behörden zustimmen, sagte der amerikanische Beamte in Paris. Der zusätzliche Stempel sei unbedingt nötig. Kohr war schockiert.

So musste er noch einmal die Reise in die von den Nazis beherrschte Heimat Österreich wagen. Er nahm den Zug nach Salzburg. Eine ganze Woche lang brachte Kohr dort seine persönlichen Dinge in Ordnung, besuchte Eltern, Brüder und Freunde. Kohr reiste nach Wien, um sich von seinem alten Schulkollegen Fredl Gschwendtner zu verabschieden, einem gebürtigen Pinzgauer aus Saalfelden, der in Wien studierte. Gschwendtner sei Nazi gewesen, sagte Kohr nach dem Krieg. Dennoch sei die Freundschaft dadurch nicht zerstört worden. Gschwendtner organisierte in Wien sogar eine Abschiedsparty und versuchte Geld für den Flüchtling Kohr aufzutreiben. In Salzburg erwartete ihn dann noch ein Spießrutenlauf durch die lokale Bürokratie. Kohr hatte seine Wehrpflicht nie erfüllt, weil er studierte oder sich im Ausland aufgehalten hatte. Die Karteien des Österreichischen Bundesheeres waren von der Wehrmacht übernommen worden. Der Beamte in Salzburg erklärte Kohr, er würde sofort zum Militär eingezogen. Schlagfertig entgegnete er, aus wissenschaftlichen Gründen müsse er zuvor noch in die USA reisen. Der Salzburger Bürokrat hatte von der Gestapo offenbar noch keine Mitteilung über Kohrs journalistische Aktivitäten im Spanischen Bürgerkrieg erhalten. Sein Pass wurde anstandslos gestempelt, aber nur nach der Zusicherung, möglichst bald aus Amerika zurückzukehren:

„Ich war so glücklich. Schnell bin ich die Treppen des Amtes hinuntergelaufen. Nichts wie weg! Aber plötzlich stand da ein Offizier der Wehrmacht vor mir, reißt die Arme hoch. Heil Hitler, hat der geschrien. Ganz laut. Aber ich konnte das nicht. Es war mir unmöglich, so blöd zu grüßen. Sicher war das gefährlich.

Aber ich hatte mich da selber nicht mehr unter Kontrolle. Wenn es um Leben oder Tod geht, dann bin ich normalerweise schon dafür, dass der Mensch das Blaue vom Himmel herunter lügen darf. Trotzdem habe ich einfach nicht den Hitlergruß erwidern können. Ich habe mir reflexartig an den Kopf gegriffen, wie wenn ich oben im Amt noch etwas vergessen hätte, bin hinaufgestürmt und habe so getan, als sei ich sehr beschäftigt. Wie ich wieder die Treppe herunterkommen bin, war der Offizier schon weg. Ich bin sicher kein Held. Aber im Leben gibt es Dinge, die man einfach nicht tun kann. Unmöglich. Ich passe einfach nicht zu solchen Dingen. Ob es Kommunismus ist oder irgendeine andere Diktatur.

Gewisse Dinge werde ich nie akzeptieren, trotz meines Humors. Ich bin Anarchist von Natur. Nicht aus Überzeugung. Ein geborener Anarchist spürt das. Man kann keinen Meister anerkennen. Auf der anderen Seite lehnt es der wirkliche Anarchist ab, selbst ein Meister zu sein. Somit lehnt er auch Diener ab. Goethe hat gesagt, man muss als Mensch entweder Hammer oder Amboss sein. Aber es gibt Menschen, und das sind wir Anarchisten, die sind weder Hammer noch Amboss. Wir lassen uns nicht schlagen. Und wir schlagen nicht."

Kohr verließ die Stadt Salzburg im Auto seines ältesten Bruders Toni, eines Arztes, der ihn nach München brachte. Sie wollten verhindern, dass auf dem Salzburger Hauptbahnhof jemand Verdacht schöpfen könnte. Kohr stieg in den „Orient-Express" nach Paris:

„Ich habe den Schlafwagen genommen. Weil das ist die einzige Möglichkeit, an der Grenze den Pass nicht persönlich vorzeigen zu müssen. Man gibt ihn dem Schlafwagenschaffner. Der macht das dann. Und trotzdem habe ich keine Sekunde geschlafen. So nervös war ich. Dann endlich, um zwei oder drei in der Früh, ich habe gedacht, so, das ist jetzt die Grenze. Jetzt entscheidet sich alles. Ich schaue beim Waggonfenster hinaus. Alles war ganz blass beleuchtet, eine richtige Fluchtsituation wie in einem Krimi. Dann hat der Schaffner gerufen: Chalons sur Marne. Wir waren also schon tief in Frankreich! Das war einer der wunderbarsten Tage meines Lebens. Chalons sur Marne, die Freiheit!"

Zu seiner Flucht vor den Nazis hatte Kohr im hohen Alter ein zwiespältiges Verhältnis. Dass er ein Flüchtling und Emigrant war, der als Publizist, „Spanienkämpfer" und Gegner Hitlers höchstwahrscheinlich ins KZ eingeliefert worden wäre, stand als Selbstverständlichkeit über allen Erzählungen aus dieser Phase seines Lebens. Manchmal hatte er bei unseren Gesprächen Tränen in den Augen. Dann wiederum wehrte er sich vehement, als Emigrant oder

Flüchtling bezeichnet zu werden – als wäre das ein Zeichen von persönlicher Schwäche oder ein Makel. Dass Kohr – im Sinne der NS-„Rassengesetze" von Nürnberg – ein so genannter „Vierteljude" war, wollte er ebenfalls stets ausklammern. Vermutlich wollte er nicht wahrhaben, dass in Österreich in manchen Kreisen bis heute eine nationalsozialistische Grundhaltung vorherrscht. Zu Kohrs Lebzeiten – auch noch nach seiner ersten Rückkehr nach Österreich in den 1950er-Jahren – saßen viele (Ex-)Nationalsozialisten mit neuen Parteibüchern von SPÖ, ÖVP und FPÖ an Schaltstellen von Politik, Wirtschaft, Justiz und Kultur. Kohrs Großvater väterlicherseits war Jude. Dieser Teil der Familie stammte aus dem Sudetenland in Nordböhmen. Kohrs Vater war katholisch getauft und kam um 1900 als junger Aushilfsarzt ins Salzburger Land.

Dr. med. Leopold Kohr senior mit seiner Frau Romana, geb. Müller. Der vierfache Familienvater war ein Sozialdemokrat mit Kontakten in höchste Kreise der Bundes- und Salzburger Landespartei und als Gemeindearzt von Oberndorf weitum bekannt für sein soziales Engagement. Er behandelte Arme, ohne Honorare zu stellen. Beim gescheiterten Putsch der frühen Nationalsozialisten in der Nachbargemeinde Lamprechtshausen (Juli 1934) wurden einige Terroristen von Soldaten des Österreichischen Bundesheeres angeschossen. Einer der wenigen, der sich um die Schwerverletzten und Sterbenden kümmerte, war Dr. Kohr – ein „Halbjude" laut Rassenwahn der Nazis.
Bild: Familie Kohr.

Nach Hitlers Einmarsch zeigten ihn Oberndorfer Nazis bei der Gestapo an, mit der Behauptung, er sei „Halbjude". Ein Trupp der SS durchsuchte die Arztpraxis, um herauszufinden, ob er Abtreibungen durchgeführt hatte. Sie fanden nichts. Doch die Nazis ließen nicht locker. Nach einigen Monaten erhielt die Familie den Hinweis aus der lokalen NSDAP, Doktor Kohr als „Schutzhäftling" in ein Konzentrationslager einliefern zu lassen. Die meisten wussten längst, was das bedeutete. So flüchtete Leopold Kohr senior zu seiner Tochter Maria nach Mailand, wo er bis zum Kriegsende blieb. Sein jüngster Sohn Fritz wurde zur „Deutschen Kriegsmarine" eingezogen. Und der älteste Sohn Hans ging wie Leopold aus politischen Gründen ins Exil nach Amerika.

Netzwerke für Österreichs Freiheit

Kohr bekam in Paris sein begehrtes Visum für die USA. Das Schiffsticket nach New York hatte er schon in der Tasche. Ein befreundeter Bankdirektor in der bayerischen Stadt Rosenheim – Vertreter der Hamburger Reederei – hatte es besorgt. Von Paris fuhr Kohr mit der Eisenbahn nach Le Havre an den Atlantik. Im Oktober 1938 ging er wehmütig und dennoch froh an Bord des deutschen Luxusdampfers „Bremen". Offiziell war er als Tourist nach Amerika unterwegs:

„In Paris hatte ich mich noch von meinen Freunden der Widerstandsbewegung verabschiedet. Auf dem Schiff war ich dann in der ersten Klasse untergebracht. Ich wollte verhindern, dass ich als Flüchtling entlarvt werde. Wir durften beim Essen am Tisch des Kapitäns sitzen. Es waren auch sehr feine Damen da."

Woher hatten Sie das viele Geld?

„Von meinem Vater. Ich hatte selbst auch noch Geld, vom Schreiben in Paris. Aber mein Vater hat als Arzt in Oberndorf nicht schlecht verdient. Er hat mich sehr lange unterstützt. Als Student oder Halbstudent hat man damals aber auch sehr sehr billig leben können, wenn es darauf ankam."

Nach zwei Wochen Überfahrt ging Leopold Kohr am 31. Oktober 1938 in New York an Land. Als „Tourist" blieb ihm die lange Einwanderungsprozedur auf der Insel „Ellis Island" erspart. In den USA gab es gerade eine Massenhysterie. Einen Tag vor Kohrs Ankunft war die legendäre Radiosendung des 23-jährigen Regisseurs Orson Welles ausgestrahlt worden: „Krieg der Welten" von H.G. Wells in der Hörspielfassung. Die fiktive Reportage beschrieb die Landung von Marsmenschen so realistisch, dass viele Radiohörer zwischen Erfindung und Wirklichkeit nicht mehr unterscheiden konnten. Kohr mietete sich in der Nähe des Rockefeller Center im Hotel „New Westend" ein. Das Geld reichte für drei Wochen. Bald hatte er nur noch 75 Dollar. Er packte den Koffer. Es ging in den Stadtteil Harlem zu einer Adresse irgendwo an der 124. Straße. Der Taxler fand das Haus rasch: „Laemmermeyer's Bakery" stand auf dem Schild. Im Erdgeschoß gab es eine Backstube und oben eine kleine Wohnung eines gebürtigen Oberndorfers, der vor vielen Jahren nach New York ausgewandert war.

Kohr kannte ihn nicht persönlich, denn Lämmermeyer gehörte zur Generation seines Vaters. Die Familie freute sich, in Harlem einen jungen Oberndorfer begrüßen zu können, noch dazu den Sohn des so verehrten Gemeindearztes. Der Bäcker gab Kohr ein kleines Zimmer. Die Familie lebte sehr beengt und ärmlich. Nach wenigen Tagen war Kohrs Geld aufgebraucht. Wenn Lämmermeyer seine Nachtarbeit beendete, freute sich Kohr zum Frühstück über frisches Gebäck nach österreichischem Rezept, eine Köstlichkeit in den Häuserschluchten New Yorks. Bald aber musste er den Gürtel enger schnallen:

„Es war eine der ärmsten Zeiten in meinem Leben. Meine Mutter hat mir irgendwann einmal eine Torte mit der Post über den Atlantik geschickt. Die war noch in passablem Zustand und schmeckte sehr gut. Nachts sind wieder einmal Ratten gekommen. Ich bin aufgewacht durch das Nagen, als sie die die Torte auf dem Tisch weggefressen haben. Aber die Freundschaft dieser Bäckerfamilie! Die war grandios. Ich fühlte mich so geborgen, mitten in der schlimmsten Armut. Als Flüchtling, der nicht weiß, was morgen sein wird. Ich habe nie gelitten, sondern jeden Augenblick meines Lebens genossen. Wer unter Armut leidet, der leidet auch im Reichtum, leidet immer. Der kann nicht richtig leben. Die alten Griechen haben schon gesagt: Dein Charakter ist dein Schicksal. Ich glaube, dass wir das Drehbuch unseres Films immer selberschreiben. Meine Philosophie ist, das Leben zu genießen. Bis zur letzten Minute. Dieser Bäcker Lämmermeyer war ein einfacher und angenehmer Mann. Politik hat ihn nicht sehr interessiert. Ich musste ihm immer von Oberndorf erzählen. Er träumte dann irgendwie von Österreich, wollte wissen, was aus diesen oder jenen Leuten geworden war, die er früher gekannt hatte."

Nach einigen Wochen als „Tourist" in New York wollte Kohr im nahen Kanada um politisches Asyl ansuchen. Das Land im Norden war ihm immer schon sympathisch. Er hatte in Salzburg Adressen und Telefonnummern von Auslandsösterreichern notiert, die in Kanada ihre neue Heimat gefunden hatten. Um den Asylantrag zu stellen, musste er von New York über Albany, die Hauptstadt des Staates New York, in die kanadische Provinz Ontario reisen; nicht weit. In der kanadischen Millionenstadt Toronto wurde Kohr das Flüchtlingsvisum verweigert. Deshalb wollte er möglichst schnell nach New York zurück. Hunger und Geldnot plagten ihn. Bis zur Abfahrt des Zuges in die USA blieben ihm noch ein paar Stunden. Er versuchte Österreicher zu erreichen, deren Telefonnummern er dabei hatte. Prompt wurde er noch zum Fünf-Uhr-Tee eingeladen, von einer ausgewanderten Salzburgerin, die in einem reichen Haushalt als Bedienerin arbeitete. Das Glück war auf Kohrs Seite. Die Frau arbeitete in einem noblen Viertel von Toronto. Er fand das Haus des Historikers George Wrong, des „Vaters" der kanadischen Geschichtsschreibung. Wrong war 78 Jahre alt. Dem Universitätsprofessor gefiel der junge Flüchtling aus Österreich, der noch dazu doppelter Doktor war. Wrong pflegte Kontakte zur kanadischen Regierung in Ottawa. Einige Minister hatten bei ihm studiert. Problemlos erhielt Kohr nun das Flüchtlingsvisum für Kanada:

„Ach, der Professor Wrong hat fast alle Mitglieder der Regierung gut gekannt. Den Prime Minister, den berühmten Außenminister Lester Pearson und auch den Finanzminister. Wrong erzählte mir, dass er sie damals unter einer Bedingung an der Universität eingestellt habe. Sie mussten Gentlemen sein. Wenn sie dazu noch etwas von ihrem Fach verstanden haben, dann umso besser. Dann hat der Professor Wrong schallend gelacht."

Aber warum waren sie Gentlemen? Kanadas Regierung hat doch vielen Flüchtlingen die Einreise verweigert?

„Stimmt. Es hat damals sehr wenige Flüchtlinge gegeben in Kanada, weil die einfach keine hineingelassen haben. Bleiben durfte nur, wenn jemand ein Millionär war. Ich glaube, ich war einer der wenigen, die ohne einen Knopf Geld in Kanada Asyl bekamen. Sie hätten mich sicher auch deportiert, wenn ich nicht zufällig bei diesem berühmten Professor Wrong untergekommen wäre. Es gab in Toronto eine Flüchtlingsorganisation von Millionären aus Europa. Zum Beispiel die Petscheks und Weinmanns waren dabei. Die hatten in der Tschechoslowakei ein Kohlenimperium. Der Weinmann verfügte sogar über eine Bildersammlung von Rembrandt. Ich bin denen gerade recht gekommen. Sie wollten unbedingt etwas für mich tun. Arme Flüchtlinge waren in Kanada ja Mangelware. Nun hatte dieses Flüchtlingskomitee der Millionäre jemanden, der kein Geld hatte. Ich wurde drei Mal in der Woche zu Champagner eingeladen und von einer Party zur anderen weitergereicht. Sechs Mal die Woche steckte man mich in feine Abendgarderobe. Zwei Mal Frack und vier Mal Smoking."

Auf einer Party in Toronto sah Kohr dann den aus der Pariser Zeit bekannten Otto Habsburg wieder, der in den USA ein Exil gefunden hatte. Habsburg finanzierte in New York die „Österreich-Frei-Bewegung", die Hitler politisch bekämpfen sollte. Habsburgs Mutter Zita, Gattin des letzten Kaisers von Österreich, hatte sich wie Kohr für Kanada als Asylland entschieden. Deshalb reiste Otto Habsburg immer wieder dorthin, um seine Mutter zu besuchen. Habsburg bat Kohr auf der Party in Toronto, ihm beim Aufbau einer kanadischen Niederlassung der „Österreich-Frei-Bewegung" zu helfen. Immerhin hatte Kohr durch seine Aufnahme beim Historiker Wrong bereits ein Netzwerk. Als ständiger Vertreter der „Österreich-Frei-Bewegung" in Kanada war Hans Rott vorgesehen, ein früherer Postminister Österreichs in der Regierung des Bundeskanzlers Schuschnigg, den

Hitler beim „Anschluss" entmachtet hatte. Rott war ein glühender Monarchist. Dennoch hieß es, die „Österreich-Frei-Bewegung" sei überparteilich. Kohr war als Sozialist zur Mitarbeit bereit, er verstand sich gut mit Otto Habsburg und unterstützte die allgemeinen Ziele der Bewegung im politischen Kampf gegen Hitler. Der ehemalige Postminister Rott wollte rasch eine „Deklaration von Toronto" publizieren, um den Widerstand der geflüchteten Österreicher vor der Weltöffentlichkeit zu dokumentieren. Kohr fand den Text viel zu pathetisch und kitschig. Nicht nur er, auch Otto Habsburg lehnte Rotts Plan ab:

„Wir hätten uns damit nur lächerlich gemacht. Rott litt an Profilierungssucht. Er gab regelrecht Befehle aus. Als Anarchist lasse ich mich aber nicht bevormunden. Rott war ein typischer Politiker. Es ist ein Grundelement der Politik, ständig Geheimnisse vor anderen zu haben. Und sehr eifersüchtig war der Rott auch. Wenn der Otto in den USA war, dann hat er mir meistens das Geld für die Exilbewegung in Kanada geschickt. Das konnte der Rott überhaupt nicht leiden, weil er sah, dass nicht nur er so wichtig ist. Ich habe ihm das Geld natürlich immer brav ausgehändigt. Wahrscheinlich fühlte sich der Herr Minister dadurch gedemütigt. Von mir, dem jungen Spund, bekam er sein Geld. Und plötzlich stand eines Tages so eine Kopiermaschine in unserem Büro in Toronto, gespendet von einem Kanadier. Der Rott wollte nicht damit herausrücken, woher er das Geld hatte. Ich wusste es natürlich. Jemand hat es mir erzählt. Aber der Rott tat so, als sei das seine eigene Heldentat."

Sie haben in Toronto auch die ehemalige Kaiserin Zita, die Mutter von Otto, kennengelernt?

„Ja, sie kam eines Tages von Quebec nach Toronto. Der Bruder vom Otto, der Erzherzog Felix, hatte an diesem Tag einen Vortrag an der Universität gehalten. Ich habe das organisiert. Die Zita war ja schon damals eine historische Persönlichkeit, so im Ruf der Geschichte eine Großintrigantin, die ihren Einfluss immer sehr stark ausgeübt hat. Sie wollte natürlich bis zu ihrem Tod immer ihren Sohn als Kaiser von Österreich sehen. Also war jede ihrer mütterlichen Intrigen auf dieses Ziel gerichtet. Was mich damals wunderte, dass sie so jung ausgesehen hat. Sie war ja schon an die 50. Schwarz gekleidet, wie immer, in Begleitung ihrer Kammerfrau. Ich habe mit der Kaiserin Zita in Toronto stundenlang gesprochen. Über Österreich und das Exil, und die ganzen Schwierigkeiten durch Hitler. Normalerweise liegt es ja an einer Kaiserin, ein Gespräch abzubrechen. Aber sie hat immer mehr geredet, immer mehr, über eine Stunde lang. Sie hat nicht aufgehört zu reden. Für sie war das wahrscheinlich ein seltenes Erlebnis, ein paar andere Österreicher zu treffen."

Durch seinen Förderer George Wrong hatte Kohr bald Kontakte zu Wissenschaftern der Universität Toronto. Mit Wrongs Hilfe konnte er eine Vortragsreihe organisieren. Mehrmals sprach auch Otto Habsburg vor Professoren und Studenten über Europas Schicksal, Hitlers Kriegstreiberei und die Freiheit Österreichs. Auch sein Bruder Erzherzog Felix wurde als Referent eingeladen. Der Wiener Universitätsprofessor Willibald Plöchl lebte in den USA im Exil und war in Kontakt mit Otto Habsburg. Plöchl träumte von einer Exilregierung, die von Nordamerika aus agieren sollte. Er besuchte den ehemaligen Postminister Hans Rott in Toronto und wollte diesem gleich das Amt des österreichischen Bundespräsidenten übertragen. Rott habe sich als typischer Politiker gleich geschmeichelt gefühlt und eingewilligt, sagte Kohr:

„Später hat der Rott sogar mir angeboten, doch das Unterrichtsministerium in der Exilregierung zu übernehmen. Ich habe nur gelacht und ihm gesagt, schauen Sie, ich interessiere mich nicht für solche Sachen. Und wenn mich als Anarchist etwas wirklich interessieren würde, mit meiner Liebe zu den kleinen Dingen, dann möchte ich Landeshauptmann von Salzburg in der Exilregierung sein! Salzburg ist nämlich völlig außer Reichweite des Bundespräsidenten. Dann können Sie mir nichts dreinreden. Der Rott hat dann nur verblüfft gesagt: Ach so? Kein Moliere könnte einen Typen wie den auf die Bühne bringen."

Welche Rolle war da noch für Habsburg übrig, wenn Plöchl schon Rott zum Bundespräsidenten erkoren hatte? Hätte da nicht der Kaisersohn das Staatsoberhaupt sein sollen?

„Den Otto hat das alles fuchsteufelswild gemacht. Dass sich der Plöchl als Präsidentenmacher entpuppt, und dass der Rott bei diesem Spiel so willenlos mitmacht, hat den Otto ziemlich aufgeregt."

Erste Monate im Exil in Nordamerika.
Bild: Familie Kohr

Als Bergwerksarbeiter in Kanada

Im Sommer 1939, kurz bevor in Europa der Zweite Weltkrieg begann, beschloss Kohr sein beschauliches Leben in Toronto zu unterbrechen. Er plante eine Reise in den Nordwesten Kanadas um die Wildnis kennenzulernen. Wrong war erstaunt, dass Kohr sein bequemes Nest verlassen wollte. Doch der Salzburger hatte es satt, als Partylöwe seine Zeit im Exil zu verbringen. Er wollte Geld verdienen und seinen älteren Bruder Hans besuchen. Der war vor ihm nach Übersee geflüchtet und hatte sich zunächst im US-Bundesstaat Wisconsin ohne Arbeitsgenehmigung als Skilehrer verdingt. Nachdem ihn Behörden geschnappt hatten, wechselte Hans Kohr nach Winnipeg in Kanada und fand Arbeit in einem Goldbergwerk. So packte Leopold Kohr den Koffer. Professor Wrong bot ihm Geld für die Reise. Er lehnte ab. Kohr fuhr mit der Eisenbahn in die Provinz Manitoba und dann von Winnipeg mehrere Tagesreisen nach Norden. Auf einem kleinen Schiff ging es über Seen, es folgten Autofahrten durch scheinbar endlose Wälder. Matson hieß dann das Nest, ziemlich weit im Norden. Kohr erinnerte sich, zwischen dieser Goldgräbersiedlung und arktischen Regionen habe es keine anderen Siedlungen mehr gegeben. Er kümmerte sich im Spital von Matson dann um seinen Bruder Hans, der im Bergwerk eine Lungenkrankheit bekommen hatte. Leopold Kohr heuerte selbst in der Mine an. Die Arbeit war beinhart:

„Da habe ich das wirkliche Leben Kanadas kennengelernt, das erste Mal so richtig verstanden, warum Arbeiter immer wieder für Verbesserungen kämpfen. Ich bin für alles eingesetzt worden, was gerade notwendig war. Bäume abschneiden, einen Damm fertig bauen, den die Biber begonnen hatten. Ich musste ihr Werk fortsetzen, weil dieser Damm für das Bergwerk wichtig war. Die Bäume, die ich abholzte, wurden auch für den Straßenbau verwendet. Die legten diese Stämme einfach in den Morast, als Befestigung. So wurden damals Straßen durch diese endlosen Wälder gebaut. Asphalt oder so etwas gab es ja nicht. Zuerst habe ich geglaubt, ich stehe diese schwere Arbeit nicht durch. Ich habe dann versucht, mit dem Vorarbeiter ein gutes Verhältnis zu haben, habe ihm manchmal Feuer gegeben. Später hat der mir dann ein paar leichtere Arbeiten zugeteilt. Einmal wollte ich mir ein Coca Cola kaufen. Da bin ich in den Shop des Bergwerks gegangen. Der Händler verlangte 25 Cent für die Flasche. Und ich habe 43 pro Stunde bekommen; also mehr als eine halbe Stunde Arbeit für eine Flasche, so bin ich ohne Coke abgezogen, hin zum Wasserhahn. Das war ja auch besser gegen den Durst."

Als Hitlers Truppen am 1. September 1939 in Polen überfielen und den Zweiten Weltkrieg begannen, wo waren Sie da?

„Ich erinnere mich genau. Es arbeitete auch ein Pole in dem Bergwerk. Der war mir unsympathisch, so mit einem Schweindelgesicht. Niemand hat mit ihm gesprochen und auch er hat kaum mit jemandem gesprochen. Nach der Schicht bin ich mit ein paar anderen in die Kantine gegangen. Danach sind wir vor das Haus um die letzten Sonnenstrahlen zu genießen. Und da stand auch dieser Pole an der Hauswand. Bevor der Krieg kam, hatte ich das Gefühl, die Polen packeln aus Opportunismus die ganze Zeit mit Hitler und Göring. Außerdem waren viele heftige Antisemiten und haben schon lange vor den Nazis die Juden verfolgt.
Ich hatte damals wirklich starke Vorurteile gegen Polen. Vielleicht auch, weil viele besonders fesche Leute waren. Vielleicht war es also Eifersucht. Aber an diesem Tag kam dann die Meldung bis in unser Nest durch, dass der deutsche Vormarsch in Polen sehr schnell begonnen habe. Ich bin dann nach diesen Siegesberichten hin zu dem Polen mit dem Schweindelgesicht gegangen und habe ihm gesagt: Es tut mir sehr leid, was mit Ihrem Heimatland geschieht. Und er hat nur darauf gesagt: Das ist mir alles vollkommen wurscht. Ich bin ein Ukrainer. So ist das Leben. Der gehörte zur ukrainischen Minderheit in Polen, die sehr vom polnischen Nationalismus unterdrückt worden ist."

Leopold Kohr erlitt in diesen Wochen einen Hörsturz, ausgelöst wahrscheinlich durch den Stress und die harte Arbeit im Goldbergwerk. Er war knapp 30 Jahre alt. Therapien gab es damals kaum und gute medizinische Versorgung war im hohen Norden Kanadas ohnehin nicht verfügbar. So ruinierte sich Kohr sein Gehör. Bis zu seinem Tod verfolgte ihn diese Schwerhörigkeit, die er durch sein legendäres, oft laut pfeifendes Hörgerät zu lindern versuchte. Kohr machte im Herbst 1939 einfach weiter, ohne seinen Hörsturz behandeln zu lassen:

„Die Bergwerksgesellschaft baute gerade eine neue Schule. Da kam der oberste Chef nach Matson. Ich musste gerade das Büro putzen, kniete und polierte den Holzboden. Da kamen der Manager des Bergwerkes und der oberste Chef zur Tür herein. Dem Manager war mein Anblick etwas peinlich. Er stellte uns vor. This is Mr. Richmond, the President of the Matson Gold Mining Company, sagte er zu mir. And this is Dr. Kohr. Da kniete ich als doppelter Doktor auf dem Boden und putzte fleißig. Ein Doktorat oder zwei sind im echten Leben wirklich nichts wert. Das dient nur der Eitelkeit des Akademikers."

Im Frühling 1940 fuhr Kohr nach Toronto zurück. Seine Hörprobleme wurden immer schlimmer. In der Zwischenzeit hatte ihm sein Förderer George Wrong ein Stipendium aufgetrieben. Auch der Erzbischof von Toronto spendete 50 Dollar dafür. Nun durfte der Salzburger am Victoria College in Burwash Hall als Assistent anfangen. Hier hielt er die erste Vorlesung seines Lebens. Es ging um europäische Politik und das vorprogrammierte Scheitern totalitärer Ideologien:

„Das war wahrscheinlich eine versteckte Prüfung. Die wollten herausfinden, ob ich ein bisserl mehr bin als ein Depp. Ich habe wirklich große Angst vor dem ersten Vortrag gehabt. Zuerst habe ich gedacht, ich werde mich krank melden. Ich war zu feige. Eine Woche lang konnte ich kaum was essen. Es war dann sehr festlich. Die ganze Halle. Ein Tisch mit den Fakultätsmitgliedern, der Präsident in der Mitte. Und plötzlich sind alle Ängste weggefallen. So wie ich seinerzeit als Gymnasiast zu der kleinen Wallfahrtskirche Maria Plain in Salzburg gegangen bin, um zu beten, damit ich in Griechisch durchkomme. Diesen ersten Vortrag in Amerika habe ich zwar zum Herunterlesen aufgeschrieben. Aber dann vor dem Publikum redete ich frei aus dem Stehgreif und merkte: Das ist es, was ich kann!"

Anfang 1941 fuhr Kohr mit der Eisenbahn nach Kalifornien. Die Überquerung des ganzen Kontinents beeindruckte ihn sehr. Er erhoffte sich in Los Angeles ärztliche Hilfe für sein Gehör:

„Wie ich in LA angekommen bin, war ich in miserablem Zustand. Da hat mich dann ein katholischer Pfarrer aus Tirol besucht. Father Moser wurde er von Amerikanern genannt. An den Vornamen erinnere ich mich nicht mehr. Er stammte aus einem Bergdorf in Tirol, ein großer Mann. Er war sehr theatralisch und beliebt bei berühmten Leuten in Hollywood. Father Moser ist in mein Zimmer gekommen, mit lockerer Krawatte und offenem Hemd, damit ich nicht glaube, er käme zur letzten Ölung. Schon aus der Entfernung hat man gesehen, das ist ein echter österreichischer Landpfarrer, so wuchtig. Ein Mann, der auch das Leben genießen kann. Father Moser hat mich dann für eine Woche in sein Haus eingeladen. Ich habe fast ein halbes Jahr bei ihm in LA gewohnt, während meiner ganzen Zeit in Kalifornien."

War Father Moser auch vor den Nazis geflüchtet?

„Der war ein waschechter Tiroler, also ein großer Gegner der Nazis. Der hatte sich von denen nichts sagen lassen. Wie die angefangen haben, in den Tiroler Kirchen zu randalieren, der Father Moser hat diese braunen Rotzbuben abgewatscht und abgefotzt. Wie die dann endgültig an die Macht gekommen sind,

natürlich, da musste er dann flüchten. Father Moser hat in Hollywood auch Bücher geschrieben. Er kochte oft Tiroler Küche. Den amerikanischen Fraß konnte er nicht ausstehen. Die Tiroler Küche hat er drüben neu erfunden und lange nach geeigneten Zutaten gesucht. Dann zu Ostern, wie ich bei ihm gewohnt habe, da hat er 14 Wiener Schnitzel gemacht. Mit ein paar Flaschen Bier haben wir dann hineingehaut, bis nichts mehr gegangen ist. Gleichzeitig war er ungeheuer fromm und sehr gläubig, auf der anderen Seite hat er geflucht und geschimpft, gut gekocht und gern gegessen. Er hat jeden Tag eine Messe gehalten. Er musste ja einen großen Kreis betreuen. Bevor wir Ostern 1941 diese Schnitzel gegessen haben, hat sich Father Moser schwer bekreuzigt, die Hände gerieben und gesagt, oh boy, oh boy, I sure come to hell. Da habe ich gefragt, warum? Dann hat Father Moser gesagt, oh boy, oh boy, I enjoy life so much."

Die militärischen Erfolge Hitlers beunruhigten Kohr. So meldete er sich zur US-Armee, wollte mit amerikanischen Soldaten nach Europa zurückkehren und kämpfen. Bei der Musterung in Los Angeles traf er andere Österreicher, die ebenfalls Dienst in der Army machen wollten. Harry Freud, der Neffe Sigmund Freuds, war dabei, wie Kohr sich erinnerte:

„Dass ich Österreicher war, war für die amerikanischen Militärs keine Schwierigkeit. Die nahmen jeden. Und von Leuten im Exil wurde es oft sogar erwartet, dass sie sich der Armee gegen Hitler anschlossen. Sie brauchten nämlich Offiziere, die Deutsch sprachen. Der junge Freud wurde einer meiner besten Freunde. Wir sind von der Armee genau geprüft worden, sind den ganzen Tag nackt vor den verschiedenen Militärärzten herumgelaufen. Ich hatte nur meinen Hörapparat in der Hand. Sie haben mich in erstklassiger Form befunden. Lunge, Herz, Augen, alles pumperlg'sund. Beim Ohrenarzt bin ich dann durchgefallen. Sie wollten mich nicht mehr nehmen. Ich war jedenfalls traurig, dass ich nicht mit den anderen nach Europa zum Kämpfen fahren konnte. Ein Offizier hat mich später getröstet, dass sie mich sicher nach Europa schicken werden. Aber nicht in den Kampf. Wenn Österreich von den Nazis befreit sei, dann sollte ich in Zivil beim Aufbau einer Demokratie mitarbeiten. Ich habe denen meine Kontaktadresse gegeben."

Warum hätten Sie für die USA die Waffe in die Hand genommen?

„Jeder sollte tun, was getan werden muss. Ich war selbstverständlich an der Niederlage Hitlers interessiert. Kämpfen gegen großes Unrecht ist eine Pflicht, der man sich nicht entziehen kann."

Psychologische Kriegsführung

Trommelfeuer gegen Nazideutschland

„Schon in dem Buch „Mein Kampf"
hat er uns ein Bild von seinem
einfachen Seelenleben gegeben.
Die Tragödie ist,
dass dieser Bestseller
nie richtig gelesen wurde.
Nach zehn Seiten weiß man
alles über den Autor.
Nach 50 Seiten kennt man
alle Argumente der Nazipartei.
Wer Hitlers Leben kennt
und sein mies geschriebenes Buch liest,
der hätte seine Absichten
seit den frühesten Jahren erkennen können."

Leopold Kohr, Los Angeles Times, 8. Februar 1942

Kohr schrieb nun gegen Hitler an. Er berichtete und analysierte in führenden Zeitungen der USA und Kanadas, bediente auch kleinere Blätter und regionale Medien mit Hintergründen aus Europa. Das Image Österreichs war auf einem Tiefpunkt angelangt und Kohr wollte dem entgegenwirken. In den USA schätzte man Österreichs Bevölkerung mehrheitlich als fanatische Nazis ein. Die Haltung der Alliierten bekamen besonders jene Gegner der Nazis in Österreich hart zu spüren, die gehofft hatten, in Großbritannien, Frankreich oder den USA Schutz und Asyl zu finden. Österreichische Flüchtlinge wurden wie Menschen zweiter Klasse behandelt, wenn nicht gar als Sympathisanten oder Spione Nazideutschlands gesehen. Emigranten und Flüchtlinge aus Polen oder der Tschechoslowakei waren im Westen dagegen schnell als Verbündete anerkannt. Ursprünglich planten die Alliierten sogar, Österreich solle nach dem Sieg über Hitler eine Provinz des besiegten Deutschlands werden. Vor diesem Szenario begannen Leopold Kohr und sein väterlicher Förderer und Freund Egon Ranshofen-Wertheimer in den USA und Kanada mit ihrer Welle von Zeitungsberichten und Leserbriefen. Sie wollten damit Österreichs staatliche Unabhängigkeit und sein kulturelles Erbe in Übersee propagieren.

Egon Ranshofen-Wertheimer, einst Diplomat des gescheiterten Völkerbundes, arbeitete damals in Washington DC als Berater der US-Regierung. Er kannte Chefredakteure und Herausgeber vieler Zeitungen. So begann sein Schützling Kohr nach und nach für die „New York Times", „Washington Post" und andere zu schreiben. Kohr forderte in seinen Artikeln, die Vereinigten Staaten dürften den Anschluss Österreichs an Deutschland keinesfalls diplomatisch anerkennen. Er betonte, nur 25 Prozent der Österreicher seien Nazis. Die anderen würden schweigen, weil schon die Austrofaschisten der katholischen Dollfuß-Regierung dem Volk große Angst gemacht hätten. Ein großer Erfolg gelang dem 32-jährigen Kohr am 6. Jänner 1942. An diesem Tag erschien sein erster Artikel in der „Washington Post". Herausgeber und Chefredakteur Eugene Mayer hatte zur Schützenhilfe noch einen Leitartikel verfasst, in dem er die Regierung der USA aufforderte, Österreich nicht weiter im Stich zu lassen. Kohr schilderte die Gewissenskonflikte österreichischer Flüchtlinge, die von US-Bürokraten wie deutsche Feinde behandelt würden. Wenngleich Österreicher in den USA noch unfähig wären zur Bildung einer Exilregierung, sollte die Regierung in Washington endlich anerkennen, dass Österreich ein Opfer der Nazis sei und kein Feind der Alliierten.

Man kann davon ausgehen, dass Blätter wie die „Washington Post" ihren Einfluss auf das Weiße Haus hatten, damals wie heute. Klar ist, dass Kohr und Ranshofen-Wertheimer großen propagandistischen Druck ausübten, um Stimmung für das kleine Österreich zu machen. Es war Teil ihrer Strategie, dabei manche historische Wahrheit über kulturelle und politische Rückständigkeit, latenten Rassenwahn und Hang zum Nationalsozialismus in der österreichischen Bevölkerung unter den Teppich zu kehren. Meine Gespräche mit Kohr zeigten, dass er noch im hohen Alter von dieser schönfärberischen Österreich-Ideologie überzeugt war. Er hatte teilweise auch Recht, denn es gab 1938 durchaus viele Bürger, die Hitlers „Anschluss" betrauerten.

Am 14. Juni 1945 veröffentlichte Kohr in der „Washington Post" einen harten Artikel gegen die Vorgangsweise der alliierten Befreier. Er nahm die Aufteilung Österreichs in vier „Besatzungszonen" ins Visier. Bei Deutschland wäre das verständlich, schrieb Kohr. Nur so könne man Preußen, Bayern und andere Gebiete zu neuen Strukturen führen. Für das kleine Österreich hingegen sei diese Aufteilung zerstörerisch, kritisierte Kohr und warnte vor einer Abtrennung der sowjetischen Einflusszone mit der Hauptstadt Wien. Ohne Wien gebe es keine Zukunft für Österreich. In fast jedem anderen Land könne man die Hauptstadt verlegen, schrieb er; nicht in Österreich:

„In den Gebirgstälern Salzburgs, Tirols, Kärntens und der Steiermark weht nämlich ein ganz anderer Wind als in Wien. Die Bevölkerung ist dort konservativ und bodenständig. Falls Wien für Österreich verloren geht, dann würde automatisch München zu einer neuen Hauptstadt. Das wäre ein großer Fehler. Eine Voraussetzung für Frieden in Europa ist, dass Österreich frei ist. Es darf keinesfalls mehr mit Deutschland verbunden sein."

Kohr mit Österreichs Bundespräsident Kurt Waldheim. Bild: Präsidentschaftskanzlei, Wiener Hofburg

Kohr zeichnete in der „Washington Post" ein äußerst positives Bild Österreichs und forderte den Abzug der alliierten Truppen. Bei Sozialdemokraten und Christlichsozialen gebe es genug Leute für eine Demokratie. Von seinen Idealvorstellungen geleitet, verstieg sich Kohr in dem Artikel zu Thesen, die kaum Bezug zur Wirklichkeit hatten: Seiner Ansicht nach wären Naziführer und Kriegsverbrecher in Österreich auch ohne alliierte Intervention und Mithilfe bestraft worden. Angesichts der realen Strategien österreichischer Parteien nach dem Krieg, ihres Buhlens um die Stimmen der Nazis und der tatkräftigen Mithilfe vieler Österreicher bei Völkermord und Kriegsverbrechen, ist Kohrs Einschätzung heute überhaupt nicht mehr nachvollziehbar. Nur sehr wenige NS-Täter wurden in Österreich je vor Gericht gestellt, nach 1950 die meisten freigesprochen. Vielleicht wollte er seinen alten Traum als Flüchtling nicht zerstören. Seit Kohr 1938 ins Exil gegangen war, war er davon überzeugt, seine Heimat sei Opfer des Nationalsozialismus und keine Brutstätte des braunen Verbrechertums gewesen. Dieser Glaube motivierte ihn im publizistischen Kampf gegen Hitlerdeutschland, der lange völlig aussichtslos zu sein schien. Kohr wies zu Recht immer wieder auf die Westmächte im Vorfeld des Zweiten Weltkrieges hin, die tatenlos dem Treiben Deutschlands, der Besetzung der Tschechoslowakei und dem „Anschluss" Österreichs zugesehen hätten. Unter dem Strich könnte Kohr mit seiner Österreich-Ideologie in Übersee weit mehr Positives für den kleinen und vergesslichen Alpenstaat bewirkt haben, als es dessen Regierungen der Nachkriegszeit, ehemalige SS-Leute, NS-Parteifunktionäre und Massen von Mitläufern je verdient hatten.

Sein idealisiertes Bild von Österreich führte auch dazu, dass Kohr in den 1980er-Jahren den international im Kreuzfeuer heftiger Kritik stehenden Bundespräsidenten Kurt Waldheim (ÖVP) öffentlich in Schutz nahm. Er argumentierte, in Notsituationen sei es zulässig auch Unwahrheiten zu sagen. Trotz meiner Anmerkung, dass Waldheim sich in keiner Notsituation befand, als er vor Journalisten behauptete, in der Wehrmacht Nazideutschlands „nur seine Pflicht" getan zu haben, blieb Kohr dabei: Er verteidigte Waldheim und war stolz auf die Bekanntschaft mit ihm. Man solle jemanden nicht danach beurteilen, was er dereinst getan haben könnte, schrieb Kohr in einer Streitschrift für Waldheim. Wichtig sei, wie sich jemand in der Gegenwart präsentiere. Waldheim sei *„a very nice guy".* Und wenn es nun eine neue Welle des Antisemitismus in Österreich gebe, dann solle man den Präsidenten schleunigst rehabilitieren. Das sei der beste Weg, den Antisemitismus zu bekämpfen. Auch wenn Waldheim vor langer Zeit ein Kriegsverbrecher gewesen sein sollte, seine ehrenvollen Einsätze als Außenminister Österreichs und Generalsekretär der Vereinten Nationen hätten ihn als Menschen längst rehabilitiert, so Kohr. Dass Waldheims Rolle als Diplomat der österreichischen Botschaft in Prag – 1968 beim Einmarsch der sowjetischen Armee in der Tschechoslowakei – gegenüber Flüchtlingen und Asylsuchenden alles andere als rühmlich gewesen sein soll, erwähnte Kohr nicht. Hatte er für Waldheim so große Sympathien, weil der ehemalige Wehrmachtsoffizier als Bundespräsident den ehemaligen Flüchtling an seinem Amtssitz in der Wiener Hofburg empfangen hatte? Die späte Genugtuung für einen Flüchtling, der sich im Ausland massiv für Österreichs Befreiung eingesetzt hatte? Solchen Fragen wich Kohr aus.

Kohr schrieb viel über den Freiheitswillen der Österreicher, unabhängig davon, ob dieser existierte oder nicht. Das kam in den USA immer gut an. Sein Bemühen ging weit über das Schicksalsjahr 1955 hinaus, als der Staatsvertrag unterzeichnet wurde und die alliierten Befreier Österreichs abzogen.

Insgesamt verfasste Kohr in Nordamerika etwa 150 Berichte, Reportagen, Essays und Beiträge über Österreichs Souveränität. In der Phase der größten Unsicherheit – zwischen 1942 und 1951 – schrieb Kohr 37 Berichte für Tageszeitungen in den USA, in denen es um Österreichs Befreiung und staatliche Zukunft ging. Fünf erschienen in großen Wochenzeitungen und Magazinen, 17 in monatlichen Publikationen und drei in Jahresausgaben politikwissenschaftlicher Zeitschriften. Hauptthema war die Schaffung einer künftigen Föderation von Donau- und Balkanstaaten. Mit diesem Konzept sollte laut Kohr der Einfluss Deutschlands in Europa zurückgedrängt werden. Österreich und seine slawischen Nachbarn sollten enger zusammenrücken, ähnlich wie im alten Reich der Habsburger – nur modern organisiert. Der Sozialist und Anarchist

Kohr outete sich nun sogar als Monarchist, der Otto Habsburg als Staatsoberhaupt einer künftigen Donau-Föderation vorschlug. Für Kohr war das kein Widerspruch. Während des Krieges verwendete er oft Pseudonyme. Kohr wollte seine Familie und die Freunde in Europa durch seine Artikel nicht gefährden. Und gelegentlich verzichtete er ganz auf Namensnennung. Die Redaktionen schrieben dann *„Written by a refugee"*, *„By a practical student of South Eastern Europe"* oder *„Written by a former Austrian"*. Gelegentlich wurden dabei Kohrs Ausbildung und die Hintergründe seiner Flucht erwähnt. Es klang auch Stolz durch, dass es der Redaktion gelungen sei, einen besonderen Fachmann für europäische Politik als Autor aufzubieten.

Genie und Wahnsinn im Innviertel

Am 27. Juli 1940 erschien in der kanadischen Wochenzeitung „Saturday Night" Kohrs Story *„The Genius of Adolf Hitler"*. Er beleuchtete das Innviertel in Oberösterreich, wo Hitlers Geburtsstadt Braunau am Inn liegt. Es gab neben Kohr und Ranshofen-Wertheimer kaum Fachleute, die so viele Hintergrundinformationen liefern konnten. Die Grenze des Innviertels ist nur wenige Kilometer von Kohrs Salzburger Heimat Oberndorf entfernt. Er skizzierte romantische Bilder in den Zeitungen:

Hier soll laut mittelalterlichem Epos der Raubritter einst gelebt haben, dessen Schicksal Kohr auch Hitler vorhersagte: Helmbrechtshof bei Gilgenberg im Innviertel.
Bild: Gerald Lehner

„Im Innviertel gab es immer Träumer und Visionäre. Das ist typisch für diese Gegend. Sind es vielleicht die dichten Nebel des Inn, die diesen Menschenschlag so verzaubern?"

Es müsse dort etwas Geheimnisvolles in der Luft liegen, schrieb er. Wie sonst sei zu erklären, dass im Innviertel viele Genies oder „Wahnsinnige" („madmen") auf die Welt kommen? Kohr berichtete von Mystikern, Scharlatanen, Wunderheilern und Sehern, die hier geboren wurden. Aus der Literatur des Mittelalters zitierte er ein Epos, das in dieser Gegend an Inn und Salzach spielt: „Meier Helmbrecht" aus dem 13. Jahrhundert. Die mehr als 1.900 Verse wurden zwischen 1246 und 1282 geschrieben. Sie stammen von dem Sänger und Autor „Wernher der Gartenaere", der vermutlich auf der nahen Festung Burghausen lebte. Sein tragischer Held Meier Helmbrecht ist der Sohn eines reichen Bauern und soll in Gilgenberg im Innviertel zur Welt gekommen sein. Das kleine Dorf liegt nur wenige Kilometer von Hitlers Geburtsstadt Braunau entfernt. Kohr schrieb nun im Sommer 1940 (!) in dieser kanadischen Zeitung, Hitlers und Helmbrechts Lebensgeschichten würden sich gespenstisch ähneln – im Abstand von 700 Jahren. Und auch der Tod Hitlers komme bald, in ähnlicher Form wie bei Helmbrecht.

Moral der Geschichte: Wenn sich ein Frevler versündigt, dann sind seine Erfolge nur von kurzer Dauer. Kohr stellte das Epos den kanadischen Lesern genauer vor. Meier Helmbrecht verlässt seine Heimat, um in der Fremde sein Glück zu versuchen. (Ebenso Hitler). Er wird am Hof eines Raubritters aufgenommen und erntet mit brutalen Morden an wehrlosen Untertanen zweifelhaften Ruhm. Wie später Hitler, kehrt er nach vielen Jahren in seine Heimat zurück. Helmbrecht reitet in sein Dorf, prahlt mit seinen Plünderungen in der Fremde, hat schöne Frauen und bringt Geschenke mit. Stolz erzählt er, wie viele er beraubt und getötet habe. Sein alter Vater, der reiche Bauer von Gilgenberg, warnt ihn und erzählt von den guten Sitten der Ritter, die einst geherrscht hätten. Helmbrecht entgegnet, nun wehe ein anderer Wind. Statt der hohen Minne werde dem Wein gehuldigt. Da prophezeit ihm der Vater den Galgen. Während einer Orgie verliebt sich Meier Helmbrechts Schwester in den Chef der Raubritter. Während der Hochzeit kommt es zum Kampf mit der rechtmäßigen Obrigkeit. Die meisten Raubritter werden gefangen und hingerichtet. Helmbrecht behält zwar sein Leben. Zur Strafe hacken sie ihm eine Hand und einen Fuß ab, stechen seine Augen aus. So kehrt der Unglückliche nach Gilgenberg heim und wird vom Vater verstoßen. Er muss die Heimat verlassen, mit einem Stück Brot von der Mutter in der Tasche. Später erkennen ihn Bauern, die er einst gepeinigt hatte, und hängen den blinden Krüppel auf einem Baum auf.

Los Angeles Times

MONDAY MORNING, JUNE 1, 1942.

The Case of Hitler's Prophet

BY HANS KOHR

1. Juni 1942. Kohrs Artikel (Pseudonym: Hans Kohr) in der Los Angeles Times über den Innviertler Raubritter und Adolf Hitler
Repro: Gerald Lehner

Leopold Kohr verwendete diese Story noch für einen zweiten Artikel gegen Nazideutschland, der am 1. Juni 1942 in der

„Los Angeles Times" unter dem Titel „The Case of Hitler's Prophet" erschien: *„Das Zeitalter des Meier Helmbrecht war dem unseren ähnlich. Die Macht hatten Raubritter und Söldner übernommen, Landsknechte, die viele Gegenden verwüsteten. Es war eine Zeit der Räuberbarone. Wie die Nazis waren sie die Ausgeburt einer zutiefst kranken Gesellschaft. Ein Spitzname von Helmbrecht war ‚Schlingdasgeu', das bedeutet ‚Friss das Land', Wie Hitler versklavte er die Menschen. Und Hitler werde untergehen wie Helmbrecht."* Als Schwachsinn bezeichnete Kohr die Propaganda der Nazis, wonach Österreich keine eigene Nation sei. Am 8. November 1939, eineinhalb Jahre nach dem „Anschluss", hielt er seinen ersten Vortrag an der Universität Toronto zu diesem Thema. Österreich und seine Hauptstadt Wien seien traditionell kosmopolitisch, sagte Kohr vor großem Publikum. Der Geist Österreichs sei wesentlich stärker von Prag oder Budapest geprägt als vom preußischen Berlin. Mit den Deutschen habe Österreich nur wenig zu tun. Das Land sei immer schon eine Brücke zwischen Deutschland und dem Balkan gewesen: *„Die Österreicher sind eine Mischung aus Ungarn, Deutschen, Kroaten, Slowenen und anderen kleinen Völkern."*

Free Austrian Movement

Das „Free Austrian Movement" in den USA wurde von vielen Grabenkämpfen österreichischer Emigranten und ihrer politischen Lager erschüttert. Sozialisten und Konservative hatten ihre Feindschaften aus der Vorkriegszeit nach Amerika getragen und fürsorglich gepflegt. Das schwächte den politischen Kampf gegen Deutschland und verhinderte die Bildung einer Exilregierung, wie sie Polen, Tschechen und andere längst hatten. Leopold Kohr versuchte dennoch mit seinen Zeitungsartikeln in der Öffentlichkeit ein positives Bild des „Free Austrian Movement" zu zeichnen. Am 15. März 1941 schrieb er in der Wochenzeitung „The Canadian Weekly":

„Mit dieser Bewegung wollen wir Österreicher in Amerika bei der Demokratisierung unseres Landes mithelfen. Österreich war das erste Opfer des Nationalsozialismus. Und Österreich hat Interesse an seiner Freiheit wie die Tschechoslowakei, Polen, die Niederlande, Frankreich und Norwegen. Wir wollen alle Mittel einsetzen, die wir besitzen. Auch wenn wir Bürger eines kleinen Landes sind.

Gerechtigkeit und Demokratie müssen sich durchsetzen!" Der Chefredakteur ergänzte Kohrs Story mit einem Kommentar, in dem er unterstrich, die Österreicher seien mit Sicherheit keine Deutschen: „*Genau so wie Amerikaner keine Engländer sind. Sie sprechen zwar die gleiche Sprache. Aber ihre Mentalität, die Bräuche und ihre Geschichte sind sehr unterschiedlich und eigenständig. Der folgende Artikel ist als Aufforderung zu verstehen, die Rechte der Österreicher auf staatliche Unabhängigkeit auch in Amerika anzuerkennen.*"

Das „Free Austrian Movement" war auch deshalb ein zerstrittener Haufen, weil Österreichs Konservative und Klerikale den Austrofaschisten Engelbert Dollfuß zum Bundeskanzler gemacht und die politische Linke verboten hatten. Vier Jahre wütete der Austrofaschismus in Österreich, ehe ihn 1938 die Nazis gewaltsam beendeten und das Land übernahmen. An der Figur Dollfuß entzündeten sich noch in Amerika viele Streitereien der Emigranten. Im Licht der amerikanischen Öffentlichkeit war das sehr kontraproduktiv. So sahen sich auch Leute wie Kohr letztlich gezwungen, Faschisten wie Dollfuß in positivem Licht als österreichischen Patrioten erscheinen zu lassen. Zumindest war Dollfuß ein erbitterter Gegner Hitlers gewesen und 1934 bei einem Putschversuch von österreichischen Nazis erschossen worden. 1942 benutzte das „Free Austrian Movement" den achten Jahrestag dieses Mordes für eine Propaganda-Offensive. Viele US-Medien berichteten nun, dass Österreich vor dem Krieg einen Bundeskanzler gehabt habe, der im Kampf gegen Hitler gefallen sei. Am 25. Juli 1942 schrieben neben der „New York Times", „Washington Post" und „Los Angeles Times" noch 24 andere Blätter über Österreichs Willen zur Freiheit. Die „Los Angeles News" forderten: „Macht diesen Tag zum Österreich-Tag!" Und im kanadischen Saskatchewan titelte die „Leader Post": „Österreich kämpft weiter!" Bizarr wurde es, als in immer mehr Artikeln über große Widerstandsaktionen und Sabotage berichtet wurde, mit der die Österreicher nun gegen die Naziherrschaft in ihrem Land kämpfen würden. Laut Kohr hatte Erzherzog Felix, der Bruder Otto Habsburgs, solche Gerüchte gestreut. Tatsächlich geschah in Österreich bis 1945 nur wenig, was die Bezeichnung „Sabotage" verdient hätte.

In einem Bericht der „Los Angeles Times" am 8. Februar 1942 fantasierte Kohr unter dem Pseudonym Hans Hofer, Deutschland werde in einem Jahr besiegt sein. Denn die Moral der Nazis sinke. Und die Österreicher würden bald selbst eine massive Widerstandsfront eröffnen. Solche Märchen gehörten zu Kohrs Taktik gegenüber dem Weißen Haus, der Armeeführung und dem Establishment der USA. Bei seiner psychologischen Kriegsführung gegen Hitler hatte der Salzburger noch andere Waffen im Arsenal, um auf die Tränendrüsen der Amerikaner zu drücken:

„Stille Nacht“ als Kampflied

Silent Night

Leopold Kohr

Above, the little village of Oberndorf where "Silent Night" was composed and in whose church, at right, it was first sung on Christmas Eve over a century ago

The eyes of the children would shine, and the hearts of the people would be filled with happiness, peace and humility. This was a holy night.

Illustration von Lilian Neuner über Oberndorf und Salzburg. Für Kohrs Artikel im Magazin des US-Jugendrotkreuzes, Dezember 1944.
Repro: Gerald Lehner

Millionen Menschen singen dieses Lied, in vielen Dutzend Sprachen und weltweit wissen wenige, woher es kommt. Leopold Kohr benutzte „Stille Nacht, heilige Nacht“ als politisches Lied gegen Nazideutschland und für die Befreiung Österreichs. Es war 1818 in Kohrs Salzburger Heimatstadt Oberndorf uraufgeführt worden. Das nutzte er aus, um den Amerikanern alljährlich zu Weihnachten Österreichs eigenständige Kulturgeschichte zu präsentieren - in Dutzenden Zeitungsartikeln. Zum Beispiel in einer liebevoll gestalteten Story für das Magazin des amerikanischen Jugendrotkreuzes, die er Weihnachten 1944 veröffentlichte. Die Illustratorin Lillian Neuner zeichnete für Kohr das idyllisch verschneite Oberndorf im Vordergrund, weiter hinten den Mönchsberg mit der Festung Hohensalzburg. Im Hintergrund leuchten die Alpen und über der Idylle die Sterne der Heiligen Nacht. Der Text suggeriert, sein Autor sei tief religiös. Wer Kohr gut kannte, muss spätestens an dieser Stelle schmunzeln. Er verpackte viel Wehmut in seine Zeilen:

"*Oberndorf is only a small village in Austria. But it is my village, and this is why I often like to think of it. In the distance rise the mighty chains of the Alps to their majestic height. And the melody will float out again from the village which created it to the world to which it belongs.*"

Die Menschen von Oberndorf in Österreich seien stolz, schrieb Kohr, dass ihre Heimat auserwählt worden sei, die Menschheit reich zu beschenken. Mit diesem Lied, das so einfach und schön sei und die Herzen berühre. Weder Beethoven noch Schubert hätten so etwas schreiben können. Es sei ein Lied, das nur in einem Dorf habe entstehen können, geschaffen aus tiefem Glauben und dem Trost, der in solchen Gegenden spürbar ist. „Silent Night“, die wunderbare Hymne der Christenheit, entstanden in Österreich:

"*Then, wherever I am, in Paris, in London, in New York, in Toronto or in Los Angeles, everbody sings Silent Night.*"

Während Kohr die Emotionen seiner Leser schürte, schlug er die Brücke zur Politik. Er schilderte ein Erlebnis, das drei Jahre zuvor – zu Weihnachten 1941 – stattgefunden hatte. Kohr war damals in Washington DC im Garten des Weißen Hauses mit dabei, als dort eine große Menschenmenge darauf wartete, dem US-Präsidenten Segenswünsche zu übermitteln. Roosevelt hatte seinen britischen Verbündeten Winston Churchill zu Gast. Die Staatsführer waren wegen Hitlers Siegen in größter Sorge und berieten, was zu tun war. Als die Dämmerung hereinbrach, betraten Roosevelt und Churchill die Terrasse und sangen mit den versammelten Menschen „Silent Night". Drei Jahre später beschrieb nun Kohr – ein Jahr vor Ende des Zweiten Weltkrieges – dieses Szenario im Magazin des amerikanischen Jugendrotkreuzes:

"Maybe it was only I who had tears in my eyes. But I thought, sometime, when freedom and peace reign over the world again, and Austria is independent anew, I will tell them at home about the President and the Prime Minister singing Silent Night."

Noch perfekter ließen sich Weihnachtskitsch, Gefühle, Politik und Krieg kaum verbinden. Bis Mitte der 1950er-Jahre produzierte Kohr viele Storys dieser Art in unterschiedlichen Längen. Nach Kriegsende nahm er sein politisches Kalkül etwas zurück und konzentrierte sich noch mehr auf die reinen Gefühlsebenen, das Leuchten der Kinderaugen und die Idylle des befreiten Österreich. Chefredakteure rissen ihm solche Artikel für Weihnachten jedes Jahr aus der Hand. Die Sammelmappe meines Kohr-Archivs ist dick, und fast scheint es, als hatte der Salzburger mit „Silent Night" für amerikanische Medien im Winter ein eigenes Ressort erfunden.

Diese Möglichkeiten und Strategien verdankte Kohr seinem Förderer Egon Ranshofen-Wertheimer aus Braunau am Inn. Der Berater des Weißen Hauses und Mitbegründer der Vereinten Nationen war eine der zentralen Figuren des österreichischen Widerstandes gegen Nazideutschland. Ranshofen-Wertheimer wurde dennoch von der offiziellen Geschichtsschreibung Österreichs vergessen, ehe ihn meine Forschungen und Publikationen wieder ein wenig ins Bewusstsein riefen.

Egon Ranshofen-Wertheimer

Egon Ranshofen-Wertheimer ((1894 - 1957)

Er war Kohrs wichtigster Mentor und Förderer. Seine Rolle in der internationalen Politik wurde erst ab 1994 in Europa wieder bekannt durch die Recherchen zu diesem Buch. Einflussreicher auf die Weltordnung und persönlich gegensätzlicher könnten zwei Männer aus einer einzigen Kleinstadt nicht sein. Der eine ließ Millionen Menschen ermorden, Europa brandschatzen und systematisch mit Kriegsverbrechen überziehen. Im Gegensatz zu Hitler wurde der andere Braunauer von Österreich vergessen: Egon Ranshofen-Wertheimer bekämpfte früh den Nationalsozialismus und beriet die Regierung der USA im Kampf gegen Hitler. 1945 wirkte er in San Francisco an der Gründung der UNO für einen neuen Frieden mit – nachdem der andere Abkömmling der alten Heimat, Adolf Hitler, die halbe Welt in den Abgrund „geführt" hatte.

Egon Ranshofen-Wertheimer maturierte 1912 am Akademischen Gymnasium in Salzburg. Der Braunauer war Diplomat des Völkerbundes in Genf, ging 1940 ins politische Exil nach Amerika. Er beriet die Regierung der USA im Kampf gegen Hitler. Mit dem Salzburger Leopold Kohr schrieb er in US-Zeitungen gegen die Nazis. Er war auch Wegbereiter für die Gründung der UNO. Egon Ranshofen-Wertheimer wusste viele Details über Phänomenologie, Entstehungs- und Kriminalgeschichte des Nationalsozialismus in Österreich und Bayern. Der Innviertler entwarf lange vor Kriegsende in den USA strategische Pläne für Wiederaufbau und wirtschaftliche Hilfe, um Europas neue Demokratien zu fördern.

Der Jurist, Staatswissenschafter und Journalist starb am 27. Dezember 1957 in New York. Er war Hochkommissar und Diplomat der UNO. Österreich verdankt seiner Hilfe die rasche Aufnahme bei den Vereinten Nationen im Jahr 1955. „The International Secretariat – A Great Experiment in International Administration" ist sein wichtigstes Buch – 1945 in Washington DC erschienen, noch bevor am 25. April 1945 in San Francisco die Gründungsversammlung der UNO begann. Ranshofen-Wertheimer analysierte kritisch den Aufbau und das Scheitern des Völkerbundes als Lehre für die UNO. Mit seinem jüngeren Kollegen Leopold Kohr aus Oberndorf bei Salzburg, der als Philosoph und Ökonom bekannt wurde, entfachte Ranshofen-Wertheimer bis 1945 ein publizistisches Trommelfeuer gegen die Nazis – unter anderem in der „New York Times" und „Washington Post". Österreichs Establishment hat Ranshofen-Wertheimer lange verdrängt, verschwiegen und vergessen. Private Recherchen brachten ihn ab 1994 wieder ins Bewusstsein. Die Stadt Braunau ehrt seit 2007 verdiente Auslandsösterreicher mit dem neuen Ranshofen-Wertheimer-Preis. Der Astrophysiker Freimut Börngen aus Jena (Thüringen) veranlasste, dass 2008 ein Asteroid auf den Namen „Wertheimer" getauft wurde – in Abstimmung mit dem Weltverband der Astronomen, NASA und der russischen Weltraumbehörde.

Noch kaum aufgearbeitet sind die Enteignungen bzw. „Arisierungen" von Grund und Boden, die bei der Errichtung der nahen Aluminium-Werke im Braunauer Stadtteil Ranshofen durch die Nazis durchgezogen wurden. Davon betroffen sind weiterhin die Nachkommen und Verwandten der Familie Wertheimer. Von dieser selbst lebt heute niemand mehr.

Schon vor Kriegsende gehörte Ranshofen-Wertheimer zu jenen Diplomaten, die im Auftrag der amerikanischen Regierung die Gründung der Vereinten Nationen (UNO) vorbereiteten. Die UNO wurde dann am 26. Juni 1945 in San Francisco offiziell gegründet. Während des Krieges hatte Ranshofen-Wertheimer in Washington als Berater für das Außenministerium der USA und für das Weiße Haus gearbeitet. Sein Wissen schöpfte er aus Studien der Fächer Staatswissenschaft, Rechtskunde und Geschichte, die er nach Aufenthalten in Wien, München und Heidelberg als 26-Jähriger mit Auszeichnung abgeschlossen hatte. Als frischgebackener Akademiker verbrachte Ranshofen-Wertheimer dann drei Jahre als Zeitungsredakteur und Reporter in Hamburg. Danach war er knapp zehn Jahre als Diplomat des Völkerbundes tätig. Ab 1940 betreute er im amerikanischen Exil mehrere Forschungsprojekte der Carnegie-Friedensstiftung.

In Washington DC sorgte der Innviertler dafür, dass Leopold Kohr ebenfalls einen Job bei der Carnegie-Stiftung erhielt. Später nützte Ranshofen-Wertheimer seine Beziehungen zu Chefredakteuren einflussreicher Zeitungen. So konnte Kohr für die „Österreich-Frei-Bewegung" zahlreiche Artikel verfassen, um für die Befreiung der alten Heimat aus deutscher Herrschaft zu werben. Ranshofen-Wertheimer verfasste im Auftrag der US-Regierung eine Studie, die für die Zukunft Europas von fundamentaler Bedeutung war: „Victory is not enough" diente für die Zeit nach Kriegsende als wissenschaftliche Grundlage, um Demokratisierung und Wiederaufbau in Europa voranzutreiben; auch der Marshall-Plan wurzelt zum Teil in diesen Arbeiten.

Am 18. Juli 1943 publizierte die „Washington Post" eine Rezension dieser Studie. Autor war Leopold Kohr. Schlagzeile: „Peacemaker's Manual". Kohr betonte, wie bemerkenswert es sei, dass Wertheimer und Hitler in der gleichen Stadt Braunau zur Welt gekommen waren. Zwei so verschiedene Männer. Der eine zerstöre die Völker Europas. Und der andere mache sich Gedanken, wie man geknechteten Menschen für die Zukunft helfen könnte. Wenn Staatsmänner neuen Frieden wollten, dann müssten sie verstärkt auf die alten Künste der Diplomatie setzen, schrieb Kohr. Heute würden Diplomaten vorwiegend als Berater eingesetzt. Aber Erfolge wie jener auf dem Wiener Kongress von 1814/15 seien nur möglich, wenn Diplomaten selbst hart verhandeln dürften. Ohne direktes Eingreifen von Politikern bzw. Monarchen. Es gehe in Wertheimers „Victory is not enough" auch um die Tragödie des Völkerbundes, der nicht zuletzt am Zögern Englands und Frankreichs gescheitert sei. Man habe Hitler viel zu lange zugeschaut, schrieb Kohr in seiner Rezension von Wertheimers Studie. Kohr erzählte noch im hohen Alter oft, Wertheimer sei einer seiner engsten Freunde gewesen und wie viel er ihm verdanke.

In seiner Jugend war Egon Ranshofen-Wertheimer als hitzköpfiger Draufgänger bekannt. Mit 20 zog er 1914 mit nationalistischer Begeisterung in den Ersten Weltkrieg. Der stramme Soldat zählte zu den ersten Menschen, die aus großer Höhe mit einem Fallschirm absprangen. Er kämpfte an vorderster Linie und entging mehrmals nur knapp dem Tod auf den Schlachtfeldern Oberitaliens und Russlands. Die Grauen der Schützengräben machten Wertheimer immer nachdenklicher, bald hatte er die Durchhalteparolen der hohen Militärs, Kriegsgewinnler, Herrscherfamilien und Kirchenfürsten durchschaut und endgültig genug davon. Die politischen Verlogenheiten jener lenkten seine Aufmerksamkeit zunehmend auf revolutionäre Theorien. Aus dem Weltkrieg kehrte Wertheimer schließlich als Marxist zurück. Sein Vater, liberaler Großgrundbesitzer und Landwirtschaftsexperte in Ranshofen bei Braunau am Inn, tolerierte die Interessen seines Sohnes, während er von Klerikalen und Konservativen der Umgebung offen angefeindet wurde. Während seiner Studienzeit mäßigte sich sein Drang die Welt von Grund auf zu verändern. Seine Begeisterung für den Kommunismus wich einer pragmatischen sozialdemokratischen Einstellung. In den zwanziger Jahren entdeckte er die Faszination des journalistischen Arbeitens und zog nach London. Dort war er als Korrespondent für die sozialdemokratische Presse in mehreren Ländern des deutschen Sprachraumes tätig.

Als in den 1920er-Jahren die linke Regierung der Labour Party mit Premierminister James Ramsey MacDonald an die Macht kam, interessierte sich Wertheimer noch mehr für den Weg Großbritanniens. Er schrieb ein Buch, das zum Bestseller und in zahlreiche Sprachen übersetzt wurde: „Portrait der Britischen Arbeiter-Partei". Damit weckte er die Aufmerksamkeit von Ministern. Daneben stand er mit Vertretern des Völkerbundes in Kontakt. 1930 übersiedelte Ranshofen-Wertheimer nach Genf und trat in den diplomatischen Dienst ein. Als deutsche Truppen im März 1938 seine Heimat Österreich besetzten, versuchte Ranshofen-Wertheimer zu erwirken, dass die Staatengemeinschaft diesen „Anschluss" als Verstoß gegen das Völkerrecht einstufe. Doch viele Länder, darunter Frankreich, Großbritannien und die USA, sahen dem Treiben Hitlers weiterhin zu und tolerierten de facto die Expansionspolitik Nazideutschlands. Nur zwei Jahre später wurde der Völkerbund in den Wirren des Zweiten Weltkrieges aufgelöst. Er war der unentschlossenen Politik seiner wichtigsten Mitglieder zum Opfer gefallen, nachdem Deutschland schon lange vor Kriegsbeginn ausgetreten war und die Weltorganisation nur noch verhöhnt hatte. Egon Ranshofen-Wertheimer flüchtete vor den Nazis aus Frankreich in die USA, wo er Professor der American University wurde und für die Carnegie-Friedensstiftung arbeitete. In diesen Funktionen beriet er auch die US-Regierung während des Zweiten Weltkrieges. Wie Leopold Kohr verfügte er über ein umfassendes Wissen zu Strukturen Europas und über Hitlers Heimatregionen in Oberösterreich.

Ranshofen-Wertheimers Buch „The International Secretariat" gilt als Standardwerk für den Aufbau der Vereinten Nationen: Er analysierte mit kritischem Blick den Aufbau und das Scheitern des Völkerbundes. Zwar seien die Großmächte bereit die wirksamen Strukturen des Völkerbundes für die UNO zu übernehmen, vermeiden jedoch eine Auseinandersetzung mit deren Fehlern. Die Arbeit galt in Fachkreisen als bahnbrechende Studie: Der Autor hatte zehn Jahre des Völkerbundes (von 1930 bis 1940) hautnah miterlebt und Dokumente verarbeitet, die normalerweise niemandem zugänglich waren. Wertheimer verstarb 1957 auf dem Flughafen von New York nach einer Herzattacke.

„Zerstückelt die Großmächte!"

Sommer 1941. Adolf Hitler stand auf dem Gipfel seiner Macht. Seine militärischen Erfolge schockierten die freie Welt. In den Vernichtungslagern begann die SS mit industriell geplantem Völkermord. Es sah so aus, als würde Hitler bald auch die Sowjetunion unterwerfen. In den USA waren Diskussionen geprägt von der Schreckensvision, Hitler werde eines Tages die Welt beherrschen. Geheimdienstberichten zufolge arbeiteten deutsche Konstrukteure an Fernbombern, die den Atlantik überqueren und amerikanische Städte in Schutt und Asche legen konnten. Es gab damals Forderungen nach einem weltweiten Zusammenschluss der Völker und Nationen, um faschistische und kommunistische Tendenzen zu unterbinden. Die Schaffung eines gigantischen Weltstaates wurde als Rettung propagiert. Nur eine große politische und wirtschaftliche Vereinigung könne eine friedliche Zukunft gewährleisten, glaubten Verfechter dieser Theorie. Journalisten, Kommentatoren und Politiker versuchten nicht nur in den USA, diesem Gedankengut zum Durchbruch zu verhelfen. Der Traum einer Weltregierung geisterte durch Medien und Parlamente. Ausgelöst hatte ihn ein Buch des amerikanischen Journalisten Clarence Streit mit dem Titel: „Union now!" Er plädierte für den schnellstmöglichen Zusammenschluss vieler Staaten. Auch Leopold Kohr hatte in Toronto darüber gelesen. Das gefiel ihm als Gegengift zu Hitler. Beim Frühstück diskutierte er mit George Wrong. Der betagte Historiker war vehement gegen eine große Vereinigung von Staaten und Regierungen. Er glaubte nicht, dass eine Weltregierung den Faschismus besiegen könnte – im Gegenteil: Der Mensch sei für Kleingruppen und nicht für gigantische Systeme geschaffen. Großes fördere zwangsläufig die Diktatur, weil der einzelne Mensch seine Wurzeln und Beziehungen verliere. Bei dem Gespräch mit Wrong verflüchtigte sich bei Kohr die Begeisterung für die damals in Nordamerika so populäre Vereinigungstheorie: *„Am Ende dieses Frühstücks gab es einen Bekehrten, nämlich mich."*

Kohr war schon in jungen Jahren ein Bewunderer der Schweizer Demokratie, die nicht auf der Idee eines Nationalstaates beruht, sondern eine Föderation von Volks- und Sprachgruppen ist. Durch die Kontakte von Wrong erhielt Kohr die Möglichkeit, einen Essay in den USA zu veröffentlichen, der sein philosophisches Lebenswerk begründete: „Disunion now" („Einigung durch Teilung"). Er erschien am 26. September 1941 in der linkskatholischen New Yorker Zeitschrift „The Commonweal", veröffentlicht unter dem ‚Halbpseudonym' „Hans Kohr", dem Namen seines Bruders. Ausgangspunkt von Kohrs Größentheorie war das Übergewicht des größenwahnsinnig und zentralistisch gewordenen Giganten Deutschland.

Disunion now

von Leopold Kohr

Die meisten von uns glauben, dass das Elend, das die Welt befallen hat, darin liegt, dass sich die Menschheit in zu viele Staaten zersplittert hat. Deshalb sind auch die meisten von uns davon überzeugt, dass die einfachste Methode, dieses Übel abzuschaffen, darin liegt, die Vielfalt der Staaten durch Einigung beiseite zu schaffen, angefangen von der Vereinigung der Demokratien, dann der Kontinente und letzten Endes der ganzen Welt. Die gewöhnlich zitierten Beispiele solcher Unionen sind die Vereinigten Staaten und die Schweiz. Was die Vereinigten Staaten anlangt, sind sie kein Modell, das auf Europa angewendet werden könnte, da sie keine Union verschiedener Einheiten darstellen. Es gibt keinen wirklichen Unterschied zwischen den Bevölkerungen, Sprachen, Rassen und Sitten, die in den verschiedenen Staaten leben. Es gibt nur ein Volk, das Amerikanische, das in den Vereinigten Staaten lebt, die einen Plural nur dem Namen nach darstellen. Die einzige Lehre, die sich daraus ziehen lässt, ist die Unterteilung der USA in 48 Staaten anstatt den ganzen Halbkontinent durch Delegierte von Washington her verwalten zu lassen. Das wurde verfassungsmäßig für sinnvoller und praktischer gehalten. Das heißt: Differenzierungen wurden künstlich geschaffen, weil es sich als einfacher erwies, dadurch eine Union zu erzielen als durch zentralistische Unifizierung.

Ein besseres Beispiel für die Durchführbarkeit des Einigungstraumes der Unionisten im Fall des multinationalen Europa, wo es weder den Einheitstypus seines kontinentalen Menschen, noch eine gemeinsame Sprache oder einen gemeinsamen kulturellen und historischen Hintergrund gibt, finden wir in der Schweiz. Dort, auf einem kleinen Gebiet mitten in den Alpen, leben drei traditionelle Erzfeinde – Italiener, Deutsche und Franzosen – in Freundschaftsverbänden zur gemeinsamen Förderung von Frieden, Freiheit und Wohlstand. Für die Unionisten ist die Schweiz das überzeugendste Modell für das realisierbare Zusammenleben verschiedener Nationen. Sie, nicht die USA, ist das Heilige Land ihrer Ziele. In Wirklichkeit beweist aber auch die Schweiz etwas radikal Verschiedenes von dem, was sie darzustellen scheint. Proportional gesehen (wenn man von ihrer in Graubünden lebenden kleinen vierten Nation absieht) bestehen ihre drei nationalen Hauptgruppen aus ungefähr 70 Prozent deutsch-, 20 Prozent französisch- und zehn Prozent italienischsprechenden Eidgenossen. Wären diese drei nationalen Gruppen als solche die Basis ihrer weltberühmten Union, so hätte das auch in der Schweiz unaufhaltsam zur Vorherrschaft des großen deutschsprachigen Blocks über die anderen Nationalitäten geführt. Das hätte sie zum logischen Status von Minderheiten degradiert, da sie nur

30 Prozent der Gesamtbevölkerung darstellen. Tatsächlich würden gerade demokratische Prinzipien so eine Entwicklung fördern. Das Resultat wäre daher, dass jeder Grund für die französisch- und italienischsprechenden Volksgruppen weiterhin in einem vorwiegend deutschen Unternehmen zu bleiben, vollkommen wegfallen würde. Es gäbe nichts mehr, was sie von einem Anschluss ihrer Verwandten auf der anderen Seite ihrer Grenzen abhalten könnte, die die mächtigen Nationen Italien und Frankreich geschaffen hatten. Noch würde es für die deutschsprachige Mehrheit viel Sinn haben, weiterhin außerhalb der Grenzen ihres großen Nachbarreiches zu leben.

In Wirklichkeit liegt aber die Existenz der Schweiz und das erfolgreiche Zusammenleben verschiedener Volksgruppen nicht im Bündnis ihrer drei oder vier Nationalitäten, sondern im Verband ihrer 25 Staaten (den Kantonen und Halbkantonen), was eine Aufteilung, nicht eine Fusion ihrer Volksgruppen darstellt. Es bildet die unerlässliche Vorbedingung für jeden demokratischen Staatenbund: das physische Gleichgewicht der teilnehmenden Gemeinschaften. Die Größe der Schweizer Staatsidee liegt daher in der Kleinheit der Zellen, auf deren souveräner Unabhängigkeit die Garantie ihrer Existenz ruht. Der Schweizer aus Genf steht dem Schweizer aus Zürich nicht als französischer einem deutschen Eidgenossen gegenüber, sondern als ein Eidgenosse aus der Republik Genf einem Eidgenossen aus der Republik Zürich. Ein Bürger aus dem deutschsprachigen Uri ist für einen Bürger aus dem deutschsprachigen Unterwalden genauso ein „Ausländer" wie für einen Bürger aus dem italienischen Tessin. Zwischen dem Kanton St. Gallen und dem Schweizer Staatenbund gibt es keine Zwischenorganisation in der Form eines deutschsprachigen Halbstaatenbundes. Die an Bern abgetretene oder delegierte Staatsgewalt stammt von den kleinen Kantonsrepubliken, nicht von den Nationalitäten, denn die Schweiz ist eine Union von Staaten, nicht von Nationen. Es ist wichtig, darüber im Klaren zu sein, dass die Bevölkerung der Schweiz (in runden Zahlen) aus 700.000 Bernern, 650.000 Zürichern, 160.000 Genfern etc. besteht und nicht aus 2,500.000 Deutschen, 1,000.000 Franzosen und 500.000 Italienern. ...

... Politiker, die für eine Vereinigung der Nationen Europas eintreten, haben bei all ihrem Enthusiasmus nie das schweizerische Urprinzip der kantonalen Kleinstaatenselbständigkeit in Betracht gezogen. Sie sind noch heute so von der Nationalidee beeindruckt, dass der Begriff Staat, der so viel biegsamer ist als der der Nation, von den Architekten der gegenwärtigen babylonischen Einheitstürme noch immer fast vollkommen außer Acht gelassen wird. Das gesellschaftlich Erstrebenswerte sieht man mehr und mehr in großen und immer größer werdenden Einheiten, während kleinere Gemeinschaften als Brutstätte von Zwietracht, Hinterlist, Krieg und all der anderen Übel dargestellt werden,

die am Anfang der Zeit aus der Büchse der Pandora entflohen sind. Schon von Kindheit an trichtern uns unsere Schulen die Vorherrschaft des Großen, des Fleißigen, des Universalen, des Kolossalen ein, während sie einen Schleier darüber werfen, dass das gesellschaftlich wirklich Große, das Vollkommenste, das Universalistische im Kleinen liegt, dem Individuum, das das Protoplasma allen sozialen Lebens ist. Wir bejubeln die Einigung Deutschlands, Frankreichs, Großbritanniens und Italiens in der Annahme, dass sie der erste Schritt zu einer Einigung der ganzen Menschheit seien. Alles, was sie produzierten, waren Großmächte, die sich ununterbrochen in den Haaren liegen. Wenn das Schweizer Vorbild auf Europa ausgedehnt werden soll, dann muss auch die Schweizer Methode nachgeahmt werden, nicht nur der äußere Rahmen ihrer multinationalen Gesamtstruktur. Und diese Methode liegt in der Teilung ihrer ungleich großen Blöcke in so viele Bestandteile, wie notwendig sind, um jedes Übergewicht unmöglich zu machen. Was Europa anlangt, so heißt das, dass 40 oder 50 gleich große Staaten geschaffen werden sollen, anstatt vier oder fünf ungleich große. Andernfalls wird auch ein föderativ geeinigtes Europa immer 80 Millionen Deutsche, 45 Millionen Franzosen, 50 Millionen Italiener haben, was letzten Endes genauso zur Hegemonie Deutschlands führen würde.

Mit anderen Worten, das wahre Schweizer Modell der nationalen Aufteilung anstatt Vereinigung müsste an verschiedenen europäischen Gegenden wiederholt werden, wie es seinerzeit schon in der Österreichisch-Ungarischen Monarchie der Fall war. Das Resultat wäre die Zusammenfassung kleiner europäischer Staaten in einem Netz kleiner, schweiz-ähnlicher Staatenbünde, nicht zwischen Blutsverwandten, sondern zwischen Grenznachbarn. Das wären: ein Pommern-Westpolen, ein Ostpreußen-Baltikum, ein Kärnten-Venezien-Slowenien, ein Österreich-Ungarn-Czecho-Slovakia, Baden-Burgund, Lombardei-Savoyen. Auf diese Weise würden die Großmächte, die die Gebärmütter jedes modernen Krieges sind, endlich von der Bildfläche der Geschehnisse verschwinden. Nur die Großmächte haben die Muskelkraft, den Kriegen die Fähigkeit zur totalen Vernichtung zu geben. ...

... Nur, wenn der ganze europäische Kontinent in seine Teile zerlegt wird, ist es möglich, Deutschland oder irgendeine andere Großmacht ehrenvoll abzuschaffen, ohne es mit dem Odium eines neuen Versailles zu belasten. Sobald Europa in ein Kleinzellensystem umgewandelt ist, wird sich die Schweizer Grundlage nebenbei auch für eine paneuropäische Union ergeben, deren Erfolg nicht in der Zusammenarbeit mächtiger Nationen liegt, sondern ausschließlich in der Kleinheit all ihrer Staaten. ...

... Ein Europa dieser Art wäre eine inspirierende Komposition und ein großar-

tiges Gemälde, wenn auch nicht im modernen Stil, der sich mit einem einzigen langweiligen Strich zufrieden gibt. Es würde ein Mosaik von faszinierenden Variationen in Detail und Eigenarten sein, aber trotzdem durchflutet von der Harmonie der organischen und lebendigen Ganzheit. Das ist natürlich eine lächerliche Idee, zugeschnitten auf den Menschen als geistliche, lebhafte und individualistische Realität. Welteinigungspläne dagegen sind todernste Propositionen, humorlos und einem Menschentypen angepasst, den man sich als ein Kollektivwesen vorstellt und als Vieh niederer Gattung. Und sie erinnern mich mit all ihren seriösen Ausführungen immer an den Professor für Statistik, der dem Satan vorschlägt, wie er die Hölle organisieren soll. Worauf ihm der Satan mit felsenerschütterndem Gelächter zur Antwort gibt: „Die Hölle organisieren? Mein lieber Herr Professor! Organisation IST die Hölle!"

Zahnloses Gesetz gegen Völkermord?

1941 bekam Leopold Kohr einen gut bezahlten Job bei der Carnegie-Friedensstiftung (Carnegie Endowment for International Peace) in Washington DC. Den hatte er seinem Förderer und Gönner Egon Ranshofen-Wertheimer zu verdanken, der ein Berater des Weißen Hauses war und an der American University in Washington lehrte. Es warte viel Arbeit auf Kohr, schrieb ihm Wertheimer nach Kanada, sie sei wichtig für den eines Tages kommenden Wiederaufbau Europas und seiner Demokratien. So übersiedelte Kohr zur Jahreswende 1942 in die Hauptstadt der USA. Sein Gastgeber im kanadischen Toronto, der Historiker George Wrong, bestärkte ihn für die neue Aufgabe. Kohr sollte die Geschichte europäischer Wirtschaftsgemeinschaften recherchieren, dokumentieren und zusammenstellen. Dazu wurde ihm die Leitung einer Forschungsgruppe übertragen. Diese beschäftigte sich mit alten und neueren Zollunionen. Monatelang recherchierte Kohr nach seiner Ankunft in Washington in den Archiven. Er wusste noch nicht, dass die Ergebnisse dieser Arbeit viel später – bei der Gründung der Europäischen Wirtschaftsgemeinschaft (EWG) – eine gewichtige Rolle spielen sollten. Kohrs Studie hieß „Customs Unions" und erschien 1949 auch als Buch der „Foundation for Foreign Affairs" in Washington. Bei der Carnegie-Stiftung teilte Kohr sein Büro mit Raphael Lemkin, einem ehemaligen Staatsanwalt aus Warschau, der nach Hitlers Überfall auf Polen in die USA geflüchtet war. 1942 erreichten immer mehr inoffizielle Berichte die USA, wonach das Hitlerregime dazu übergegangen sei, im besetzten Osteuropa und in der Sowjetunion Hunderttausende, wenn nicht Millionen Juden zu ermorden. Lemkin arbeitete an einem Gesetzesentwurf für das Völkerrecht: „Genocide" war der Arbeitstitel. Es ging um die Frage, mit welchen Sanktionen und Strafen die internationale Staatengemeinschaft auf Völkermord reagieren sollte?

Kohr erinnerte sich im hohen Alter an viele Streitereien mit Lemkin. Es begann damit, dass Kohr die Entwürfe des Polen gegenlesen sollte, um mögliche Fehler zu finden. Kohr fand, und zwar reichlich, wie er betonte. Er sagte Lemkin ganz offen, dieses Gesetz hätten auch Theoretiker der Nazis entwerfen können. Der Pole wollte nämlich einen besonderen Schutz für ethnische Gruppen, Völker und Nationen juristisch festschreiben. Für Kohr war das ein völlig falscher Ansatz:

„Das hat nur Sinn, wenn man Gruppen, Völker und Nationen als etwas Höherwertiges betrachtet. Genau das tun die Nazis und alle ähnlichen Fanatiker. Sie bewerten das Kollektiv und den Staat höher als den einzelnen Menschen. Genau das ist der eigentliche Kern des völkischen Wahnsinns, des Nazidenkens. Dieser Kollektivismus ist das Ende des einzelnen Menschen. Ich habe dem Herrn Staatsanwalt Lemkin dann auch erklärt: Der Gegensatz zu seinem Entwurf wäre der Individualismus. Wenn ich als einzelner Mensch völkerrechtlich geschützt wäre, dann bräuchte man solche Dummheiten wie diesen Gesetzesentwurf „Genocide" nicht. Denn wenn es endlich verboten wäre, mich als einzelnen Menschen zu töten, dann ist es völlig egal, ob ich ein Jude bin oder ein Araber, ein Deutscher oder ein Engländer."

Was hat Lemkin dazu gesagt?

„Der war weiterhin davon überzeugt. Und die Vereinten Nationen haben dieses verunglückte Gesetz später sogar abgesegnet. Ich habe auch später immer wieder dagegen gekämpft und auf die Fehler hingewiesen. Das nutzte aber nichts. Nach dem Beschluss der UNO, der ja viele Jahre danach kam, habe ich den Lemkin angerufen und gesagt, ich gratuliere Ihnen, das war eine vollkommen eigenständige Leistung von Null. Die glauben ja alle bis heute, dass dieses Gesetz den Rassismus bekämpft. In Wirklichkeit war es völkerrechtlich das erste Gesetz, das die Rasse schützt und nicht den Menschen. Eine sehr schlimme Sache, sogar eine Art Nazi-Gesetz, abgesegnet von den Vereinten Nationen!"

Für die Carnegie-Stiftung in Washington arbeitete Leopold Kohr bis 1944. Während seine Studie über Zollunionen bis zur Gründung der EWG in den Schubladen verschwand, erlebte Lemkins Arbeit schon bald einen internationalen Höhenflug. Kohr ärgerte sich darüber bis zu seinem Tod. Sein Bürokollege wurde von der US-Regierung zu den Kriegsverbrecher-Prozessen nach Nürnberg eingeladen, wo Lemkin als Assistent von Robert H. Jackson arbeitete, dem amerikanischen Hauptankläger. Lemkins Studie „Genocide" (von Griechisch genos = Volk und Lateinisch caedere = töten) bewirkte die Verankerung des Begriffs „Völkermord" im internationalen Rechtswesen. Im März 1948 erhielt Lemkin einen Lehrauftrag an der Yale University. Er wurde sogar zwei Mal für den Friedensnobelpreis vorgeschlagen und mit einer Reihe von Auszeichnungen geehrt (u.a. dem Bundesverdienstkreuz in Deutschland). Dennoch starb der gebürtige Pole 1959 völlig verarmt in einer schäbigen Wohnung auf der Westside von Manhattan in New York City.

Liebesurlaub in Virginia

Kohr mit seiner verheirateten Freundin Diana Lodge recht hinten).
Bild: Familie Kohr

Der Forschungsjob in Washington bei der Carnegie Friedensstiftung war für Leopold Kohr lukrativ. Er sparte Geld und sah sich im Urlaub die Staaten der Ostküste an. Seine erste Reise führte ihn zum Jahresende 1943 ins Hinterland der amerikanischen Hauptstadt nach Virginia. Er folgte einer Einladung von Oliver und Diana Lodge, einem Künstlerpaar aus Großbritannien, das sich vor den deutschen Bombenangriffen in die Vereinigten Staaten in Sicherheit gebracht hatte. Der alte Lodge war Literaturwissenschafter und besonderer Spezialist für Shakespeare. Mit seiner jungen Frau Diana bewohnte er in Virginia ein Landhaus an der Chesapeake Bay – direkt am Atlantik. Drei Jahre zuvor war Kohr der Schauspielerin Diana Lodge auf einer Party im kanadischen Toronto zum ersten Mal begegnet. Es funkte sofort. Schon kurz danach begannen die junge Schauspielerin und Kohr ein Verhältnis. Die Britin Diana fand Kohr attraktiv und sportlich, während sie an ihrem Mann das Literarische und die Poesie liebte. Der betagte Oliver Lodge war offenbar alles andere als eifersüchtig. Kohr erzählte, er habe damals fast ein ganzes Jahr bei den Lodges verbracht. Details wollte er seinem Biografen dazu nicht sagen:

„Vom Leben Rubinsteins hat man gesagt, 92 Prozent sind Musik, acht Prozent sind Frauen. Dann hat er geantwortet, das stimmt nicht: Bei mir sind 92 Prozent die Frauen und acht Prozent die Musik. Frauen haben auch in meinem Leben immer eine Rolle gespielt."

Erzählen Sie mir mehr von dieser langen Zeit in Virginia!

„Ja, äähhh, warten Sie, es war halt ein Urlaub für mich. Sie fahren doch auch in die Ferien. Oder in den Himalaya, wie Sie mir erzählt haben."

Wie ging das weiter? War sie von Anfang an ihre große Liebe?

„Es war halt auf einer Party. So ein kleiner Talk. Und dann gab es noch andere Partys, und Partys, und Partys. Ich habe Ihnen ja erzählt, dass das reiche Flüchtlingskomitee in Kanada froh war, ein paar wirkliche Flüchtlinge einladen zu können."

Aber ich weiß von Ihrer Seite fast überhaupt nichts darüber.

„Da kommt der Vorhang drüber."

Herr Kohr, ich soll eine Biografie schreiben. Dazu gehören bei den meisten Männern auch Frauen!

„Ja. Das stimmt. Aber ich möchte keine Probleme mit den betroffenen Frauen bekommen. Besonders wenn man noch lebt. Wenn ich einmal gestorben bin, dann können Sie das alles machen. Sie werden noch jung genug sein, wenn Sie dann selbst achtzig sind, dann nehmen Sie einen Extra-Zettel über mein Leben und die Frauen in Ihr Buch hinein. Die Sache ist doch so ... Die Leute haben immer gesagt, ich sei nur an jungen Frauen interessiert. Aber ich bin nie jemandem nachgelaufen. Weder beruflich noch anders. Mir fielen solche Sachen immer in den Schoß. Das ist eben Schicksal.
Sehen Sie, ich hatte als Professor und Lehrer mein Leben lang mit Studenten zu tun. Und die sind halt meistens in dem Alter zwischen 20 und 30. Wenn ich ein Arzt in einem Altersheim gewesen wäre, dann wären meine Damenbekanntschaften alle so um die achtzig oder neunzig Jahre gewesen. Wie soll ich sagen, ich habe ja schon gesagt, dass ich nie jemandem nachgerannt bin. Aber eine ... die hat das so gemocht, dass ich immer in der Sprache der Studenten gelehrt habe. Den trockenen Stoff habe ich immer unterbrochen von Humor und praktischen Vergleichen. Das hat mir ziemlich viele Sympathien gebracht. Von einer Studentin in Österreich, von der kriege ich noch heute alle paar Wochen einen Anruf, eine reizende junge Dame, die mich fragt, wie es mir geht."

Also über die Diana Lodge wollen Sie mir nichts Näheres erzählen?

„Ich habe ja erzählt."

„Südtirol wieder zu Österreich!"

„Es ist heute schwierig,
unter den in Südtirol
wohnenden Italienern
welche zu finden,
die keine Faschisten sind."

Leopold Kohr, „Washington Post", 28. November 1945

Ein Thema, das ihn in diesen Jahren oft beschäftigte, war das bittere Schicksal Südtirols. Auch hier ist wieder der Einfluss von Egon Ranshofen-Wertheimer, des ehemaligen Diplomaten des Völkerbundes und Beraters der US-Regierung, spürbar. Leopold Kohr forderte unermüdlich, Südtirol müsse nach der Niederlage Hitlers und Mussolinis an Österreich zurückgegeben werden. Er plädierte für eine – aus heutiger Sicht nicht mehr gerechtfertigte – Loslösung der Region Südtirol von Italien aufgrund der völkerrechtlichen Verstöße, die Österreich nach dem Ersten Weltkrieg angetan worden waren. Im März 1944 veröffentlichte Kohr in der deutschsprachigen Zeitung „Donau-Echo", die im kanadischen Toronto erschien, seinen ersten ausführlichen Artikel zu diesem Thema: „Südtirol ist Österreich!" Er beschrieb die Tiroler als arbeitsames, frommes, unbeugsames und freiheitsliebendes Volk. Mit dem Friedensvertrag von St. Germain (1919) waren nach dem Ersten Weltkrieg 230.000 Tiroler gegen ihren Willen unter italienische Herrschaft gekommen. Kohr machte auf die Selbstkritik des ehemaligen US-Präsidenten Wilson aufmerksam, der zuvor Italiens illegale Macht über Südtirol diplomatisch anerkannt hatte, später aber zugegeben habe, dass es ein Fehler gewesen sei. Er habe sich auf *„unzulängliche Studien"* verlassen und *„bedauere die Teilung Tirols zutiefst"*.

Kohr beleuchtete die Geschichte der Region. Seit dem 7. Jahrhundert sei Tirol ein eigener Staat gewesen. Die günstige und geschützte Lage ihres Landes habe den Tirolern jene Liebe zu Freiheit und demokratischen Einrichtungen gegeben, wie man sie nicht einmal in Schweizer Kantonen finden könne – wiederum eine idealistische Sicht Kohrs, dieses Mal auf den ultrakonservativen Katholizismus und seine Machthaber in Tirol:

„Ja, die Tiroler waren der Schweiz in ihrer Bauerndemokratie voraus. Während die Bauern sonst überall in Europa bloß Sklaven waren, so waren die Tiroler Bauern frei und bildeten eines der souveränen Besitztümer des Landes. Ihre Armee war gleich der Schweizer eine Volksarmee. Diese weit zurückreichende Tradition

kompromissloser Unabhängigkeit brachte jene Kämpfer hervor, die im Jahre 1809 unter ihrem Bauernführer Andreas Hofer gegen die Franzosen antraten." Auch hier bemühte Kohr wieder einmal historisch umstrittene österreichische Klischees, um der alten Heimat wenigstens medial unter die Arme zu greifen. Und wieder tauchte in diesen Zeitungsberichten Kohrs Wunschtraum vom Aufstand Österreichs gegen Hitler und Mussolini auf. Er forderte die westlichen Alliierten auf, *„jetzt, wo alles in Fluss gekommen ist"*, das Unrecht an Tirol gutzumachen:

„Eine derartige Entscheidung im gegenwärtigen Augenblick zu fällen, wäre ein Meisterstück der psychologischen Kriegsführung, da in Tirol der Boden für eine Rebellion besonders reif ist. Hitler selbst hat in dieser Hinsicht sein Bestes getan, indem er die Südtiroler an Mussolini verkaufte und dann von ihren Feldern und Höfen deportierte, auf denen ihre Leute seit 13 Jahrhunderten gearbeitet und gelebt hatten."

Mit Italien ging Kohr in seinen Zeitungsartikeln hart ins Gericht:

„Sie verboten den Südtirolern den Gebrauch der Muttersprache. Nicht nur in der Schule, sondern auch in der Kirche. Mit der Deportation in Strafkolonien, in denen Malaria wütete, wurde bestraft, wer das Wort Tirol auch nur in den Mund nahm oder Tiroler Lieder sang. Durch ein derartiges Vorgehen haben die Italiener jedes Recht auf dieses Land verwirkt, selbst wenn ihre Ansprüche gerechtfertigt wären."

Ein halbes Jahr später, im Herbst 1944, schrieb Kohr in Kalifornien einen weiteren Bericht über Südtirol. Dieser wurde mit dem Titel „Austrian South Tyrol" in der Zeitschrift „World Affairs" gedruckt – einer vierteljährlich in Los Angeles erscheinenden Publikation der University of Southern California. Kohr beschrieb das kulturelle Erbe Südtirols, wies auf kulinarische und geografische Kostbarkeiten hin. All das beweise die starke Verbundenheit mit Österreich, nicht nur kulturell, auch ökonomisch. Die traditionellen Südtiroler Exportgüter – Trauben, Wein, Obst und Mais – hätten in Italien nie einen Markt gefunden, weil es sie dort ohnehin in großen Mengen gebe. Südtirol habe seine Waren immer nach Österreich geliefert, auch nach 1918 noch, als es schon unter fremder Herrschaft Italiens zu leiden hatte. Seine Wirtschaft passe nicht zu Italien. Wenn die USA in Europa künftig Frieden schaffen wollen, dann sei es ein wichtiger Schritt, Südtirol an Österreich zurückzugeben, forderte Kohr.

Kurz vor Kriegsende, am 18. Jänner 1945, veröffentlichte die „New York Times" einen scharfen Leserbrief zum Thema Südtirol, den Kohr mit seinem Kampfgefährten Egon Ranshofen-Wertheimer verfasst hatte. Es war ein Protest gegen die in den USA vorherrschende Meinung, wonach für Südtirol ohnehin jede Rettung zu spät käme, weil die meisten deutschsprachigen Bürger als Nazis schon ins Deutsche Reich ausgewandert wären. Nur 100.000 Südtiroler wären in ihrer Heimat geblieben, hieß es. Dagegen traten nun Kohr und Ranshofen-Wertheimer vehement auf. Sie forderten Verständnis für die spezielle Lage der Südtiroler und entsprechende Hilfsmaßnahmen. In Wirklichkeit wären das „arme Teufel", die in der „Hölle" zwischen Mussolini und Hitler keine Wahl gehabt hätten: „*Da ist es nur verständlich, dass sie jene Hölle wählten, wo sie wenigstens die Sprache verstanden.*"

Es sei hoch an der Zeit, Südtirol an Österreich zurückzugeben, forderten Kohr und Wertheimer nun auch in der „New York Times". Am 28. November 1945, fünf Monate nach Kriegsende, schrieb Kohr auch noch in der „Washington Post" einen Leitartikel. Er erinnerte unter dem Titel „South Tyrol - Austrian or Italian?" daran, dass Tirol inklusive Südtirol seit 1363 ein Teil Österreichs sei. Vorher habe es sich einer völligen Unabhängigkeit erfreut. Wenn nun Italien darauf Anspruch erhebe, so sei das völkerrechtlich nicht zu rechtfertigen. Kohr prangerte die diktatorische Politik der Faschisten gegen die Südtiroler an und zitierte einen amerikanischen Korrespondenten, der erst kürzlich direkt aus der Region berichtet habe. Demnach würden die meisten Südtiroler eine sofortige Rückkehr zu Österreich verlangen. Kohr verwies in der „Washington Post" darauf, dass sich auch die neue demokratische Regierung Österreichs bei den Alliierten um die Rückgabe des Landes bemühe. Bisher hatte nur die Sowjetunion diesen Plänen zugestimmt, während Rom seine Ansprüche erneuert hatte. Kohr argwöhnte, dass Italiens demokratische Regierung nun offenbar die Politik der Faschisten fortführen wolle. In Südtirol sei es den Anhängern Mussolinis gelungen, das Ende des Krieges in ihren politischen Funktionen zu überleben:

„*Es ist natürlich heute schwierig, unter den in Südtirol wohnenden Italienern welche zu finden, die keine Faschisten sind. Immerhin wurden sie für diese Aufgabe von Mussolini ausgesucht. Der gegenwärtige Präfekt, Dr. Bruno de Angelis, ein Industrieller aus Mailand und Parteimitglied bei den Faschisten, hat seinerzeit auch die deutschen Armeen unterstützt. Er versucht jetzt die Österreicher zurückzudrängen. Und er will den Südtirolern noch immer die italienische Sprache aufzwingen. Straßen- und Flurnamen werden weiterhin verändert. Deutschsprachige Aufrufe sind verboten, ebenso das österreichische Schulwesen. Noch immer gelten in Südtirol die Gesetze des faschistischen Italien. Im vergangenen September wurden weitere 9.000 Italiener aus dem Süden in Meran angesiedelt, wo es insgesamt 28.000 Einwohner gibt. Mit dieser Politik will Rom die künftigen Wahlen beeinflussen.*"

Kohr erinnerte daran, dass Italiens Regierung gegen Vorgaben der USA verstoße. Von der amerikanischen Armeeführung war nämlich schon kurz nach Kriegsende durchgesetzt worden, dass in Südtirol die deutsche Sprache wieder offiziell verwendet werden durfte.

Exkurs: Südtirol als Spielball der Diktatoren

Im Jahr 1918, kurz nach Ende des Ersten Weltkrieges, hatte Italien das allgemeine Chaos in Europa militärisch geschickt ausgenutzt. Seine Truppen besetzten jene Teile der österreichischen Provinz Tirol, die südlich des Alpenhauptkammes liegen. Aus völkerrechtlicher Sicht war es ein Verbrechen, doch Italien hatte mit der neuen Brennergrenze zu Österreich Tatsachen geschaffen. Roms Fachisten unter Mussolini ließen wenig später Hunderttausende Italiener in Südtirol einwandern; zum Teil aus dem sehr weit entfernten Süden des Landes. Sie zogen gegen die österreichischen Südtiroler eine äußerst brutale Politik durch, die man euphemistisch als „ethnische Säuberung" bezeichnen kann. Alle österreichischen Flurnamen wurden italienisiert. Deutschsprachige Südtiroler fürchteten um das kulturelle Überleben ihrer Volksgruppe, nicht wenige griffen zu den Waffen, gingen in den Untergrund und verübten Terroranschläge. Der italienische Faschismus verstärkte diese Gegensätze noch.

Als Hitler 1933 in Deutschland an die Macht gekommen war, wollte er Österreich samt Südtirol dem Dritten Reich einverleiben. Dafür brauchte er die Zustimmung des italienischen Diktators Benito Mussolini. Hitlers „Anschluss" von Österreich 1938 wäre kaum möglich gewesen, hätte Mussolini diesen Einmarsch weiterhin abgelehnt. Das faschistische Italien hatte sich zuvor noch als Schutzmacht der austrofaschistischen Bundesregierung in Wien aufgespielt, die Hitler abwehren wollte. Doch der Wind drehte sich. Als Gegenleistung für die Zustimmung zu einem deutschen Einmarsch in Österreich forderte Mussolini von Hitler, Südtirol müsse in einem solchen Fall unbedingt bei Italien bleiben. Hitler gab nach und forderte die Südtiroler auf, ins Deutsche Reich zu übersiedeln. Zehntausende gingen; darunter viele Nazis. Die meisten Südtiroler blieben aber im Land, ertrugen den italienischen Faschismus mit zusammengebissenen Zähnen und hofften, der Wahnsinn auf beiden Seiten des Brenners möge bald ein Ende haben. Dann kam der Zweite Weltkrieg.

New Jersey und Puerto Rico

"The Breakdown of Nations"

„Nur das Totalitäre erfreut sich
an Einheit und Vereinigung
mehr als an der Harmonie,
die durch eine sich ausgleichende
Vielfalt erzeugt wird."

Leopold Kohr

1944 bekam Kohr eine Professur an der Rutgers University in New Brunswick im US-Bundesstaat New Jersey. Er unterrichtete Nationalökonomie sowie Politische Philosophie und freundete sich mit dem international bekannten Politikwissenschafter Robert J. Alexander an, einem Chronisten der Linken in Lateinamerika. Auf einer Party bei Alexander lernte Kohr den früheren Staatspräsidenten Venezuelas kennen, Romulo Betancourt. Der gemäßigte Linke lebte nach einem Putsch gegen seine Regierung im US-Exil. Und Alexander publizierte eine umfangreiche Biografie über Betancourt, der als große Hoffnung für Sozial- und Reformpolitik in Lateinamerika galt. 1949 heiratete Robert Alexander. Mit seiner Frau Joan bezog er eine große Wohnung mit mehreren Schlafzimmern. Sie wussten, dass Kohr auf Wohnungssuche war. So zog der Salzburger bei ihnen ein und blieb fast sechs Jahre in dieser Wohngemeinschaft, ehe er einem Ruf an die Universität von San Juan in Puerto Rico folgte.

Das intellektuelle Leben an der Rutgers University mit seinem Kollegen Robert J. Alexander begleitete Kohrs Arbeiten an seinem wichtigsten Werk „The Breakdown of Nations". Alexander war Spezialist für Geschichte und Politik Lateinamerikas. Der US-Demokrat war als „Linker" bekannt, bei vielen Studenten sehr beliebt und Hardlinern der Republikaner verhasst.
Bild: Familie Kohr

An der Rutgers University in New Brunswick / New Jersey schrieb Leopold Kohr sein Hauptwerk: „The Breakdown of Nations". In diesen Jahren nach Kriegsende reiste er mehrfach in die alte Heimat Oberndorf im Land Salzburg, in die Schweiz und nach Liechtenstein, wo er Vertreter der fürstlichen Regierung für seine Studien befragte. Kohr wollte seine Hypothese untermauern, wonach kleine Staaten mehr Vorteile hätten als zentralistische Großmächte.

Der Winter 1950/51 in New Brunswick war außergewöhnlich schneereich. Normalerweise sorgt an der Ostküste der USA der Atlantik für mildes Winterwetter mit viel Regen. Kohr spürte, nun wurde es Zeit zum Schreiben. Er war allein im großen Haus des Ehepaars Alexander, das eine längere Reise nach Europa unternommen hatte. Und es waren Weihnachtsferien. Er habe das Gefühl gehabt, sagte er Jahrzehnte später, das ‚Ding' sei im Kopf bereits getippt gewesen und musste nur noch zu Papier gebracht werden. Jeden Tag ging Kohr in sein Büro an der Rutgers University, las, dachte nach, schrieb, schrieb und schrieb. In der Widmung verewigte er seine Gastgeber:

„Dieses Buch wäre nie geschrieben worden ohne Joan und Robert J. Alexander, die volle fünf Jahre hindurch meine lustvoll-düsteren Ergüsse über die Überlebenschancen der Großmächte beim Frühstück, Mittag- und Abendessen über sich ergehen lassen mussten."

„The Breakdown of Nations" war der Titel, es wurde sein Hauptwerk: *„Dieser schöne Winter erinnerte mich an meine Kinderzeit in Oberndorf. Wie ich von der Universität nach Hause gegangen bin, waren meine Spuren die einzigen im tiefen Schnee. Ich war ganz allein in dem großen Gebäude."*

Wie schnell haben Sie geschrieben?

„Jeden Tag habe ich ein Kapitel fertiggestellt. Da war ich ziemlich konsequent. Ich habe frühmorgens um fünf begonnen, dann war ich zu Mittag mit dem Tagespensum fertig. Der Rest des Tages war Entspannung."

„The Breakdown of Nations" erschien als Buch erst sieben Jahre später (1957) bei Routledge & Kegan Paul (London). Als es herauskam, gab es viele Besprechungen in Großbritannien und den USA. In konservativen Blättern erntete Kohr vernichtende Kritiken, weil er es wagte, den westlichen Imperialismus zu brandmarken und die Zerschlagung der Großmächte zu fordern. Auch marxistische Blätter verschonten ihn nicht, weil er den Kollektivierungswahn der Linken scharf angriff und große Zentralstaaten kritisierte – mit der stalinistischen

Sowjetunion als besonderem Beispiel. Im Sommer 1957 erschien eine Rezension in der linksradikalen Londoner Wochenzeitung „Tribune". Ein Verwandter von George Orwell hatte sie verfasst, den Kohr fast 20 Jahre früher im Spanischen Bürgerkrieg kennengelernt hatte. Der Rezensent hieß Daniel Blair. George Orwell alias Eric Arthur Blair war sein Onkel. Auch Orwell hatte über Jahrzehnte für dieses Magazin gearbeitet. Daniel Blair schrieb über Kohrs „The Breakdown of Nations" am 12. Juli 1957 in der „Tribune":

„Unsere Organisationen und Institutionen wuchern heute so stark, dass wir sie nicht mehr unter Kontrolle haben. Das ist ein guter Grund, warum Mr. Leopold Kohr dieses faszinierend provokante Buch geschrieben hat. Große Nationen sind gerade wegen ihrer Größe so gefährlich. Aktuelle Beispiele sind wohl der russische Überfall auf Ungarn, der britische Angriff gegen Ägypten oder die Macht der USA über Guatemala. Mr. Kohr schlägt eine ziemlich simple Lösung vor. Er will eine Welt der kleinen Staaten. So sollten zum Beispiel Wales, Schottland und England unabhängig voneinander sein. Mr. Kohr sieht dabei die Schweiz als Vorbild. Er schreibt, dass dann keine dieser kleinen Nationen die Macht hätte, einen Vernichtungskrieg anzuzetteln. Sie würden wohl Kriege führen. Aber kleine und lokal begrenzte. Das klingt nach Hirngespinst.

Und Mr. Kohr lässt das zu, und er scheint diese Theorie als eine Art Hobby zu betreiben. Er sprüht regelrecht vor Charme und durchwühlt die Geschichte, die Wissenschaft und die Künste nach Beispielen für die Vorteile von Kleinheit. Er ist zweifellos der lebendigste Professor der Ökonomie, der mir jemals über den Weg gelaufen ist. Mr. Kohr verbindet die Geschicklichkeit eines Pamphletisten mit der Ernsthaftigkeit eines Philosophen. Damit überragt er weit diese akademischen Dummköpfe, die es heute überall gibt. Ich stimme dem nicht zu, was Mr. Kohr sagt. Allerdings schätze ich die Art, wie er es sagt."

Übersetzung: Gerald Lehner

Kohr freute sich bis ins hohe Alter über diese Zeilen von Daniel Blair.

Gedankenwelt des Hauptwerks

„Die Philosophien des Elends" heißt das erste Kapitel in „The Breakdown of Nations". Kohr kritisiert darin Theorien, die das Entstehen von Kriegen erklären sollen. Er räumt mit dem linken Vorurteil auf, wonach moderne Kriege nur durch aggressiven Kapitalismus entstehen. Kohr beleuchtet als Gegenbeispiele – wie könnte es anders sein – die Kleinstaaten Schweiz, Belgien, Luxemburg und Monaco, Hochburgen des Kapitalismus.

Auch das große Kanada verhalte sich friedlich, obwohl es kapitalistisch sei, schreibt Kohr. Die Sowjetunion und China, Paradebeispiele des Sozialismus, rechnet er zu den aggressivsten Staaten der Erde. Auch der eben erst unabhängig gewordene Gigant Indien hinterlässt seine Spuren in Kohrs Werk. Er portraitiert den Staatsführer Jawaharlal Nehru, genannt Pandit Nehru, der an der Seite von Mahatma Mohandas Gandhi für Indiens Befreiung aus dem britischen Kolonialreich gekämpft hatte. Im Gegensatz zum pazifistischen Gandhi verfolge Nehru viele geopolitische Ziele. Kohr analysiert Nehrus erstes Jahr als Regierungschef und seine Rolle als Führer der indischen Kongresspartei, einer Art Sozialdemokratie in Südasien. Unter Nehru habe sich die indische Union zu einer zentralistischen Großmacht entwickelt. Mehrere Kriege habe der Staatsmann schon am Beginn seiner Karriere angezettelt – unter anderem gegen Pakistan. Auch dem kleinen Nachbarn Nepal habe Indien von Anfang an seinen Willen aufgezwungen. Wer wie Pandit Nehru soziale Reformen predige und gleichzeitig nach Großmacht strebe, verhindere mit Sicherheit keine Kriege. Im Gegenteil. Kohr sieht territoriales, politisches und ökonomisches Riesenwachstum als Übel, das Staatsführer zu Kriegslust und Machtgier verleite - unabhängig von deren Ideologie und Weltanschauung. Im zweiten Kapitel beleuchtet Kohr die „Machttheorie der Aggression". Er geht davon aus, dass die meisten Nationen im Lauf der Geschichte ähnliche Verbrechen begehen. Ungeachtet von Rasse, Kultur, Ideologie oder ökonomischem System. Er kommt zu dem Ergebnis, dass jeder, der zu viel Macht besitzt, letztlich die ihm gemäßen Ungeheuerlichkeiten begehe. Kohr verwendete zur Veranschaulichung die Bauweise von Atomwaffen. Für eine Kernexplosion sei eine kleine Menge Uran nicht ausreichend. Das System müsse eine kritische Masse erreichen, einen Punkt der Labilität, an dem sich die Gewalt der Kernkräfte grenzenlos entfesseln kann. Ähnlich jenem kleinen Tropfen, der das große Fass zum Überlaufen bringe:

„Es wird nicht irgendeine Menge von Macht zu ihrem brutalen Missbrauch führen, sondern eben nur ihre kritische Menge. Es ist die Masse an Macht, die gegenüber einem Gegenangriff immun ist."

Kohr betrachtet politische Mächte als dynamisches Kräftespiel. Er fordert für einen dauerhaften Frieden, dass die weltweiten Vereinigungstendenzen endlich beendet werden. Wer die Großmächte zerschlage, teile auch die Aggressionen des Menschen und damit den Krieg. Hier kommt Kohr zu einem seiner Lieblingsthemen – der humorvollen, charmanten und zum Teil kritiklosen Verherrlichung antiker oder mittelalterlicher Stadtstaaten. Die meisten Kriege des Mittelalters waren seiner Ansicht nach „unwirksam", weil sie geographisch ein geringes Ausmaß gehabt hätten. Heutzutage lagen zwar genauso lächerliche Ursachen für Kriege vor wie im Mittelalter, sie bedrohten aber durch Massenvernichtung die ganze Menschheit. Kohr zitiert den Herzog von Sully und den heiligen Augustinus über das Leiden an der Größe und die Größe der kleinen Staaten. Im fünften Kapitel geht es um „Die Physik der Politik". Kohr versucht nachzuweisen, dass eine Begrenzung von krankhaftem Wachstum Grundbedingung der Evolution sei. Er beschreibt das Universum als Mikrokosmos, wie es viele Physiker der Moderne sehen, dynamisch und keineswegs linear rational. Auch die Biologie liefert nach Kohrs Ansicht einen Beweis für die Effizienz der Kleinheit, denn ein mobiles Gleichgewicht sei nur möglich mit Kleinzellensystemen. Dieses Gleichgewicht in der Natur werde durch zu große Anhäufung gestört, folglich sei Teilung ein Prinzip von Fortschritt und Gesundheit.

Mit den Menschentypen in Gottes riesigem Garten beschäftigt sich Kohrs sechstes Kapitel „Der individuelle und der Durchschnittsmensch". Der industrialisierte Massenstaat braucht laut Kohr seine Durchschnittsmenschen, die weder von ihrem Gewissen noch von ihrem freien Willen zu viel Gebrauch machen. Das Überleben großer Mächte sei immer von zentralen Organisationen abhängig. Und eine gute Organisation setze totalitäre Uniformität voraus, keine demokratische Vielfalt. Der individuell aktive Mensch werde in Massenstaaten durch einen passiven Typus Mensch ersetzt. Viel Aufmerksamkeit widmet Kohr den subtilen Mechanismen der industriellen Kollektivierung. Das Individuum habe wenig Chance, sich dem Spektakel der Massen zu widersetzen. Das betrifft laut Kohr auch den Nationalismus. Der einzelne Mensch werde durch Parteien, Rudel, Gruppen, Banden und Clans an die Wand gespielt.

Nur kleine Staaten, so ist er überzeugt, begünstigen von Natur aus die Demokratie. Der Bürger könne darin seine Würde erhalten. Die Schaffung von Großmächten stuft er als Blasphemie gegen die Schöpfung ein, als einen neuen Turmbau zu Babel. Welche Größe sollte ein idealer Staat haben, damit eine humane Gesellschaft gewahrt bleibt? Aus politischer Sicht sind für Kohr dabei Bevölkerungszahlen ausreichend, die unter hundert liegen, also in der Größenordnung des Dorfes. Er ist überzeugt, dass ein solches Dorf stabil, souverän und autonom sein könne. Unter Stabilität versteht er den gesellschaftlichen

Zustand, in dem Massenwahn und Manipulation mit Sicherheit kontrollierbar wären. Die Grenze nach oben hin entwickelt Kohr schrittweise. Der Autor erinnert sich an seine alte Heimat Salzburg, die vor Jahrhunderten mit einer Einwohnerzahl von weniger als 100.000 zu höchsten Kulturleistungen fähig gewesen sei. Er denkt an Mozart, die alte Salzburger Universität und die intellektuellen und wirtschaftlichen Leistungen der Klöster. Einst habe es in Salzburg sogar ein halbes Dutzend Theater gegeben, erfahren wir bei Kohr. Er kommt zu dem Ergebnis, ein noch erträglicher Staat dürfe niemals mehr als acht Millionen Einwohner haben. Liegt die Zahl darüber, dann verliere ein System langfristig seine Stabilität durch sinnlose Verwaltung, Bürokratie, Zentralismus und immer mehr Obrigkeitsdenken. Kohrs besondere Vorliebe für die Kleinstaaten der Renaissance wird auf vielen Seiten seines Buches deutlich. Er bewundert die italienischen und deutschen Stadtstaaten, aber auch die der griechischen Antike. So berichtet er über Universalgenies aus Philosophie, Naturwissenschaft und Technik, die allesamt aus kleinen Staaten stammten. Man denke an Leonardo da Vinci oder Pythagoras. Auch in Großbritannien habe sich Demokratie nur deshalb so früh entwickeln können, weil die Insel einst in kleinere Einheiten geteilt war. Heute seien die britischen Inseln zu einem zentralisierten Massenstaat von Londons Gnaden degradiert worden.

Kohr ist nicht in allen Fällen gegen Bündnisse von Staaten. Er lehnt Zusammenschlüsse strikt ab, die von Zentralen gelenkt werden. Und er warnt vor Systemen wie der Europäischen Union, in der fast ein ganzer Kontinent unter die Gesetzgebung einer einzigen Obrigkeit gestellt wird. Dörfer, Regionen und Staaten könnten sich seiner Ansicht nach durchaus zusammenschließen und partnerschaftlich arbeiten. Jedoch müssten eigene Verwaltungen, Hoheitsrechte und Autonomien unbedingt gewahrt bleiben, fordert Kohr. Ein erfolgreicher Staatenbund könne nur aus kleinen Zellen aufgebaut sein, ähnlich wie ein gesunder Körper des Menschen. Wenn für alle gleichen Normen festgelegt, den Mitgliedern aufgezwungen und eine Großmacht errichtet werde, seien solche Bündnisse von Anfang an dem Untergang geweiht. Kohr wählt den Vergleich mit Krebsgeschwüren.

Beispiele erfolgreicher Föderationen seien die Vereinigten Staaten von Amerika, die Schweiz oder ab dem Mittelalter das Heilige Römische Reich (bis 1806). Als erfolglos eingestuft werden der ehemalige Völkerbund, die Vereinten Nationen und der deutsche Bundesstaat vor der Zeit Bismarcks. Kohr vermutet, dass die Vereinten Nationen vom Untergang bedroht sind, wenn es künftig nicht gelingen sollte, alle Großmächte aufzuteilen. Er nennt als Beispiel die chronische Lähmung des Weltsicherheitsrates, der von Vetos der Großmächte ständig blockiert werden könne. Sein Traum vom Untergang der Giganten bleibt wohl eine für immer unerreichbare Utopie, wenngleich auch Realitätssinn aus seinen

Zeilen spricht. Der Gott der Kollektivisten sei unpersönlich wie die Massen, die sie vergöttern – die Partei, das Volk, der Staat oder die Menschheit:

„Aber da der Weg zur Größe kein Ende hat, und da die Einheitsfanatiker kein Ding finden, was sich nicht doch noch vergrößern ließe, können sie nirgends landen. Außer in der Irrenanstalt der Unendlichkeit. Sie versuchen, die Probleme aller künftigen Generationen zu lösen und sterben daran, weil sie nicht imstande sind mit ihren eigenen fertig zu werden."

Kohr zeigt sich froh, dass in der Weltpolitik keine Unterschiede bei der Souveränität gemacht würden. Da sei der Gigant Frankreich mit 45 Millionen Einwohnern nicht souveräner als das kleine Liechtenstein mit kaum 13.000. Obwohl Frankreich viel mehr Macht als Liechtenstein habe, habe es dadurch nicht mehr Rechte. Was für Frankreich gilt, das gelte auch für die meisten anderen Staaten. Kohr bestreitet, dass es in Großbritannien eine „Große Britische Nation" gibt, wie die Regierungen in London ständig behaupten würden. Man finde in Großbritannien Engländer, Schotten, Iren, Menschen aus Cornwall, Waliser und Bewohner der Insel Man. In Italien leben keine Italiener, sondern Lombarden, Südtiroler, Venezianer, Sizilianer oder Römer. Und in Deutschland wohnen keine Deutschen, sondern Bayern, Sachsen, Hessen, Rheinländer oder Brandenburger. Ob es zu einem Zusammenbruch der Großmächte überhaupt kommen kann? Kohr beantwortet die Frage mit Ja. Diese Aufteilung müsse sogar geschehen, wenn Bündnisse überleben sollen. Bemerkenswert ist der direkt auf dieses Kapitel folgende extrem kurze Schlussteil seines Buches. Titel: „Wird es geschehen?" Darunter steht ein einziges Wort: „Nein!"

Zerstörung von Dörfern und Städten

1955 übersiedelte Kohr nach San Juan in die Karibik. An der Staatsuniversität von Puerto Rico übernahm er einen Lehrstuhl für Nationalökonomie. Angesichts der sozialen Probleme auf der von den USA als Protektorat verwalteten Insel beschäftigte er sich mit Stadt- und Dorfentwicklung, Verkehrsplanung, Armutsbekämpfung und Entwicklungspolitik. „Ökologie" war noch ein weitgehend unbekannter Begriff und spielte auch in den Wissenschaften keine Rolle. Die massive Umweltzerstörung in und um die Großstadt San Juan brachte Kohr zu Überlegungen, die er in direkten Zusammenhang zu seiner Macht- und Größentheorie setzte. Dafür priesen ihn später seine Fans als „Wegbereiter der

Ökologiebewegung und der Grünen". In der Tat war Kohr mit Ideen und Utopien seiner Zeit um Jahrzehnte voraus.

Wie in den USA und Kanada gegen die Nazis, nahm Kohr auch in Puerto Rico in scharf formulierten, teils recht subjektiven Zeitungsartikeln eine starke Gegenposition ein. Er protestierte gegen Zerstörungen, die durch den rasanten „Fortschritt" entstanden waren – eine Tatsache, die zehn Jahre nach dem Ende des Zweiten Weltkrieges in vielen Teilen der Erde zu beobachten war. Von diesen heftigen Veränderungen waren Stadtleben und Landwirtschaft gleichermaßen betroffen. Es ging um Zentralisierungen auf vielen Ebenen, Machtkonzentration und Steigerung der so genannten Effizienz. In der kapitalistischen Welt herrschte das Prinzip der Maximierung von schnellen Gewinnen vor („Wirtschaftswunder"), in der marxistischen Welt dominierten Kollektivierung und die „Errungenschaften" des Sozialismus. Ein tiefgreifender Wandel fand in den 1950er- und 1960er-Jahren in Puerto Rico statt – von traditionellen, eher kleinräumig aufgeteilten Formen des Anbaues hin zu großflächiger Landwirtschaft mit massivem Einsatz von Kunstdünger und Pestiziden.

Kohr prangerte den Einfluss nordamerikanischer Agrar- und Lebensmittelkonzerne an. Im urbanen Leben gab es eine Zerstörung gewachsener Stadtkerne und den Bau gesichts- und geschichtsloser Vorstädte, wie sie in den USA vorherrschten. Solche Themen in Zeitungen aufzugreifen, war nicht ungefährlich. Bis heute sind die Ursachen nicht geklärt, warum im Februar 1973 neben anderen auch Kohrs Büro an der Universität von San Juan durch die Explosion einer Bombe zerstört wurde. Der Anschlag ereignete sich an einem späten Abend, zu einer Zeit, zu der Kohr oft noch im Büro arbeitete. Er hatte einen Kleinwagen der Marke „Rambler", und gerade an dem Tag war etwas an der Kiste kaputtgegangen. So musste er sich in der Stadt Werkzeug besorgen und traf dort zufällig ein paar Freunde. Sie blieben in einer Hafenkneipe bei Daiquiri hängen. Auf dem Heimweg wunderte sich der Betrunkene noch, warum in seinem Zimmer an der Uni das Licht brannte. Am nächsten Tag erfuhr Kohr, dass in der Nacht ein Teil des Gebäudes hochgegangen war. Der Sprengsatz galt laut Polizei mit hoher Wahrscheinlichkeit dem Nationalökonomen Tono Gonzalez, der sich für die staatliche Unabhängigkeit Puerto Ricos engagierte.

Zivilisationskritiker wie Gonzalez und Kohr pendelten zwischen traditionalistischer Verherrlichung alter bzw. überkommener Lebensweisen und scharfer, in großen Teilen auch berechtigter Kritik an Auswüchsen der Moderne. Das hatte etwas Reaktionäres und Rückwärtsgewandtes, gleichzeitig weht ein auf die Zukunft gerichteter revolutionärer Geist durch Forderungen und Pamphlete. Der britische Anarchist und Autor John Papworth, ein enger Freund Kohrs, sagte in einem Interview Mitte der 1990er-Jahre allen Ernstes zu mir, die furchtbarste Musik sei wohl der Jazz. Zuvor hatten wir lange über Toleranz gesprochen. An Engstirnigkeit und Populismus dachte ich manchmal auch bei Kohr, wenn er über moderne Künste herzog:

„Was Kriege an Zerstörung nicht schaffen, das haben moderne Architekten zerstört."

Andererseits gibt es bei Betrachtung vieler Städte und ihrer Auswüchse genügend Anlass, sich Gedanken über Qualitäten der zeitgenössischen Architektur zu machen.

Kohr analysierte in Puerto Rico erstmals den Zusammenhang zwischen Bevölkerungsdichte und Verkehrswesen. Die wirkliche Dichte einer Bevölkerung hänge nämlich nicht nur von der Kopfzahl der Einwohner pro Flächeneinheit ab, maßgeblich sei, wie schnell oder wie langsam sich diese Bevölkerung bewegt. Deshalb sei die Dichte einer hektisch umherreisenden Bevölkerung viel größer als die Dichte einer relativ ruhenden, nicht ständig pendelnden. Kohr forderte die Schaffung von Lebensstrukturen und Staatswesen, in denen Menschen nicht ständig große Wege zurücklegen und ihre Güter durch alle Welt transportieren müssten. Diese Thesen fasste er 1962 in dem Buch „The Overdeveloped Nations" zusammen. In einem Interview der Salzburger Journalistin Sabine Stehrer brachte der begeisterte Autofahrer Kohr seine Position gegen moderne Errungenschaften auf den Punkt:

„Der wirkliche Luxus besteht darin, auf das Auto verzichten zu können. Ohne Auto ist das Leben jedes einzelnen billiger und effizienter. Mit all seinen Abhängigkeitsprodukten wie den Autobahnen, Parkplätzen, Ampeln und so weiter trägt es nicht gerade zur Verschönerung der Stadt bei. Leider haben die Menschen vergessen, dass ihnen Ästhetik gut tut. Der Gedanke daran müsste wieder stimuliert werden. Und, was auch noch eine große Rolle spielt: Leider kommen die Autos dem infantilen Geist des Menschen sehr entgegen."

Bis heute sehen Kritiker – bevorzugt in marxistisch-kommunistischen bzw. auch in sozialdemokratischen Kreisen – Kohr als konservativen „Spinner und Träumer". Man wirft ihm vor, er idyllisiere die griechische Antike und die Stadtstaaten des Mittelalters, seine Theorie ignoriere soziale Fragen und kümmere sich nicht um die Armen. Seine Philosophie sei für Reiche und umstrittene Kleinstaaten und Steuerparadiese wie die Schweiz, Liechtenstein und Monaco ein gefundenes Fressen. Wenige Monate vor seinem Tod gab Leopold Kohr bei einem unserer Gespräche zu, dass nicht selten auch die politische Rechte seine Ansätze gut findet. Hatte er sich das denn je gewünscht?

„Natürlich nicht. Aber wenn ich von der Freiheit jedes einzelnen spreche, dann nehmen manche das immer wieder her, um ihre brutale Geschäftemacherei zu rechtfertigen. Ich ziehe manchmal sicher auch die Rechte an. Ich bin aber Anarchist, der für die Freiheit aller eintritt. Und mit diesem Gewinnstreben wird die Freiheit anderer, also auch der Arbeiter, oft gar nicht geachtet."

Kritiker werfen Ihnen vor, Sie predigen eine heile Welt, die es nie gab und nie geben wird.

„Ist das denn Fortschritt, diese Verwüstungen, die heute geschehen? Ich führe meine Ideen oft auf meine alte Heimat Oberndorf zurück. Das war kein idyllisches Dorf. Es gab alles, was menschliche Tragödie und menschliches Glück ausmacht. Die Leute raufen, versöhnen sich, lieben, trinken, gehen auf Tanzveranstaltungen, in die Kirche, zu Begräbnissen. Als Kind bin ich einmal von zu Hause weggelaufen, da sah ich ein Mordopfer im Schnee, einen Mann, der kurz zuvor erstochen wurde. Der zentrale Punkt meiner Philosophie ist: In einer kleinen Einheit sind solche Dinge leichter kontrollierbar als in einem großen Massenstaat, wo aus ähnlich banalen Motiven dann der Völkermord entsteht. Der Vorteil des Kleinstaates ist nur der, dass auch die Dimension der menschlichen Misere verkleinert wird. Es entsteht auch im Kleinen keine leidensfreie Welt, aber eine erträglichere Welt. Die Welt der Großmächte ist unerträglich."

Ihr Vater war Arzt, ein Großvater war Apotheker – beide verdienten auch in schweren Zeiten gut. Es gab viele Möglichkeiten für Ihre Familie den Kindern finanziell zu helfen. Sie hatten eine sehr behütete Jugend. In Ihren Büchern schreiben Sie allen Ernstes, dass zum Beispiel im Mittelalter die Dinge besser waren. Glauben Sie das wirklich?

„Dass etwas besser war, habe ich nicht geschrieben. Es war erträglicher. Die Welt, in der wir leben, ist nicht auf Gerechtigkeit gebaut. Das ist die Herausforderung Gottes. Für den Rationalisten hat das Leben überhaupt keinen Sinn. Wir kommen aus Nichts. Und wir enden im Nichts, dazwischen haben wir eine Menge Auslagen. Für den Nationalökonomen ist das Leben ein Verlustgeschäft. Nur der Romantiker sieht etwas in der Herrlichkeit des Regenbogens, der diese zwei Nullgrößen zwischen Geburt und Tod verbindet. Das ist die Herrlichkeit des Lebens, dieser Regenbogen. Den sieht ein Bettler auch, ein Armer, ein Bauer, ein Arzt vielleicht noch. Ein Millionär weniger. Je reicher man ist, desto weniger kann man das Leben genießen. Weil viele Reiche nur Geld wollen."

Armut wird doch oft idealisiert, aber nur von Reichen. Für diese ist es leicht, zu glauben, ein Bettler freue sich über den herrlichen Regenbogen. In Wirklichkeit leidet er schrecklich und würde sich freuen, wenn ihm einmal jemand helfen würde. Soll man den Armen helfen?

„Das Glücklichsein hat nichts mit wirtschaftlichem oder politischem Status zu tun. Ich befürworte natürlich die Hilfe. Aber nur die Hilfe zur Selbsthilfe. Ich habe ja auch ein Buch darüber geschrieben: „Development Without Aid" – Entwicklung ohne Hilfe von außen. Denn Hilfe von außen korrumpiert und zerstört! Reiche glauben immer, man muss den Armen helfen. In Wirklichkeit nimmt den Armen diese Hilfe die Basis ihres Lebens. Die Basis ist nämlich Arbeit und Eigeninitiative. Arbeit ist das, was man selber tun kann, wozu man keine Hilfe braucht. Wenn man wartet, von irgendjemandem angestellt oder versorgt zu werden, dann wird das ja wieder eine Sklavenexistenz, über die sich im Grunde jeder beklagt. Das fordern ständig die Gewerkschaften, so eine Versorgungsmentalität von oben. In Wirklichkeit sind solche Posten oft Sklavenarbeit. Manche Beamte und Parteifunktionäre sind typisch für dieses Denken. Fordern und nichts selber tun."

Aber Sie waren nach der Unsicherheit im Exil ja auch froh, dass Ihnen der kanadische Historiker George Wrong massiv geholfen hat. Und für Ihre Jobs später bekamen Sie oft Hilfe.

„Natürlich soll man bestmöglich helfen. Das gilt besonders für Benachteiligte und Behinderte. Aber das Wichtigste ist, den Menschen Lebensfreude und Gemeinschaft zu geben, dass man sie zum Essen einlädt und ihnen freundlich begegnet. Gleichberechtigung! Aber diese Massengesellschaften, die alle auf anonyme staatliche Hilfe aufgebaut sind, sie produzieren immer mehr Frustration unter den Menschen. So wird jede eigene Arbeit und Initiative untergraben. Wenn jemand etwas gratis von oben bekommt, dann muss er immer mehr haben. So wird das ganze System ausgebeutet. Und die Reichen sind ohnehin oft auf dem falschen Weg. Die Tragödie beginnt mit einem kleinen Geschäftsmann, der vielleicht noch glücklich ist. Dann kauft er ein paar Rivalen auf, wird irgendwann ein großer Supermarkt. Das Wachstum macht ihn wirtschaftlich reich und menschlich arm. So ist der Größenwahn. Wenn er in England lebt, wird er dann zum Ritter geschlagen, bekommt seinen „Sir", dann befördern sie ihn zum Lord. Das ist der vorletzte Schritt vor dem Untergang. Der nächste Schritt ist dann der ins Gefängnis, gefesselt von Polizisten wird er abtransportiert, als Betrüger. So geht das, wenn der Mensch als Unternehmer über die Schnur haut. Die Kunst des Lebens ist, auf jeder Ebene glücklich zu sein. Wenn einer als einfacher Arbeiter unglücklich ist und sich

über nichts freuen kann, dann ist er auch als Millionär nicht glücklicher. Das ist nicht reaktionär, wie man mir immer sagt, das ist Natur."

Kurz bevor Kohr im Dezember 1983 in Stockholm den „Alternativen Nobelpreis" erhielt, führte der österreichische Journalist Günther Nenning ein Interview mit dem 74-Jährigen. Ob sich Kohr denn freue, dass er nach Jahrzehnten der Abwesenheit nun auch in Österreich überall zu Vorträgen eingeladen werde? Kohr konnte sich den Hieb auf die traditionell sehr zentralistische SPÖ nicht verkneifen:

„Die Sozialisten in Österreich haben die Kleinheitsidee nicht so gern. Die haben mich deshalb noch nie eingeladen. Ich würde schon gerne vor Sozialisten sprechen. Mein Vater war ja auch Sozialist. In Wales lebte ich hauptsächlich unter Sozialisten. Dort sind sie für die Kleinheit, für das Dorf, für die intakte Landwirtschaft. Die Staatssozialisten hingegen haben alle denselben Tick wie General Eisenhower, der für die USA sagte: Vereint können wir alle schlagen."

Roman Hinterseer, Redakteur der österreichischen Tageszeitung „Kurier", führte im Juni 1981 in Salzburg das erste Interview mit Kohr. Hinterseer fragte ihn, ob er denn nicht fürchte, eines Tages irgendwo von einer faschistoiden Separatistenbewegung politisch missbraucht zu werden. Kohr entgegnete:

„Es gibt keine Philosophie, die so heilig wäre, dass sie nicht von Leuten adoptiert werden würde, um mit ihr das Umbringen anderer Menschen zu rechtfertigen."

Und auf die Frage nach der Gefahr einer chauvinistischen Auslegung seiner Philosophie sagte Kohr:

„Es gibt viel weniger Chauvinismus in einer kleinen Gemeinschaft. Das Übel des Nationalismus beginnt mit der Größe der Gesellschaft. Großbritannien ist chauvinistisch. Amerika ist es. Großdeutschland war es. Wenn ein Oberbayer oder Salzburger chauvinistisch ist, dann ist er nur ein Depp. Es gibt nämlich eine gewisse Grenze, wo das Üble akzeptabel und zivilisiert wird."

Zwischen 1956 und 1976 veröffentlichte Kohr in Puerto Rico insgesamt 31 Kommentare in der Tageszeitung „El Mundo", in denen er sich für die Rettung von Dörfern, Städten und regionalen Wirtschaftskreisläufe ins Zeug legte. 1969 gab es dann ein revolutionäres Zwischenspiel für Kohr; eine kurze und ziemlich wilde Zeit praktischer Erfahrungen in dem von Theorie und Utopie geprägten Leben eines Gelehrten: Anguilla. Stephan Krass vom Südwestfunk in Deutschland, Radioreporter und Kulturredakteur aus Freiburg, lernte Leopold Kohr 1983 in Salzburg kennen und begleitete ihn 1986 auf eine Reise nach Puerto Rico und Anguilla.

Kleinster souveräner Staat der Welt

Kohr und Anguilla

von Stephan Krass

Der Kellner weist mit einer kaum merklichen Kopfbewegung auf einen Tisch an der hohen Fensterfront des in unauffälliger Eleganz gehaltenen Kaffeehauses: „Der Herr Professor." In den Papierwust einer elend langen Rolle frischer Druckfahnen eher verstrickt als vertieft sitzt dort mit zerrauftem Haar ein freundlicher älterer Herr, der ganz im Gegensatz zur feierlichen Miene des Kellners jede Anstrengung um offiziöses Gebaren vermissen lässt. Es ist zum Verzweifeln: Nun hat man seine Bücher in den letzten vierzig Jahren aus dem Englischen ins Französische, Spanische, Italienische, Japanische, sogar ins Walisische übersetzt, aber an der Übertragung ins Deutsche, in seine Muttersprache, ist bis zu diesem Frühjahrstag im Jahre 1983 schon der zweite Großverlag gescheitert. Dem weltläufigen Humor des bekennenden Kaffeehausschreibers und seiner angelsächsisch geprägten Gewitztheit begegnen die deutschen Übersetzungen immer wieder mit schwerfälligen Phrasen und unbeweglichen Wortspielen. Als wir später hinaus in den Salzburger Straßenlärm treten und uns durch die Fußgängerzone zur Parkgarage durchschlagen, erzählt mir Leopold Kohr von den Schandtaten moderner Stadtplaner und den vergessenen Qualitäten urbanen Lebens. Einige Zeit darauf sitze ich im Auto und folge einem alten weißen Opel nach Schloss Hellbrunn. Sicher steuert der seit vielen Jahren nahezu taube Mittsiebziger sein Gefährt durch den dichten Verkehr von Salzburgs Tangenten.

„*I live in a mess*", sagt Leopold Kohr mit resignierendem Achselzucken, als wir die Tür im Erdgeschoß des zugewachsenen Gartenhauses an der Peripherie des großflächigen Hellbrunner Schlossparks erreicht haben. Das vorsorglich angekündigte Chaos aus weit über die üblichen Ablageplätze hinaus wuchernden Papierstößen, Bücherbergen und Manuskripthaufen erweist sich bald als strategisches Experimentfeld, in dem ein unruhiger Geist in wechselnden Versuchsanordnungen nach Einheiten für das menschliche Maß forscht. Der gelernte Jurist und Nationalökonom hält sich am liebsten im philosophischen Hinterland der genannten Disziplinen auf. Von Ivan Illich stammt der Vorschlag den metrischen Einheiten ein sogenanntes „Kohr" zur Seite zu stellen, um mit dieser Maßeinheit im Sinne der Sozialmorphologie die Koordinaten für ein Lebensgefühl zu bestimmen, das sich im Einklang von ästhetischem Genuss und menschengerechter Proportionalität bewegt.

Als wir es uns zwischen den Papierstößen bequem gemacht haben, illustriert der listige Protagoräer Kohr anhand einer Anekdote aus dem konservativen akademischen Milieu von Oxford, wie wenig die Fraktion der Schulwissenschaft geneigt ist, sich mit seiner Kritik am Mythos der Größe und am Fetisch des Wachstums ernsthaft zu befassen. Als ihn einmal ein renommierter Kollege, der in Fachkreisen als sicherer Kandidat für eine Reise nach Stockholm gehandelt wurde, gefragt hat, was er, Leopold Kohr, als Nationalökonom denn eigentlich lehre, ob er Keynesianer oder Marxist sei, da habe er ihm geantwortet: *„Der Marx hat Marx gelehrt, der Keynes hat Keynes gelehrt, und wie ich heiße, wissen Sie ja. Die theologische Deutung schreibt alles historische Geschehen dem Willen Gottes zu, die heroische Deutung den großen Männern, die idealistische den Ideen, Marx der Produktionsweise, Freud der Sexualität, Jung der Angst ... und ich der Größe der Gesellschaft."*

Noch im selben Jahr reiste Leopold Kohr nach London, um – als erster – den neugestifteten Alternativ-Nobelpreis entgegenzunehmen. Bei der Würdigung seines Lebenswerks spielte eine kleine karibische Insel eine nicht unwesentliche Rolle, deren Namensnennung in England – zumal in London – sehr ambivalente Gefühle auslöst. In Leopold Kohrs politischer Vita steht der Name „Anguilla" für das praktische soziale Experimentierfeld seiner Dezentralismus-Theorie. Für die englische Kolonialmacht steht der Name dieser kleinen Karibikinsel für eine mehrere Millionen Pfund teure Militärinvasion, um das angeblich in die Hände von Hippys und Mafiosi gefallene Eiland heim ins Empire zu holen. In den Morgenstunden des 19. März 1969 landen auf der kleinen Karibikinsel Anguilla britische Fallschirmjäger, Marineinfanteristen und Scotland Yard-Beamte, übernehmen die Kontrolle über den Flugplatz und besetzen alle weiteren strategisch wichtigen Punkte der Insel. Die Invasion findet ohne Blutvergießen statt; die rund 6.000 Einwohner ergeben sich kampflos. Zu ihrer Verteidigung hätte ohnehin nur eine alte verrostete Kanone aus Kolonialzeiten zur Verfügung gestanden. Während der britische Außenminister Michael Stewart am nächsten Tag die militärische Aktion gegen Anguilla vor dem Unterhaus zu rechtfertigen sucht, sprechen englische Zeitungskommentare von einem lächerlichen und beschämenden Operettenkrieg, der dem Trauerspiel des Kolonialismus eine Komödie nachgeliefert habe.

Die Labour-Regierung unter Harold Wilson muss sich den Vorwurf postkolonialistischer Kanonenpolitik gefallen lassen. Mit der Unabhängigkeitserklärung des Kleinstaates Anguilla war dem englischen Königshaus mehr als ein Zacken aus der Krone gefallen. Der „Fall" Anguillas, so fürchtete die einst strahlende Kolonialmacht mit Recht, könne im Commonwealth Schule machen. Wie ein tropisches Gewitter war die Invasion der Fallschirmjäger an diesem Märzmorgen vom Himmel über Anguilla gefallen, um ein von der Downing Street diplomatisch erfolglos torpediertes Experiment sozialer Autarkie endlich gewaltsam zu Ende zu bringen. Während die englische Agentur Reuter von 300 Fallschirmjägern sprach, bezifferte Ronald Webster, der Präsident der unabhängigen Republik Anguilla, ihre Zahl auf mehr als 700. Doch an diesem Morgen im März hatte Anguilla schon keinen Präsidenten mehr. Wie viele Invasoren es auch waren, ihre Zahl hat ausgereicht, das politische Abenteuer des kleinsten souveränen Staats der Welt zu beenden. Seit diesem Märztag im Jahre 1969 weht auf Anguilla, das sich kaum zwei Jahre zuvor durch seinen Unabhängigkeitsakt auf die politische Landkarte katapultiert hatte, wieder die britische Flagge.

Die Fahne der freien Republik Anguilla, ein Motiv mit drei im Kreis angeordneten springenden Delphinen, steht heute im Wohnzimmer von Ronald Webster. Mit bitterem Lächeln und einem Anflug von Sarkasmus erzählt er, wie Anguilla als kleinster souveräner Staat der Welt aus der Namenlosigkeit eines karibischen Inselverbandes vor die Weltöffentlichkeit der Vereinten Nationen gelangte. Am 30. Mai 1967 hatte die im Kolonialsystem ausgelaugte Bevölkerung das kleine Kontingent der von den Briten stationierten Schutztruppe eigenhändig von der Insel gejagt. Damit hatte Anguilla die von der Kolonialmacht England errichtete Föderation der drei Karibik-Inseln St. Kitts, Nevis und Anguilla verlassen und schwamm nun allein im weiten Ozean. Wie macht man einen Staat mit 6.000 Einwohnern und mindestens doppelt so viel Ziegen auf einem Flecken Erde im karibischen Meer zwischen Haiti und Trinidad? Das kleine Flugzeug der Antillean Airlines zieht eine lange Schleife über das blauschimmernde Wasser, bevor es zum Landeanflug auf Anguilla ansetzt. Unter uns liegen 35 Quadratmeilen flaches Land, gesäumt von weißen Sandstränden. Mit einem hustenden Propeller holpert die sechssitzige Maschine von der staubigen Piste langsam in die Standposition. Als das kleine Flugzeug vor dem gelben Flachbau des Wall-Blake-Airport endlich ausrollt, ist Leopold Kohr von seinem Kabinensitz neben mir bereits aufgestanden und wartet ungeduldig auf den Ausstieg. Leopold Kohr ist nicht das erste Mal in Anguilla. Schon einmal ist er von Puerto Rico herübergeflogen. Das war am Tag nach der Revolte der Inselbevölkerung Ende Mai 1967. Kohr lehrte damals an der Universität von San Juan Nationalökonomie und hatte seine Hauptwerke über den Kollaps der Megasysteme bereits publiziert. Im Frühjahr 1986 kehrte Leopold Kohr, der hier in der Karibik einen Lebenstraum realisieren wollte, in Begleitung eines für utopische Schwindelzustände leicht anfälligen deutschen Journalisten nach Anguilla zurück, um vor Ort nach symbolischen oder realen Spuren der Revolutionszeit zu fragen.

Als wir im Büro des Immigration-Offices auf dem einem Kleinstadt-Bahnhof gleichenden Terminal von Anguilla stehen und der dunkelhäutige Mann im weißen Uniformhemd nach dem Grund unserer Einreise fragt, berichtet Leopold Kohr von seinem ersten Eintreffen am Tag nach der Revolte. „The German Professor", erinnert sich der Officer nicht ganz tatsachengetreu, während Leopold Kohr erzählt, wie er damals von Puerto Rico aus den Jahresbedarf an Öl für das gerade unabhängig gewordene Anguilla im Hafen von San Juan eigenhändig verschifft hat. In Anguilla war der österreichische Professor im Frühsommer des Jahres 1967 ein willkommener Gast. Den Akt der Unabhängigkeit hatte man in einem Handstreich bewirkt; um die Selbständigkeit zu erlangen, brauchte es viele helfende Hände. Leopold Kohr hatte damals einen fertigen Plan in der Tasche, um dem jungen Staat mit Hilfe eines ökonomischen Selbstversorgungsprogramms auf die Beine zu helfen. Anguilla sollte ein lebendiges Modell seines Dezentralismuskonzepts werden. Die junge Inselrepublik sollte der Welt zeigen, dass nur die überschaubare Größe vielfältiger Kleinsysteme ein Überleben im Ganzen garantieren kann.

Die konstituierende Nationalversammlung der jungen Republik fand im Hause des deutschstämmigen Tropenarchitekten Henry Klumb in Puerto Rico statt. Was die Engländer in einem Operettenkrieg beendet haben, hatte nicht weniger theatralisch begonnen. Auf der geräumigen Terrasse von Klumbs Villa erlebte die Gründung der freien Republik Anguilla ihren ersten Akt. Für die Inszenierung zeichnete sich Leopold Kohr verantwortlich. Mit der „San Francisco Group" hatte er ein ehrenamtliches Expertenteam zusammengestellt, um Anguilla bei der Nutzung seiner Ressourcen und beim Aufbau einer Infrastruktur zu beraten. Leopold Kohr hatte die konstituierende Sitzung des unabhängigen Anguilla stets in lebendiger Erinnerung: „*Die Volksabstimmung fand am 11. Juli 1967 statt. Einen Tag später war die ganze anguillanische Regierung in Puerto Rico im Haus eines Freundes, des aus Köln stammenden Tropenarchitekten Henry Klumb versammelt, um mit den anderen Freunden zusammenzutreffen, die ich für das Selbstentwicklungsprojekt interessiert hatte: Dr. Edgar Berman, Leibarzt und Ratgeber des damaligen amerikanischen Vizepräsidenten Hubert Humphrey, der Interesse daran hatte, herauszufinden, wie Amerika unterentwickelten Ländern helfen könne, ohne dabei selbst bankrott zu gehen; Howard Gossage aus San Francisco, Enthusiast des Kleinen, dessen dreizehnköpfiges Werbeinstitut das angesehenste der Vereinigten Staaten war; Dr. Gerald Feigen, Chairman der links-katholischen Zeitschrift „Ramparts Magazine"; Scott Newhall, Chefredakteur des „San Francisco Chronicle" und Amateurmünzer, sowie ein früherer Student, Frank Ricciardi, Präsident der Walter Kide Corporation, zu der die größte Schifffahrtsgesellschaft der Welt - die United States Lines – gehörte. So imposant diese Liste aussehen mag, keiner von den Genannten kam als Nutznießer einer Gesellschaft mit beschränkter Haftung nach Puerto Rico. Sie kamen als Amateure im wahrsten Sinne des Wortes, als Liebhaber einer Idee, als Enthusiasten:*

um zu beweisen, wie leicht die Probleme, an denen die Großen scheitern, im Kleinen gelöst werden können."

Für die zweite Phase auf dem Weg zur Selbständigkeit hatte Leopold Kohr gemeinsam mit den Anguillanern vor Ort ein Konzept zur Intensivierung der Landwirtschaft, ein Straßenbauprogramm, Pläne zur Verbesserung des Ausbildungssektors und ein Modell zur Sanierung entworfen. Zu den Pioniertaten der „San Francisco Group" gehörten in dieser Anfangsphase die Einführung einer eigenen Inselwährung und die Ausgabe einer stattlichen Anzahl von Briefmarkenserien. Das Zahlungsmittel befand sich in ein paar Dutzend Sack aus dem Verkehr gezogener peruanischer Silbermünzen, die käuflich erstanden und in einer auf Fälschung spezialisierten Werkstatt feierlich mit den Insignien der neu gewonnenen Unabhängigkeit überprägt wurden. Den legendären „Anguilla Liberty Dollar" bekommt man heute in Sammlerkreisen nicht unter 500 US-Dollar. Auch die Briefmarken der „heroic period" waren außer Landes bald so gefragt, dass die Weltpostunion in Genf als erste internationale Organisation Anguilla als Staat offiziell anerkannte. Die spontane Hilfsaktion der „San Francisco Group" sollte der jungen Inselrepublik auf die Beine helfen, stehen musste sie dann allein. Durch die kontinuierlichen Einnahmen aus der Briefmarkenproduktion konnte sich die kleine Insel schon nach kurzer Zeit ohne fremde Kapitalhilfe über Wasser halten. Außerdem wurde ein neues Verfahren erprobt, die Salzgewinnung aus dem Meer zu steigern. Auch der vorsichtige Einstieg in den Tourismus fiel in diese zweite Phase des Aufbaus. Damit nicht fremde Touristikunternehmen die Erträge abschöpften, wurde die nötige Infrastruktur zur Unterbringung und Bewirtung von Gästen ausschließlich von den Inselbürgern selbst bereitgestellt. In diese Zeit sah man den Präsidenten von Anguilla bisweilen als Gasthörer in Leopold Kohrs Ökonomie-Vorlesungen an der Universität von San Juan. Der politische Überlebenswille des jungen Staates erbrachte der unterentwickelten Welt indes den Beweis, dass sich ein kleines Land durch die Mobilisierung der eigenen Kräfte weit gedeihlicher entwickeln kann als in einem System subventionierter Unselbständigkeit. Ironie der Geschichte: Ausgerechnet der vom Empire abgefallene karibische Inselzwerg führte der maroden Weltmacht England demonstrativ vor Augen, was man unter „splendid isolation" versteht.

Nachdem der Enthusiasmus der ersten Stunde in einen absehbaren Aufwärtstrend überführt worden war, beschloss man, der ahnungslosen Weltöffentlichkeit den Neuzugang auf der politischen Landkarte gebührend anzuzeigen. Mit der freudigen Nachricht sollte auch eine programmatische Botschaft verknüpft werden. Also kaufte die „San Francisco Group" eine ganze Seite in der „New York Times" und verkündete dem Rest der Welt Anguillas festen Willen, sich nie wieder kolonisieren zu lassen. In fetten Druckbuchstaben konnten die Leser der Ausgabe vom 14. August 1967 den von Howard Gossage lancierten Slogan lesen: *„Is it silly that Anguilla does not want to become a nation of bus boys?"* (Ist es etwa lächerlich, wenn Anguilla keine Nation von Hilfskellnern werden will?) Wenn man heute nach Anguilla kommt und fragt, ob die kleine Karibikinsel eine Nation von Hilfskellnern geworden sei, erhält man eine klare Antwort. „Auf keinen Fall", insistiert Emil Gumbs, der gegenwärtige Chiefminister der heimgeholten Kronkolonie Anguilla mit unerschütterlichem Selbstbewusstsein, als Leopold Kohr und ich ihn in seinem Arbeitszimmer in der Inselhauptstadt Tue Valley besuchen. *„Ist die ‚Heroic Period' Anguillas als kleinster souveräner Staat der Welt mehr als eine Fußnote im Geschichtsbuch?"* will Leopold Kohr wissen. *„We have finished independence now"*, erklärt der Ministerpräsident mit diplomatischer Verbindlichkeit. Dann wird er deutlicher: *„The Liberation-Act is in fact forgotten."* Die Unabhängigkeit, das war einmal. Heute führt auf Anguilla der Tourismus das Regiment. Wieder kommt die Invasion von oben. In Charterflugzeugen sind die Eroberer von einst mit freundlicher Miene und viel guter Laune zurückgekehrt. Anguilla ist noch ein Geheimtipp in der Karibik, doch die Geschichte mit dem unentdeckten Paradies ist bereits eine an jeder Ecke käufliche Legende. Mister Gumb, dessen Regierung ganz auf „High-Standard"-Tourismus setzt, ist ein weltläufiger Mann.

Nein, eine Nation von Kellnern ist Anguilla nicht, aber mit dem Servieren hat man es weit gebracht. Und was ist aus Leopold Kohrs Selbstversorgungsprogramm geworden? War sein Konzept unrealisierbar? *„Was the professor wrong?"*, will ich wissen. *„Natürlich nicht"*, lacht Emil Gumbs, soviel gebietet die Höflichkeit. *„Im Prinzip hat er schon recht gehabt, aber die Dinge nehmen eben ihren eigenen Lauf."* Der abendliche Restaurantbesuch sollte uns dies plastisch vor Augen führen. Die Menüs auf der Speisekarte basierten allesamt nicht auf einheimischen Produkten, sondern auf importierten Lebensmitteln. Das Restaurant, in dem wir gegessen haben, hat uns übrigens der Ministerpräsident persönlich empfohlen. Diesen Hinweis verband er mit der beiläufigen Bemerkung, dass wir dort von seiner Tochter bedient werden. Pardon, Mr. Präsident! So genau wollten wir die Sache mit der Kolonie von Kellnern doch gar nicht wissen. Das ökonomische Selbstversorgungsprogramm, das Leopold Kohr für die junge Republik Anguilla entwickelt hatte, wurde durch die Politik der Coca-Kolonisation faktisch außer Kraft gesetzt. Mittlerweile ist die britische Kronkolonie viel zu tief in die wirtschaftliche Abhängigkeit von England und den USA verstrickt, um auch nur einen Gedanken an politische Selbständigkeit verschwenden zu können. Wer wollte auf Anguilla heute noch eine konkrete Schilderung der dramatischen Ereignisse von 1967/69 geben? Die Erinnerung an die Revolte von damals wirft heute allenfalls noch ein verlegenes Grinsen auf die Gesichter. Nur in Ronald Websters Augen erscheint ein fernes Leuchten. Der ehemalige Präsident des kleinsten souveränen Staates der Welt, dem im letzten Augenblick die Flucht von der Insel gelungen war, um bei den Vereinten Nationen erfolglos Protest gegen die Militärinvasion einzulegen, erfüllt die Bitte, einige Ersttagsbriefe aus der Unabhängigkeitsphase zu signieren, unverzüglich. Für einen kurzen Moment bemächtigt sich nochmals ein präsidialer Gestus seiner, doch mit jedem Schriftzug gerinnt der Anklang des rebellischen Ursprungsimpulses unerbittlich zu Geschichte. Später im Auto resümiert Leopold Kohr das Anguilla-Abenteuer, während ich noch mit einem Anflug von Sentimentalität kämpfe, in dem ihm eigenen lakonischen Charme eines Utopisten wider besseres Wissen. What's left? Der Augenschein trügt nicht. Das karibische Kleinstaatenexperiment hat im heutigen Inselalltag außer ein paar nostalgischen Revolutionsdevotionalien keine Spuren hinterlassen. Als ich schließlich den gemeinhin in dialektischen und paradoxen Denkfiguren argumentierenden Rhetoriker Kohr frage, ob er selbst denn niemals an die praktische Umsetzung seiner Ideen geglaubt habe, erhalte ich ganz undialektisch die knappe Auskunft: „*Nein.*"

Letztlich hat der Skeptiker Kohr den Romantiker Kohr immer eingeholt und gerade aus dieser inneren Spannung spielerisch Funken geschlagen. Die Vision von der frei im Ozean schwimmenden Arche Noah sei doch allemal Stoff für eine spannende Episode geblieben. Ob ich daraus nicht einen Film machen wolle? Und dann zieht er einen alten englischen Zeitungsausschnitt aus der Tasche, auf dem in gänzlich ungezwungener Pose ein soldatischer Mann abgebildet ist. Das Foto muss im Laufe des 19. März 1969 an einem der weißen Sandstrände von Anguilla entstanden sein. Es zeigt einen unschlüssig dreinblickenden englischen Fallschirmspringer im Adamskostüm, der vor kurzem noch geglaubt hatte, er müsse für diese Rückeroberungsmission durch die Hölle gehen, und sich nun unversehens im Paradies wieder fand. Mit offenem Mund und ganz unsoldatisch entspannten Hinterbacken, die Kappe tief ins Gesicht gedrückt, steht er in gleißendem Sonnenlicht nackt im weichem Sand, in der Linken lässig ein schweres Maschinengewehr balancierend. Kein Feind, so weit das Auge reicht. Nachdem die Bevölkerung von Anguilla jeden Versuch, die Insel gegen eine militärische Intervention zu verteidigen, von vornherein aufgegeben hatte, gerieten seine offizielle Funktion als Soldat und seine individuelle Bedürfnislage als Tourist in dieses offenkundige Missverhältnis. In der Momentaufnahme, die die Interessenkollision dieses Mannes zwischen militärischem Befehlsempfänger und privatisierendem Müßiggänger in ihrer paradoxalen Grundstellung enttarnt, lassen sich die Koordinaten der unakademischen Tiefenschärfe des Kohrschen Denkens treffender bestimmen als in fachspezifischen Abhandlungen über den praktischen Anwendungswert seiner Theorien. Im Rollenkonflikt dieses Soldaten sah Leopold Kohr das Auftrumpfen der Großmachtpolitik mit dem Persönlichkeitsdrama des einzelnen zur Farce zusammenschmelzen. Natürlich hätte der Film über Anguilla in seinem Kern eine Komödie sein müssen.

Das Stimulans in Leopold Kohrs Denken war sein Humor. Seine metaphorische Sprache, seine allegorischen Texte förderten in der Ikonographie des Alltags immer wieder solche Momentaufnahmen zutage, in denen Erkenntnis im Augenblick des Zusammenpralls von gegenläufigen Energieströmen aufblitzt. In ihrem Lichte fand Leopold Kohr die Konturen seiner Anthropologie. Dabei schlug der Oszillograph seines eigenen Persönlichkeitsdiagramms in so heterogene Sphären aus, dass jeder Versuch einer Annäherung an seine unmittelbar reale Präsenz schematisch bleiben muss. Sein eklektisches Theorienkonzept ließe ihn leicht als Vorläufer der postmodernen Situationsinterpreten charakterisieren, seine ethisch-religiöse Fundierung als Nachfahren der traditionellen Subjektphilosophie. Als politischer Kopf setzte er sich für Autarkie und Dezentralismus ein, in seinem Inneren trug er das Bild vom gerechten Herrscher. Der Furor seines anarchistischen Temperaments führte ihn zu radikalen Gesellschaftsdiagnosen, die Konzilianz eines österreichischen Kaffeehausschreibers gebot ihm, die bitteren Wahrheiten in allgemein verträgliche Dosierungen umzusetzen, bevor sie allegorisch verpackt verabreicht werden konnten. (Über Risiken und Nebenwirkungen befragen Sie Wachstumsfetischisten und Größenwahnsinnige.) Weil Leopold Kohr wusste, dass höchst ambivalente Befindlichkeiten viel eher der Stoff sind, aus dem Geschichte sich formt, als die hehren Ideen, konnte er das Scheitern des Anguilla-Experiments sozusagen anthropologisch verbuchen.

Als wir am Abend vor der Abreise von Anguilla zu einem letzten Strandspaziergang aufbrechen, erzählt er von der Begegnung mit einem Fischer, der unwillig in der Morgensonne vor sich hin starrend, auf die Frage nach seinem persönlichen Vorteil von der Unabhängigkeit nur ein unwirsches *„I hate independence!"* ausgestoßen habe. Als Theoretiker des menschlichen Maßes weiß der Protagoräer Kohr selbst am besten, an welche Grenzen seine utopischen Ideen stoßen. Es ist das konstante Maß an Unterwerfungsbereitschaft, das den Menschen letztlich immer wieder davon abhält, seine Sache selbst in die Hand zu nehmen.

„Small is beautiful"

Ein Slogan geht um die Welt

„Sein Freund Fritz Schumacher hat Kohrs Gedanken über „Small is beautiful" zum Buchtitel und populistischen Schlagwort gemacht, wobei die Gefahr nicht auszuschließen war, dass die vermeintlich glatte Putzigkeit des Slogans der Ernsthaftigkeit des dahinter waltenden Gedankenwerks im Wege stand."

Das schrieb Hermann Unterstöger in seinem Nachruf zum Tod von Leopold Kohr, der am 28. Februar 1994 in der Süddeutschen Zeitung erschien. Damit brachte er ein Phänomen auf den Punkt, das Kohr lebenslang verfolgte, und wogegen er sich nicht ausreichend zur Wehr setzte, vielleicht auch aus Gründen der Eitelkeit. Wer über Kohr spricht, sieht schnell nickende Köpfe und scheinbare Zustimmung, wenn von „Small is beautiful" die Rede ist. Den Satz kennen viele und finden ihn toll, auch wenn kaum Wissen darüber vorhanden ist, was Anarchismus bedeutet, und was hinter Kohrs Philosophie steckt. „Zerstückelt die Großmächte!" Das klingt schon anders, so gar nicht kuschelig. Kohr wurde über Jahrzehnte in Übersee und Europa von Journalisten und Wissenschaftern, von Befürwortern, Gegnern und Gleichgültigen auf „Small is beautiful" reduziert. Die Öffentlichkeit brannte ihm den Slogan auf den Pelz. Er wurde ihn nicht mehr los. Dabei war der Spruch nicht einmal Kohrs Erfindung, sondern Titel eines Buches von Fritz Schumacher, der Kohr als seinen „wichtigsten Lehrmeister" verehrte. Der Verlag „Bond & Briggs Ltd." in London suchte 1973 einen reißerischen Titel für ein neues Buch, weil der Vorschlag des Autors Schumacher zu bürokratisch klang: „The Guide For Intermediate Technology", eine Anleitung für sanfte und angepasste Technologie, die sich am menschlichen Maß orientiert.

Wie war Schumacher überhaupt auf Kohr gekommen? Bei einer Party im Haus des britischen Anarchisten John Papworth lernte er ihn Anfang der 1960er-Jahre kennen. Fritz Schumacher war ein deutscher Ökonom, der seit Ende des Zweiten Weltkrieges in Großbritannien lebte. Der Berliner arbeitete auch als Journalist. Hauptberuflich war er Manager im Dachverband des britischen Kohlebergbaues. Schumacher war in jungen Jahren ein radikaler Atheist und

Kommunist, ehe er zu tiefer Spiritualität und Religiosität kam und auch der östlichen Esoterik verfiel. Unter dem Einfluss des armenischen Mystikers George J. Gurdjieff studierte er Urchristliches, tibetischen Buddhismus und Traditionen Indiens. Utopien, wie die von Kohr, fielen bei Schumacher auf besonders fruchtbaren Boden. Mit der gleichen Inbrunst, mit der er sich als junger Mann für den zentralistischen Marxismus eingesetzt hatte, propagierte Schumacher nun Kohrs Werk, der genau das Gegenteil der Marxisten vertrat: Schluss mit Gigantomanie!

Ausgehend von diesem Ansatz, wonach fortschreitende „Rationalisierung" der Großindustrie immer neues Elend für die Menschheit erzeuge, versuchte Schumacher, die Thesen des Salzburgers auf die Füße zu stellen und praktische Vorschläge für Wirtschaft und Technik zu machen. Entgegen der Propaganda von Regierungen und Konzernen werde nämlich der Lebensstandard durch zentralistische Großtechnik keineswegs verbessert, schrieb Schumacher. In Übereinstimmung mit Kohr forderte er die Rückkehr zu arbeitsintensiven Handwerkstraditionen, um der Arbeitslosigkeit und dem sozialen Abstieg der Massen entgegenzuwirken und um Produkte mit besserer Qualität herzustellen. Schumacher prägte den Begriff der „mittleren bzw. sanften Technologie" und gründete 1965 einen alternativen Konzern, der sich mit der Entwicklung und Vermarktung von umweltfreundlicher Technik beschäftigte.

Diese „Intermediate Technology Development Group" (ITDG) hat heute viele Niederlassungen – besonders in der so genannten „Dritten Welt", wo Erzeugnisse preisgünstig, effizient, einfach herzustellen und gut handhabbar sein müssen. Fritz Schumacher schaffte es 1977 sogar ins Weiße Haus nach Washington DC. US-Präsident Jimmy Carter lud den Briten, dessen Buch sich zum internationalen Bestseller entwickelt hatte, zum Tee ein. Schumacher drückte Carter gleich eine Ausgabe von „Small is beautiful" in die Hand, außerdem Kohrs „The Breakdown of Nations" und „The Overdeveloped Nations". Dieser Besuch war Höhepunkt von Schumachers Vortragsreise durch Nordamerika; Millionen Menschen, Etablierte, Aussteiger, Hippys und solche, die es werden wollten, hörten ihm zu. Der Prediger hatte gehofft, er könne mit seinem Buch „Small is beautiful" weltweit ein grundlegendes Umdenken auslösen. Letztlich musste er teuer für die Strapazen bezahlen. Das gehetzte Leben ruinierte seine ohnehin angeschlagene Gesundheit. Außerdem soff er. So flog Schumacher im April 1977 nach Europa, um schon im Mai wieder in Amerika unterwegs zu sein. Freunde warnten ihn. Im Juli hielt er in Indonesien und Australien seine Vorträge. Eine australische Filmgesellschaft lud ihn ein, an einem 45 Minuten-Film über Waldzerstörung mitzuarbeiten. Wald war für Schumacher ein Lebensthema. So schrieb er das Drehbuch „On The Edge Of The Forest". Eine

Zeitlang hatte er auch die Regierung Burmas beraten. Er studierte und propagierte den Buddhismus: Arbeit solle nicht nur Gewinn bringen, sie müsse auch der Gemeinschaft dienen. Schumacher verherrlichte Asien. Der Westen müsse endlich erkennen, dass er mit seiner Wachstumsphilosophie einen tödlichen Fehler begehe. Bei der Gedenkfeier für den Staatsgründer Mahatma Gandhi war Schumacher von der Regierung Indiens zu einem Gastvortrag eingeladen worden. Um das Elend zu bekämpfen, schlug er in Delhi eine Strategie vor. Die Bürger Indiens – das waren damals 700 Millionen Männer, Frauen und Kinder – sollten pro Kopf und Jahr je einen Baum pflanzen, bewässern und pflegen. Viele verschiedene Arten von Bäumen würden dann Wohlstand bringen und die Ausbreitung der Wüsten verhindern. Die Bäume würden Schatten spenden, Wasser für die Landwirtschaft speichern und das Klima verbessern. Außerdem dienten sie als Bauholz, Brennmaterial und Rohstoff. Über Regenwälder schrieb Schumacher:

„Diese Bäume sind hunderte von Jahren alt. Die Wälder tausende von Jahren. Die Wasserfälle in den Bergen sind ewig. Und wir Menschen denken in Zeiträumen von drei oder fünf Jahren. Wir erkennen kaum, wie kurz wir in diesem Lebenssystem leben und wie wir es vernichten."

Am 27. August 1977 war Schumacher wieder in England, um den Geburtstag seines Sohnes Christian zu feiern. Fünf Tage später trat er eine Vortragsreise in die Schweiz an. Einem indischen Journalisten gab er dort sein letztes Interview, bevor er am 4. September den Zug nach Zürich bestieg. Schumacher reiste allein. Und so starb er an einem Herzinfarkt. Der in einem kleinen Bahnhof herbeigerufene Arzt fand den Reisepass in der Jackentasche. Damit konnte der Tote identifiziert werden.

Kohr verfasste einen Nachruf für seinen Freund. Er verglich Schumacher mit einem Retter, der an Bord eines großen Schiffes oberhalb der Niagarafälle die Menschen hilflos ihrem Ende entgegentreiben sehe. Schumacher habe klargemacht, dieser unlenkbare Kahn könne nicht mehr repariert werden. Die einzige Chance zum Überleben seien kleine Rettungsboote. Man müsse diese endlich zu Wasser lassen, um dem Absturz zu entgehen. Das Rettungsboot war für Kohr die Metapher für die von Schumacher propagierte „mittlere Technologie". Der Tod Schumachers erschütterte Kohr. Er erinnerte sich an gemeinsame Auftritte, unter anderem am 6. Oktober 1970 in der Conway Hall von London, drei Jahre vor Erscheinen von Schumachers Bestseller „Small is beautiful". Kohr hatte aus seinem Buch „The Breakdown of Nations", vorgelesen. Schumacher führte das Publikum ein. Er wies darauf hin, dass Kohr kein Ökonom im herkömmlichen Sinn sei und auch Dinge hinter den Fassaden der so genannten Wirtschaftswissenschaft betrachte. Dadurch könne Kohr die von reiner Wachstumsideologie geblendeten Fachleute durchschauen. Er habe neben seiner Rolle als Ökonom auch die des Künstlers, Historikers und Abenteurers und sei ein Mann aus dem Volk, der es mit großen Philosophen und Herrschern aufnehmen könne. Dick aufgetragen. Manche empfanden es als Lobhudelei und Übertreibung. In der Conway Hall verwendete Schumacher den Begriff der „postmodernen Ökonomie", als deren Begründer er Leopold Kohr ausrief.

Kohr begann seinen Vortrag mit einer Kritik des englischen Zentralismus, wonach dieser die kleineren Völker der britischen Inseln seit Jahrhunderten brutal unterjoche: Waliser, Schotten, Iren ... Man kann sich vorstellen, dass manche Engländer im Publikum nicht gerade begeistert waren. Andererseits brachte er sein Publikum zum Lachen und sagte Dinge, die ohne den für ihn typischen Humor für helle Empörung gesorgt hätten. Kohr hatte eine spezielle Strategie, wenn er vor Publikum reden musste, das mehrheitlich seine Meinung nicht teilte:

„Ich versuche immer, die Leute zum Lachen zu bringen. Das funktioniert sogar in Mexiko, wo die Leute einen sehr starken Nationalstolz besitzen. Wenn ich am Anfang meines Vortrages gesagt hätte: Zerstört den Zentralstaat Mexiko! Dann hätten sie mich wahrscheinlich weggejagt. So erzählte ich positive Dinge von den vielen Volksgruppen, die in Mexiko leben. Es gibt ja auch viele Indianer dort, die bis heute unterdrückt werden. Dann kam ich auf die riesige Bürokratie, die Steuern, die ganzen Waffenkäufe der Zentralregierung zu sprechen. Daneben wurde der Lebensstandard der einfachen Menschen nicht verbessert. Weil in den zentralen Apparaten niemand Interesse daran hat. Sie stimmten mir zu. Dann wagte ich ein paar harmlose Witze. Zuhörer lachten. Ich lachte. Dadurch verstanden sie mich dann auch. Zum Schluss waren viele überzeugt, die Zukunft Mexikos gehöre den Volksgruppen, den Provinzen und den einfachen Leuten, die sich nicht mehr länger von der Zentralregierung bevormunden lassen."

Wer war zuerst, die Henne oder das Ei?

„Schumacher und ich haben uns unabhängig voneinander zu dem entwickelt, was wir waren. Ich war ein bissel älter als er. Jedenfalls hat der Schumacher als Schriftsteller eine fantastische Karriere gemacht. Die Theorie des Kleinen war nicht so sehr sein Werk. Das ist meine. Aber er hat diesen revolutionären Begriff der mittleren Technologie geprägt. Im Unterschied zu mir hat er immer zu verwirklichen versucht, was er gepredigt hat. Ich bin ja nur ein Theoretiker.

Manche haben ihn auch kritisiert – wegen seiner Theorie der mittleren Technologie. Er sei ein Spinner, hieß es. Und er hat dann gesagt, das macht mir gar nichts aus. Denn ein Spinner bedient ein Spinnrad. Das ist ein gutes Werkzeug, einfach, robust, effizient und billig. Es macht sogar Revolutionen. Ich habe dann von seinem Sohn Christian erfahren, dass mich Schumacher sogar als seinen Guru bezeichnet hat."

Kohr, Schumacher und der britische Anarchist John Papworth waren ein Art Triumvirat. Kohr pendelte zwischen Puerto Rico und Großbritannien. Im Londoner Haus von Papworth lernte er einen jungen Politiker aus Afrika kennen: Kenneth Kaunda, der politisch die Vorherrschaft der Briten in seiner Heimat Sambia bekämpfte. Am 25. August 1964 wurde Kaunda schließlich zum ersten Staatspräsidenten des unabhängigen Sambia gewählt; früher hieß die britische Kronkolonie Nordrhodesien. Wie viele Staatsmänner der „Dritten Welt" entwickelte er anfangs einen enormen Reformwillen, der sich mit zunehmendem Alter in Starrköpfigkeit und diktatorische Anwandlungen verwandelte. Kaunda wurde erst am 31. Oktober 1991 abgewählt. Kein anderer Staatschef Afrikas war so lange an der Macht wie er – 26 Jahre.

Drei Jahre nach seinem Amtsantritt hatte Kaunda 1967 seine alten Freunde nach Sambia eingeladen. Auf dem Flughafen von Lusaka bereitete er Papworth, Kohr und anderen Gästen einen aufwändigen Empfang. Papworth solle sein Berater werden, wünschte sich Kaunda – ebenso Leopold Kohr, der auf dem Rollfeld von einem TV-Team interviewt wurde:

„Wie die Reporter in Großbritannien war dieser afrikanische Journalist sehr freundlich und höflich. Aber nur vor der Bildaufnahme. Wie dann die TV-Kamera eingeschaltet war, da wurde er viel bissiger. Wieder genau wie die Briten. Er hat regelrecht in mich hineingebissen. Ich erinnere mich noch, er begann mit der harmlosen Frage, was mich denn da nach Sambia bringe? Ich bin von Ihrem Präsidenten eingeladen worden, habe ich geantwortet. Da hat er gefragt: Welchen Nutzen wird Sambia aus Ihrem Besuch ziehen? Ich habe gesagt, keinen. Das ist nicht der Zweck einer freundschaftlichen Einladung. Na, da ist er dann sofort wieder höflich geworden. Keine Bissigkeiten mehr. Ich habe dann mehrere Vorträge in Sambia gehalten."

Was erhoffte sich der Präsident von dem Besuch?

„Der Kaunda hat mich eingeladen, in Sambia eine eigene Akademie zu gründen. Ich hatte ihm eine Akademie für Wissenschaft und Philosophie der staat-

lichen Kleinheit vorgeschlagen, damit sein Ruf weit über seine Regierungszeit hinaus erhalten bleiben kann. Weil normalerweise, wenn einer weg ist von der Macht, dann ist er auch als Person gleich weg vom Fenster. Für ewig. Ich habe ihm vorgeschlagen, er solle doch einmal pro Woche seine Präsidentschaft ruhen lassen und den Philosophenmantel anziehen. Dann hätte er unter Sambias Akademikern in einer platonischen Rolle des Lehrers und Hüters auftreten können. Man hätte seinen Humanismus gewürdigt. Und nicht seine Macht. Aber das konnte sich der Kaunda nicht vorstellen. Er lehnte ab. Deshalb sollte ich diese Akademie gründen und leiten. Aber ich habe abgelehnt und zu ihm gesagt: Sehr geehrter Herr Präsident. Ich bin Anarchist. Kein Leiter. Kein Führer. Kein Präsident. Ich bin zu nichts fähig! Ich kann nur Pläne ausdenken. Aber durchführen kann ich nichts."

Sechs Jahre nach dem Besuch in Sambia erschien 1973 Kohrs Buch, das ausschließlich Entwicklungspolitik zum Thema hatte. Der kleine Verlag Christopher Davies in Camarthenshire (Wales) publizierte „Development Without Aid – The Translucent Society" („Entwicklung ohne fremde Hilfe – Die überschaubare Gesellschaft"). Kohr skizzierte die Möglichkeiten, wie kleine Völker und Staaten der „Dritten Welt" ihre Schwierigkeiten ohne Hilfe und Abhängigkeiten von Industrienationen meistern könnten. Das Buch ermutigt, mit eigenen Ressourcen, bodenständigen Materialien und kulturellen Traditionen bescheidenen Wohlstand aufzubauen. Kohr riet, auf Importe modernster Technologie zu verzichten und der westlichen Wachstumsideologie eine harte Absage zu erteilen. Der Salzburger befürwortete die Stärkung regionaler Handwerkstraditionen sowie die Erhaltung naturnaher Landwirtschaft und jener Dorfkultur, wie sie in Teilen Afrikas seit Jahrtausenden das Überleben der Menschen gesichert hatte. Als Beispiel für wirtschaftliche Unabhängigkeit beschrieb Kohr das Lebenswerk seines Freundes Henry Klumb in Puerto Rico. Der aus Köln stammende Architekt habe in der Karibik die Kunst des Designs und des Gestaltens zur Blüte gebracht - ohne viel Geld, so Kohr. Klumb verwendete für Einrichtungsgegenstände und Häuser ausschließlich Material, das er auf Müllhalden fand.

Er motivierte Slumbewohner zu eigener Initiative und half, die Lebensbedingungen mit einfachsten Mitteln zu verbessern. Daneben förderte er den Sinn für Kunst: „The low cost of good taste", „die niedrigen Kosten des wirklich guten Geschmacks", so nannte Leopold Kohr diesen Stil. Das Vorwort dieser Streitschrift für Selbstversorgung und Lebensqualität schrieb Kenneth Kaunda, Staatspräsident von Sambia:

„Die entwickelten Nationen werden uns oft als Vorbilder hingestellt, es funktionieren viele Dinge dort ganz gut. Aber gleichzeitig werden eine ganze Menge

Fehler gemacht. Und wir hier sollten keinesfalls versuchen, das bei uns zu wiederholen. In diesem Buch führt uns Professor Kohr einige dieser Fehler vor Augen. Die Ökonomie ist schon zu lange vom Wachstumsdenken dominiert. Für das Überleben und gutes Wirtschaften sind andere Faktoren wichtig. Das hängt mit Größe und Maßstab der Dinge zusammen. Und vor allem mit Qualität. Die Menschheit ist keine Konsummaschine. Und wenn eine Gesellschaft wirklich human ist, dann darf sie nicht nur aus der Sicht des statistischen Wachstums betrachtet werden. Mit diesem Buch gelingt es Professor Kohr, die Ursachen dieser Probleme eindrucksvoll zu beleuchten. Bei uns in Sambia nennen wir diesen Mann den ersten humanistischen Professor für Ökonomie. Er verbindet die Wirtschaft mit jenem Gefühl, das wir alle brauchen: Das gute Leben."

Eine weitere Anekdote mit Verbindung zur Weltpolitik gibt es aus diesen Jahren. Kohrs Freund John Papworth hat seine Frau Marcelle über indirekte Vermittlung von Fidel Castro kennengelernt. Havanna, Mitte der 1960er-Jahre: Kubas Revolutionsführer hatte Entwicklungsexperten, Wissenschaftler und Aktivisten der noch jungen internationalen Öko-Szene zu einem Kongress auf die Insel eingeladen. Auch Papworth und Kohr waren mit von der Partie – ebenso eine junge Französin namens Marcelle. Castro verliebte sich schon am ersten Tag. Er belagerte ihr Hotelzimmer. Doch Marcelle ließ sich nicht erweichen.

Kohr erzählte, Castro habe sogar vor ihrem Zimmer geschlafen. Die Qual hatte bald ein Ende. Die internationalen Experten wurden von der kubanischen Regierung zu einer Inselrundfahrt eingeladen. Castro war beleidigt und erschien nicht zu dieser Tour. So saß Marcelle im Kleinbus neben John Papworth. Es verging keine Stunde, und der Brite machte der Französin einen Heiratsantrag. Sie soll, laut Kohr, keinen Augenblick gezögert haben.

In Wales bei einer Demonstration gegen atomare Rüstung und Atomkraftwerke, die von der englischen Zentralregierung Großbritanniens unter Thatcher durchgeboxt wurden. Kohr hier mit Lleucu Meinir, der Enkelin des walisischen Politikers Gwynfor Evans.
Bild: Brynmore Thomas

Wales

Kampf gegen England

„Fern Hill
Als ich noch jung war
Und leicht unter den Apfelzweigen
Rund um das trällernde Haus
Und so glücklich war wie das Gras grün ...
Oh, als ich jung war und leicht,
In seiner gewaltigen Kräfte Gnade
Hielt Schwager Zeit mich, grün und sterbend.
Ob ich auch sang in meinen Ketten wie die See."

Dylan Thomas

Nervt Sie das, wenn eine Sportlerin aus Schottland vom Reporter im Fernsehen als „Engländerin" bezeichnet wird? Ärgern Sie sich, wenn Ihnen das Reisebüro einen Flug nach Edinburgh so verkauft: „Viel Spaß in England!" Den meisten Mitteleuropäern sind solche Ausrutscher gleichgültig, sie assoziieren die britischen Inseln mit „England". Probieren Sie in einem Wintersportgebiet der Alpen, einen waschechten Schotten, katholischen Nordiren oder Bewohner der Isle of Man als „Engländer" anzureden. Bon jour Tristesse. Das wäre so, als würde man deutschsprachige Schweizer vom Vierwaldstättersee, Tiroler oder Wiener als Deutsche bezeichnen. Wie kommen kleinere Völker dazu, von der Hegemonie größerer Mächte kulturell und sprachlich ignoriert zu werden? Im Fußball scheint die internationale Gemeinschaft gerechter zu sein. Hier gibt es sehr wohl Nationalteams der Schotten, Engländer, Waliser, Nordiren und Iren. Selbst die Färöer haben eines. Leopold Kohr war über beide Ohren in dieses Thema verstrickt. 1973, als Schumachers Bestseller „Small is beautiful" erschien, verbrachte Kohr seine letzten Monate an der Universität von San Juan in Puerto Rico. Danach ging der 64-Jährige in Pension. In den Jahren zuvor hatte er seine Kontakte nach Wales intensiviert, weil sich walisische Sozialisten und Separatisten für seine Bücher besonders interessierten. Kohrs Thesen waren aus deren Sicht recht brauchbar für den politischen Kampf gegen die Vorherrschaft der englischen Könige, Adligen und Großgrundbesitzer, die neben Schottland und Irland auch Wales seit Jahrhunderten unterdrückten und ausbeuteten.

Kohr folgte dem Ruf der Waliser. Er übersiedelte 1973 nach Aberystwyth an die Atlantikküste, in die kleine Hafenstadt an der Irischen See, etwas nördlich von Bristol und Swansea. An der Universität von Aberystwyth bekam er einen Lehrauftrag. Wie es seine Art war, schloss er schnell Freundschaften und Bekanntschaften – zum Beispiel mit den walisischen Anthropologen Alwyn Rees und Brynmore Thomas oder dem jungen Literaturwissenschafter Walford Davies, einem Spezialisten für die Poesie des walisischen Dichters Dylan Thomas. Kohr unterstützte die Unabhängigkeitsbewegung „Plaid Cymru", die bis heute für eine Loslösung von Wales aus englischer Vorherrschaft kämpft – mit friedlichen Mitteln. Kohr arbeitete eng mit dem Rechtsanwalt, Separatistenführer und Sozialisten Gwynfor Evans zusammen, der am 21. April 2005 mit 93 Jahren verstarb und damit Kohr um mehr als elf Jahre überlebte.

In der Lebensgeschichte des Nationaldichters Dylan Thomas, der sich in Amerika zu Tode soff, zeigt sich der Blues dieser melancholischen Landschaften zwischen Atlantischem Ozean und den Bergregionen im Norden und Osten von Wales. Fern Hill heißt dort ein Bauernhof nahe der Ortschaft Llangain. Das kleine Anwesen gehörte der Tante von Dylan Thomas. Hier verbrachte er als Kind die Sommerferien. Der Poet wurde am 27. Oktober 1914 in Swansea geboren und starb mit 39 Jahren in New York. Dazwischen lag ein Leben keltischer Traurigkeit. Dass er noch zu Lebzeiten berühmt wurde, konnte Dylan Thomas nicht trösten.

Auf dem Weg nach Nordwesten war im Altertum an den Küsten von Wales endgültig Schluss für diese Wanderer, Läufer und Reiter. Über viele Jahrhunderte hatten die Kelten den europäischen Kontinent durchquert und besiedelt. Sie fanden sich in wegloser Wildnis zurecht, gingen über Hochgebirge, durchquerten Ebenen, Moore und Urwälder, überwanden Bäche und Ströme, gingen nach Norden und Süden, Osten und Westen. Woher ihre Ahnen kamen, niemand weiß es. Die der Morgensonne entgegen zogen, ihre Kindeskinder, erreichten Asien. Diese „Galater" ließen sich im heutigen Anatolien nieder. In der anderen Richtung waren es gallische Kelten, die von diesen Klippen den Atlantischen Ozean betrachteten. Betragne, Normandie, Irland, Schottland oder Cornwall, hier gründeten sie ihre Dörfer und Festungen. Und in Wales, das eines ihrer Kernländer wurde. Die Region des heutigen Salzburg war auch eines, wo die keltischen „Taurisker" und „Ambisontier" lebten:

„Die Österreicher sind die Kelten, die zu Hause geblieben sind", schmunzelte Kohr, wenn er von Wales erzählte.

Und es sei auffallend, wie sehr die Waliser den Österreichern ähnlich würden:

„In Charakter, Temperament und leider auch in Schlamperei. Von Geburt bin ich Österreicher und laut Staatsbürgerschaft ein Amerikaner. Der Wohnsitz macht mich zum Engländer. Aber im Herzen bin ich längst ein Waliser geworden."

Kohr hat von 1973 an – als er in Puerto Rico in den Ruhestand trat – fast vierzehn Jahre in Wales gewohnt. Die Region beschäftigte ihn bis zu seinem Tod. Schon 1957 hatte sein Interesse begonnen. Damals las der walisische Sozialist und Pazifist Gwynfor Evans in einer englischen Zeitung eine Rezension über Kohrs „The Breakdown of Nations". Es wurde vernichtend kritisiert. Gerade deswegen interessierte sich Evans dafür: Was von Engländern verdammt wird, kann für Wales nur gut sein, dachte er sich. Es begann ein langer Briefwechsel mit Kohr in Puerto Rico. Evans lud ihn ein. Und Kohr kam nach Wales. Immer öfter. Meistens in den Sommerferien. Schon 1958 lehrte der Österreicher ein ganzes Jahr als Gastprofessor in Swansea. Walisische Politik gegenüber England ist seit langem ein Minenfeld mit vielen Widersprüchen. Viele Bergarbeiter in Wales sind Mitglieder bei britischen Gewerkschaften und der Labour Party. Bei der Nationalpartei „Plaid Cymru" (PC) geben aber ebenfalls Sozialisten den Ton an, neben Pazifisten und Umweltbewegten. Bis heute ist in der PC der Austroamerikaner Leopold Kohr ein Schutzpatron dieses „kleinen" keltischen Nationalismus. Die ganze Region hat insgesamt nur 2,75 Millionen Einwohner.

Kohr stand – wie erwähnt – schon in Puerto Rico in Kontakt mit den Walisern. So schrieb er für die Universität Swansea eine Studie: „Is Wales viable?" („Ist Wales lebensfähig?") Er beleuchtete den englischen Kolonialismus und die jahrhundertelange Ausbeutung durch die Obrigkeiten in London. Wenn Wales seine Ressourcen für das eigene Wohl verwenden könnte, dann wäre es gut möglich, sich rasch aus britischer Herrschaft zu befreien und einen eigenen Staat zu gründen, schrieb Kohr. Er unterstützte bis zu seinem Tod die „Plaid Cymru", die sich den zivilen Ungehorsam gegenüber London auf die Fahnen heftete. Kohr war in Wales auch deshalb ein Nationalheld, weil er mithalf, dass die BBC einen walisischsprachigen Fernsehkanal einrichten musste. Ein eigenes Programm war den Walisern schon lange von Labour-Regierungen versprochen worden. Als dann die radikale Konservative Margaret Thatcher an die Macht kam, war Schluss mit möglichen Extrawürsten und autonomen Ansätzen für die kleinen Völker Großbritanniens. Das Fernsehen hatte laut Thatcher rein englisch zu sein. Danach könne man ja sehen, ob ein walisischer Sender noch immer nötig sei, schrie sie. Kohr wetterte noch im hohen Alter gegen Thatcher:

„In einem Zeitalter, in dem Fernsehen das einflussreichste Massenmedium geworden ist, wäre das der Anfang vom Ende der walisischen Alltagskultur gewesen."

In Wales gab es dann große Demonstrationen für ein eigenes Fernsehen, wie sie das Land noch nicht gesehen hatte. Drei Universitätsprofessoren legten einen englischen Radiosender bei Dyfed lahm. Leute aus allen sozialen Schichten protestierten gegen den englischen Sprach-Imperialismus. Der walisische Nationalist und Parteiführer von „Plaid Cymru", Gwynfor Evans, trat in den Hungerstreik. Gleichzeitig startete sein Freund Leopold Kohr, der nun schon am University College von Aberystwyth unterrichtete, eine Leserbriefaktion in britischen Zeitungen – wie er es in Puerto Rico gegen die Vorherrschaft der USA und während des Zweiten Weltkrieges in den USA gegen die Nazis in Österreich getan hatte.

Kohr bombardierte Parlamentsabgeordnete aller Parteien in London mit Protestschreiben. Er zwang die Zentralmacht auch mit Leserbriefen zur Diskussion. Und Kohr schlug der Regierungschefin Thatcher vor, probeweise ein paar Jahre walisisches Regionalfernsehen zu gestatten. Die Londoner Zentralregierung fürchtete Unruhen wie in Nordirland. Internationale Medien berichteten. 1982 gab die Regierung Thatcher nach. Seither ist „Sianel 4 Cymru" in Betrieb.

Patron des walisischen Widerstandes

Gwynfor Evans, damals Chef von Plaid Cymru, mit Interviewer Gerald Lehner (rechts), Herbst 1993 in Pencarreg/Cardiganshire (Wales).
Bild: Frank Tichy

Schon als Student engagierte sich Gwynfor Evans für die walisische Nationalpartei. Das war in den 1930er-Jahren. Sozialismus und Nationalismus waren und sind in Wales kein Widerspruch. Evans arbeitete als Sekretär der walisischen Pazifistenbewegung, die im europäischen Vergleich eine außergewöhnlich lange Tradition besitzt. Schon im 19. Jahrhundert hatten sich junge Waliser den Einberufungsbefehlen der britischen Armee widersetzt. Sie wollten nicht mithelfen in aller Welt kleinere Völker zu unterwerfen, die von den Engländern ins Joch gezwungen wurden – wie die eigenen Waliser. Diesem „Welsh Pacifist Movement" schlug deswegen aus Londoner Machtzentralen immer wieder blanker Hass entgegen.

Gwynfor Evans wurde 1912 in der walisischen Stadt Barry geboren. Schon als Jugendlicher verachtete er das englische System der kulturellen Unterdrückung. Seine Mutter Katharine Richards stammte aus ärmlichen Verhältnissen, übersiedelte nach London und schlug sich als Verkäuferin durch. Sein Vater Daniel Evans begann als Lehrling in einem Eisenwarengeschäft. Als er 21 war, kaufte er den Laden und baute eines der größten Familienunternehmen von Wales auf, das unter dem Firmennamen „Dan Evans" bekannt wurde. Obwohl die Familien beider Eltern aus Wales stammten, konnte nur noch die Mutter einigermaßen fließend „Welsh" sprechen. Mit dem Sohn unterhielten sie sich zu Hause ausschließlich in englischer Sprache. Die walisische Sprache lernte Gwynfor Evans erst als Student. Er wurde Jurist und Rechtsanwalt, nicht zuletzt deshalb, um englische Imperialisten neben politischen auch mit juristischen Mitteln bekämpfen zu können. Evans starb am 21. April 2005, nach 36 jähriger Parteiführerschaft von „Plaid Cymru".

„Cymru" nennen Waliser ihre eigenen Leute. Die kulturell und militärisch in Großbritannien dominierende Gruppe der Angelsachsen (Engländer), deren

Literatur, Kunst und Staat viel später entstanden waren, bezeichnete die keltische Urbevölkerung hochnäsig als „Wealeas" = „Fremde". Daraus wurde „Welsh", ein Wortstamm, der auch bei Bewohnern der Alpen verwendet wird. In Südtirol waren Leute aus Italien früher als „Walsche" bekannt, ebenso wie in Kärnten die Slowenen oder die Einwohner Friauls. Deutschschweizer bezeichnen französischsprachige Eidgenossen noch immer als „Welsche". Und in Belgien gibt es „Wallonen". Londoner Obrigkeiten redeten den Walisern seit Jahrhunderten ein, nur wer Englisch spreche, könne auch Karriere machen und das Hinterwäldlertum des Bauernlebens hinter sich lassen. Bis in die 1960er-Jahre wurden Schüler bestraft, wenn sie sich auf „Welsh" unterhielten. Das hat sich – nicht zuletzt durch den Druck von „Plaid Cymru" – längst geändert. Was steckt hinter dem walisischen Nationalismus? Besteht die Gefahr, dass sich Rechtsradikale dieses Themas bemächtigen? Bei meinen Recherchen vermittelte mich Leopold Kohr zu seinem Freund Gwynfor Evans, zum Chef der walisischen Nationalpartei „Plaid Cymru".

Evans empfing mich 1993 in seinem Privathaus und betonte gleich zu Beginn, ein Sozialist zu sein. Im Gegensatz zur britischen Sozialdemokratie sei „Plaid Cymru" aber gegen Zentralismus und Imperialismus. Evans erzählte von den 1960er-Jahren, als die „pseudolinke Londoner Labour-Regierung" unter Premierminister Harold Wilson den amerikanischen Krieg in Vietnam unterstützt habe. Pazifistische Waliser entfesselten im britischen Unterhaus dagegen lange Debatten, ob amerikanische Kriegsverbrechen in Vietnam im Einklang mit Menschenrechten und Demokratie stünden. Die Streitereien waren heftig. Und ein prominenter Kriegsgegner lief von Labour zur kleinen „Plaid Cymru" über: Raymond Williams, Politikwissenschafter und Philosoph. Gwynfor Evans versuchte mit einer Gruppe von Walisern nach Hanoi zu reisen, um amerikanische Bombenangriffe aus der Nähe zu erleben und die Weltöffentlichkeit aus erster Hand zu informieren: *„Wir wollten gegen diesen schmutzigen Krieg der Großmächte demonstrieren und uns als Waliser mit dem kleinen Volk Vietnams solidarisieren."*

Mit dem radikalen Kriegsgegner Michael Scott, der in Südafrika gegen die Apartheid gekämpft hatte, flog Gwynfor Evans nach Kambodscha. In Pnom Penh wurde ihnen versprochen, sie würden Visa für Vietnam erhalten. In letzter Minute sei ihnen die Einreise nach Vietnam verweigert worden, erzählte Evans. Dennoch erschienen über diese Aktion einige Berichte in internationalen Medien, die auch die Londoner Regierung in Erklärungsnotstand brachten. Sehen so Faschisten aus? Evans wehrte sich bis zu seinem Tod vehement gegen Vorwürfe von Sozialdemokraten in Deutschland oder Österreich, wonach Nationalismus generell ein Zeichen rechtsradikaler Umtriebe sei: *„Sehen Sie,* *das sind Verleumdungen und Lügen. Das verbreiten englische Politiker in ganz Europa über uns. Sie sagen im Ausland: Hitler war ein Nationalist. Also müssen diese Waliser auch Faschisten sein. Und viele glauben das. Wir hatten nie die Möglichkeit, unsere Standpunkte in englischen Medien darzustellen. Da gibt es eine Art Zensur. Bei Wahlkämpfen für das Unterhaus wurden wir auch im britischen Staatsfernsehen meistens totgeschwiegen."*

Wo steht „Plaid Cymru" politisch?

„Als Partei sind wir klar der Linken zuzuordnen. Wir sind eine sozialistische Partei. Aber unser Sozialismus ist ein dezentraler, moderater Sozialismus. Der erste Sozialist in Europa war auch ein Waliser: Robert Owen. Seine Tradition ist die unsere. Es ist eine demokratische Form. Wir sind selbst als Partei dezentral organisiert und treten für lokale und regionale Selbstbestimmung ein. Der zentrale Staatssozialismus passt nicht zur Mentalität von Wales. Die Demokratien Skandinaviens sind unsere Vorbilder. Sie stehen uns viel näher als das meiste, was aus London kommt."

Gwynfor Evans vermutet, hinter vielen Verleumdungen stecke neben den Konservativen in England seit Jahrzehnten auch die sozialdemokratische Labour Partei. Diese sei sehr zentralistisch und betrachte die föderalistische „Plaid Cymru" als gefährliche Konkurrenz im Kampf um die Gunst der Arbeiterschaft: *„Aber völlig egal – ob Labour oder Tories in London. Auch deren walisische Abgeordnete im Unterhaus müssen stets mit ihren Gesamtparteien stimmen – auch wenn es gegen Interessen von Wales und seinen Bewohnern geht. Alle Großparteien im Unterhaus sind letztlich Garanten des Zentralstaates der Engländer. Die Anliegen der kleinen Völker werden vernachlässigt oder ganz ignoriert."*

Könnte es auch in Wales zum Bürgerkrieg kommen, wenn London die Dezentralisierung nicht weiter fördert?

„Es wurde auch bei uns schon getötet. Doch glücklicherweise konnte das gestoppt werden. Es wurde versucht, das unserer Partei in die Schuhe zu schieben. Das geschah in den späten 1960er-Jahren. Da gab es eine militärische Organisation namens „Free Wales Army". Einmal starben die Bombenleger, weil das Ding vorzeitig explodierte. Sie wollten den Zug treffen, in dem der Prince of Wales unterwegs war, um hier bei uns inthronisiert zu werden. Andere Attentäter wurden gefasst und bekamen zehn Jahre Gefängnis. Diese „Free Wales Army" hatte sogar Uniformen und schwere Waffen. Die Regierung

schaute diesem Treiben fast fünf Jahre lang zu. Das kam ihnen ja sehr gelegen. Damit schadeten sie unserer Nationalpartei enorm. So versuchten die Engländer, unser Image als Pazifisten zu ruinieren. Man zeigte immer wieder die Fotos von schwer bewaffneten Leuten in den Zeitungen und schrieb drunter: Seht her! Das sind sie! Diese gewaltlosen Waliser."

Spurensuche in Aberystwyth

„Beim Hinausfahren
hinaus auf den eilenden Schienen
im Grummeln eines London verlassenden
Donners über den Irrgarten der Metallspuren
zwischen huschenden rasenden Städten und Signalen
und Feldern hinaus bis zu den Rändern
der vom Mond bewegten gleichgültigen
schiffeverschlingenden See."

Dylan Thomas

Im Spätherbst 1993 beschlossen der Salzburger Journalist, Schriftsteller und Fotograf Frank Tichy und ich, auf Kohrs Spuren einige Wochen durch England und Wales zu fahren und uns auch seine Lieblingsstadt Aberystwyth an der Atlantikküste von Wales anzusehen. „Aber" ist im Walisischen der Ort, wo ein Fluss ins Meer mündet. Bei Aberystwyth mündet der Fluss „Ystwyth" in die Irische See. In Mitteleuropa bekannter ist der walisische Familienname Abercrombie, der auf die Mündung des Flusses Crombie zurückgeht. Im walisischen University College von Aberystwyth wurden Tichy und ich 1993 von Wissenschaftern und ehemaligen Kollegen Kohrs mit großer Gastfreundschaft empfangen. Gebäude, Ambiente, Geschichte und heutige Funktion dieser Institution sind bemerkenswert. In der Nähe einer Burgruine aus der Zeit der Normannen gelegen, wurde diese altehrwürdige Villa aus dem 18. Jahrhundert von walisischen Nationalisten 1872 zur ersten Universität des Landes umfunktioniert. 21 Jahre später erhielt sie ihre Autonomie und durfte eigene akademische Titel verleihen. Bis dahin mussten alle Waliser in London oder Schottland studieren. Später setzte sich das überschaubare Aberystwyth als Bildungszentrum gegen die wirtschaftlich viel stärkere Großstadt Cardiff im Süden von Wales durch. Es ging auch um die Frage, wo die Nationalbibliothek von Wales ihren Sitz haben sollte. Man entschied sich für Aberystwyth, weil es in der Mitte von Nord und Süd liegt. Schon die alte Bibliothek der Stadtverwaltung verfügte über 25.000 wertvolle Bände, bevor sie 1937 zur „National Library" von Wales umfunktioniert und offiziell eröffnet wurde. Man bewahrt hier auch uralte Handschriften auf, zum Beispiel die „Gesetze des König Hywel Ddas", die im zehnten Jahrhundert n. Chr. entstanden sind. In Aberystwyth hatte Kohr viele Freunde. Walford Davies war einer. Die Arbeiten des Literaturwissenschafters sind Standard für Leben, Werk und Interpretation des walisischen Dichters Dylan Thomas. Als Davies 1976 den Austro-Amerikaner Kohr kennenlernte, trat er gerade die Nachfolge von Rektor Alwyn D. Rees an. Wir besuchten Davies im Dezember 1993 in seinem Institut und fragten ihn, wie er die Bedeutung Kohrs für Wales einschätze:

„Leopold war wichtig. Er kam als Experte von außen und gab uns mit seiner Arbeit ein neues Selbstbewusstsein. Seine Philosophie passte gut zu unserer Art von Nation. Leopold forschte über die Vorteile einer optimalen Größe. Das ist eine grundlegende Erkenntnis, dass die Verhältnisse den menschlichen Bedürfnissen angepasst sein müssen. Er drückte sich in seinen Reden und Schriften originell und witzig aus. Das ist selten in der Wissenschaft. Uns machte er ein großes Kompliment, dass er Wales als seine neue Heimat bezeichnete."

In Österreich sagen einige Leute, besonders Linke, Kohrs Werk sei konservativ, wenn nicht sogar reaktionär.

„Jede Philosophie kann in negativer Weise interpretiert werden. Man muss immer genau definieren, was man unter Nationalismus versteht. Es gibt viele Nationalismen. Ich glaube, der gefährliche und reaktionäre Nationalismus befällt stets große Systeme. Da wird er krankhaft. Für kleine und bedrohte Völker kann Nationalismus eine Rettung sein. In Wales ist das so. Außerdem müssen wir strenge Grenzen zwischen dem ökonomischen, dem politischen und dem kulturellen Nationalismus ziehen. Eigenständige Kultur ist wichtig zum Überleben. Alles andere ist Hegemonie. Oder Größenwahn. Wir sagen hier nur, wir sind anders als die Engländer. Wir wollen nicht, dass unsere Kultur untergeht. Man sollte die Vielfalt niemals aussterben lassen. Es gibt Vögel, es gibt Wale, und es gibt Wales. Unser Nationalismus ist eine Bewegung gegen eine Politik der kulturellen Unterdrückung, die bis zur Ausrottung von Traditionen geht."

Aber kann eine kleinstrukturierte, landschaftlich noch so schöne Heimat nicht auch eng und menschenfeindlich werden? In Deutschland und Österreich hatten die Nationalsozialisten besonders viele Unterstützer auf dem Land. Sozialer Fortschritt, Aufklärung und Menschenrechte sind doch Produkte der größeren Systeme, eines größeren Denkens.

„Das stimmt bis zu einem gewissen Punkt. Es ist menschlich, wenn man nicht seine ganze Lebenszeit in der kleinen Welt verbringen will. Leopold war ja auch ein starker Internationalist. Das ist für mich ein Mensch, der eine Art Stolz über diese Weltbürgerschaft in sich trägt. Der entscheidende Punkt ist, man sollte immer wissen, woher man stammt und kommt. Tragisch ist, dass heute die meisten Menschen ihre Wurzeln verlieren. Leopold sprach bildlich oft von einem Hafen. Wissen Sie, was eine Definition des Hafens ist?"

Darüber hat er mit mir nicht gesprochen.

„Er ist der beschützte Teil des Ozeans. Der Hafen ist ein sicherer Teil des Meeres. Aber in einem Hafen kannst du nicht fischen. Gleichzeitig musst du deine Boote ständig pflegen und reparieren. Wenn du draußen gut fischen willst, brauchst du einen guten Hafen. Deshalb ist die Theorie der Kleinheit so wichtig. Sie beschützt unsere Identität, mit der wir uns auf dem Ozean des Lebens gut bewegen können."

Der von Ihnen erforschte Dichter Dylan Thomas reiste doch auch nach New York, weil er die provinzielle Enge von Wales satt hatte.

„Es stimmt, dass er sich manchmal in Wales eingesperrt fühlte. Aber in der Fremde bezeichnete er sich immer stolz als Waliser. Er lebte lange Zeit auch in London. Wenn jemand jung ist, führt sein erster Schritt immer hinaus aus der Enge. London gefiel ihm sehr gut. Auch Amerika. Für ihn war diese Zeit wichtig. Er konnte in New York mit seiner Poesie Geld verdienen. Interessant ist aber auch, dass er seine Gedichte und Geschichten nur in Wales schreiben konnte. Er schrieb fast nie in London. Und auch nicht in Amerika. Die Aufenthalte in New York behinderten seine künstlerische Arbeit sogar. Auch das berühmte Werk „Unter dem Milchwald" ist davon betroffen. Es kam zwar in Amerika ganz groß heraus. Entstanden war es fast ausschließlich in Wales. Er schrieb nur das Ende in New York."

In Wales gibt es viele Sozialisten, die Kohr schätzen. Wie erklären Sie sich, dass in Österreich eher die Konservativen sein Werk bevorzugen? Er erzählte mir kurz vor seinem Tod, dass auch Rechtsradikale einige Sympathien für ihn hätten. Das sei ihm gar nicht recht. Aber er könne sich kaum wehren.

„Das ist interessant. Auch ich habe manche Widersprüche in ihm gespürt. Es ist doch oft so, dass sich Widersprüche im Leben eines Menschen ausdrücken. Man kann sich auch von Leopolds Theorie einige Dinge herausnehmen, die jedem ins Konzept passen. Es wäre fairer, würde man die ganze Philosophie verwenden. In ihrer ganzen Fülle. Es sollte nichts herausgerissen oder für bestimmte Zwecke missbraucht werden. Leopold war Anarchist. Und Faschisten sind doch das Gegenteil. Sie wollen zentralistische Macht anhäufen – genau das lehnte Leopold aus tiefster Seele ab."

Die von Davies angesprochenen Widersprüche betrafen auch Kohrs Verhältnis zu Autos. Grüne unter seinen Fans hören es nicht gern, wenn man ihn als Autofreak bezeichnet. Er kritisierte den industriellen Massenverkehr, genoss aber viele Autofahrten und fuhr selbst besonders gern, wenn es durch schöne Landschaften ging und keine Staus drohten. Autofahren in Wales durch einsame Berg- und Küstenlandschaften war seine Leidenschaft, berichteten uns seine Freunde in Aberystwyth. Kohrs Arbeit für das University College erforderte sogar die Anschaffung eines Wagens, weil einige Institute weit in der Gegend verstreut lagen. Bahnverbindungen sind hier – wie in vielen Teilen Großbritanniens außerhalb Englands – wenig ausgebaut, in schlechtem Zustand, teuer und nicht ungefährlich. Kohr sei ein sehr abenteuerlicher Autofahrer gewesen, hörten wir in Wales. Während Kohr am Steuer saß, seien seine Gedanken wild umhergewandert, er diskutierte über Philosophie, Politik und Wirtschaft und vergaß dabei, auf den Straßenverkehr zu achten. So mancher Beifahrer sei in Panik geraten, erzählte uns der Historiker Gwynfor Davies, den Kohr gelegentlich mitgenommen hatte. Sie hatten sich Anfang der 1970er-Jahre kennengelernt, als Kohr für walisische Studenten eine Reise in die alte Heimat Österreich organisierte. Die jungen Leute waren neugierig, weil Kohr in Aberystwyth oft vom Zauber Salzburgs erzählt hatte. Bald war es so weit. Kohr und seine Studenten besuchten die Stadt Salzburg, Hallein mit den keltischen Ausgrabungen auf dem Dürrnberg und natürlich Oberndorf, wo das auch in Wales populäre Weihnachtslied „Silent Night" entstanden war.

Die Studenten fragten, ob Kohr angesichts der Schönheiten Salzburgs nicht Heimweh habe. Wales sei seine neue Heimat, erklärte er. Neben Landschaften und Menschen war es auch das Bildungssystem der Waliser, das der Salzburger mochte. Es sei Ausdruck des walisischen Nationalstolzes und habe sich im Lauf der Jahrzehnte von englischer Dominanz befreit. Die Zentrale befindet sich in Swansea. Institute und Colleges der Universität von Wales sind über das ganze Land verteilt. In fast jeder Stadt besteht die Möglichkeit, ein College dieser Uni zu besuchen. Während in anderen Staaten Studenten von Landgemeinden über weite Strecken zu urbanen Zentren pendeln müssen, sind es in Wales die Professoren, die oft auf Reisen sind. Alwyn David Rees führte dieses System ein. Bis zu seinem Tod (1974) leitete er das University College von Aberystwyth. Schon als junger Wissenschafter verglich er traditionelle Kulturen mit industriellen, ohne dabei von „Primitivität" zu sprechen. Eines der Spezialgebiete von Rees war die keltische Urbevölkerung Britanniens. Seine Betrachtungsweisen irritierten die Fachwelten. Bis dahin waren Ur- oder Naturvölker in den Wissenschaften von Kolonialmächten wie England, Frankreich oder Deutschland als „primitiv" oder „unterentwickelt" beschrieben und auch diffamiert worden. Rees kritisierte die Darstellungen als rassistisch, ungerecht und falsch. Wie viele walisische Wissenschaftler stammte er aus dem Arbeitermilieu. Zu der Zeit, als Kohr noch von Puerto Rico in den Sommerferien nach Wales pendelte, wurden die beiden Freunde. „Wir ergänzten einander", sagte Kohr:

„Meine Theorie der staatlichen Kleinheit passte zu dem Bemühen von Alwyn Rees, den Imperialismus und den Kolonialismus als das zu brandmarken, was sie waren und sind. Größenwahnsinnig, zentralistisch und menschenfeindlich."

Das „akademische Wirtshaus"

Ein paar Kilometer nördlich von Aberystwyth liegt das Fischerdorf Borth am Atlantik. Die sturmgepeitschte Bucht hat die Form einer Mondsichel, wenn man von den Hügeln hinunterblickt. Brecher kommen wenige Meter an die Häuser heran, abgeschirmt durch einen kleinen Damm aus Kies. Am südlichen Rand des Dorfes steht eine kleine Hütte, die Leopold Kohr schon in den 1960er-Jahren erworben hatte, als er noch Professor in Puerto Rico war. Hier hielt er in seinem Jahr als Gastprofessor bei Martini, Scotch, Bier und gutem Essen so manche Lehrveranstaltung ab. In lockerer Atmosphäre lerne man am besten, behauptete Kohr. Verstaubten Hörsälen wollte er entfliehen. Das kleine Haus bei Borth heißt „The Sea Shell". Fast alle Domizile hier sind einfach, idyllisch und tragen solche Namen. Viele erinnern an ferne Länder: „The Orange Tree" zum Beispiel. Hier wohnten einst Fischer und Kleinbauern, die im Nebenerwerb als Matrosen unterwegs waren und Düfte einer weiten Welt in der kleinen Heimat Wales verewigen wollten. Der Historiker und Anthropologe Brynmore Thomas erlebte einige Lehrveranstaltungen von Leopold Kohr in Borth. Die Idee, hier zu lehren, stammte ursprünglich von ihm, einem Hobbygärtner, Hedonisten und Weinkenner der Sonderklasse. Frank Tichy und ich besuchten diesen Zeitzeugen, der mittlerweile verstorben ist, im Dezember 1993. Thomas schmunzelte, als er uns sein Haus in Aberystwyth, das Glashaus und den großen Garten zeigte, wo fruchtige Tomaten und allerlei Obst wuchsen. Er baute in diesen nördlichen Breiten sogar Wein an. Brynmore Thomas kam 1917 in einer Arbeiterfamilie zur Welt. Das Geld für sein Studium sparten sich die Eltern vom Mund ab. Er inskribierte Geschichte, später belegte er auch Anthropologie. Während des Zweiten Weltkrieges verweigerte er wie viele Waliser den Wehrdienst und wurde von den Engländern als Waldarbeiter eingesetzt. Nach Kriegsende trat er in die Dienste des British Museum in London, bis er 1947 eine Stelle an der Universität Aberystwyth erhielt und sich mit Alwyn Rees anfreundete.

Wie in Puerto Rico lud Kohr auch in Wales seine Studenten oft ins Wirtshaus ein. Hier heißt es Pub. Er berief sich dabei auf Sokrates. Schon dieser habe die akademische und politische Diskussion ins Volk tragen wollen. Kohr war überzeugt, das sei wahre Demokratisierung, und eine lockere Atmosphäre mit ein wenig Alkohol bringe auch Vorteile für die Lehre. Zwischen Professoren und Studenten könnten persönlichere Arbeitsbeziehungen entstehen, was auch der Wissenschaft nütze. Später, wenn aus jungen Leuten führende Experten geworden sind, würden auch diese wieder wesentlich lebendiger und anschaulicher lehren, hoffte Kohr. Brynmore Thomas erinnerte sich gern an diese Abende, die er mit Kohr und seinen Studenten in walisischen Pubs verbracht hatte. Kohrs Konzept des „Akademischen Wirtshauses" fand in Wales einen guten Nährboden: „*Dieses sokratische Lehren ist effektiv. Es fördert die Begeisterung auf beiden Seiten. Die Diskussion läuft besser. Und Vorträge langweiliger Dozenten sind praktisch unmöglich. Wenn man sich im Pub gemeinsam entspannt, dann ist es auch für Studenten leichter, kritische Fragen zu stellen. Es kristallisieren sich Sichtweisen besser heraus. Wir hatten viele Lehrveranstaltungen, die nicht in der Universität endeten, sondern im nächsten Pub. So gingen Seminare tief in die Nacht weiter, bis das Pub zusperrte. Studenten blieben freiwillig und machten mit. Wo erleben Sie das sonst noch?*"

Nehmen wir aber die Naturwissenschaften, die oft in Labors stattfinden. Glauben Sie, Kohrs „Academic Inn" taugt auch dafür? Das funktioniert doch nur in den Sozial- und Geisteswissenschaften.

„Da haben Sie Recht. Es gibt sicher Grenzen für sein Konzept. Aber dennoch führen viele Fragen automatisch zur sokratischen Methode. Auch in Physik, Chemie oder Technik. Es reicht nicht, die Naturwissenschaft im Labor oder im Hörsaal zu lehren. Man sollte heute unbedingt mit Studenten auch über die Grenzen dieser Fächer diskutieren. Technik und Naturwissenschaft können längst nicht alle Fragen beantworten, wie man irrtümlich über Jahrzehnte geglaubt hat. Die Gesellschaft braucht mehr als Technologie. Hier kommen wir schnell zur Philosophie. Es gibt so viele Fragen, die rein technisch nicht zu beantworten sind."

12 Baker Street

Ehepaar Slater, Bäcker und Nachbarn von Kohr in Aberysthwyth. Bei ihm hing der Hausfrieden etwas schief. Bild: Gerald Lehner

Wie lebte Kohr in Aberystwyth? Er zog bewusst ins Stadtzentrum, das er besonders liebte. Wenn eine Stadt intakt sei, schrieb Kohr, dann biete sie viele Möglichkeiten, auf das Auto zu verzichten. Er sah es als besondere Lebensqualität, innerhalb von fünf Minuten jedes beliebige Geschäft erreichen zu können: Bäcker, Apotheke, Lebensmittelhändler, Postamt, Friseur, Cafe oder die Bank – zu Fuß oder mit dem Fahrrad. Alwyn D. Rees, Kohrs Freund und Rektor der Universität, bewohnte im Zentrum von Aberystwyth mit seiner Frau ein altes Haus - Laura Place 8, einen Bau aus viktorianischer Zeit. Rees wusste, dass Kohr ihn beneidete und ebenfalls ein Haus im Stadtzentrum suchte. Eines Tages fand Mrs. Rees heraus, dass nur 200 Yards entfernt – um die Ecke – ein kleineres Domizil verkauft wurde: Baker Street 12. Kohr schlug wenige Tage später zu. „Let's go to Baker Street" war dann in den folgenden Jahren oft an der Uni von Aberystwyth zu hören. Kohr veranstaltete gerne Cocktail-Partys. Seine Brötchen und Drinks hatten einen legendären Ruf. Auch wenn er keine Einladungen aussprach, tauchten immer wieder Kollegen und Freunde auf. Natürlich wurde intensiv getrunken, nicht nur bei Kohr zu Hause, auch in den zahlreichen Pubs der Umgebung. Leopold Kohr erzählte mir, diese Zeit in Aberystwyth zählte zu den schönsten seines Lebens. Er genoss die Rolle des Gastgebers. Warum er dennoch Wales im Unfrieden verließ? Es hing wohl mit Kohrs zunehmendem Altersstarrsinn zusammen.

Gleich neben seinem Haus befanden sich die Backstube und der Laden des Bäckers Matthew Slater. So unglaublich es klingt, ein auf den ersten Blick belangloser Streit mit eben diesem Nachbarn vertrieb den 77-jährigen Leopold Kohr für immer aus seinem geliebten Aberystwyth. Das war im Jahr 1986 – 13 Jahre nach Kohrs Übersiedlung von Puerto Rico. Bäcker Slater und der betagte Philosoph mussten sich einen einzigen Hauseingang teilen. Slater wollte seinen Betrieb modernisieren und hatte das Baumaterial so gelagert, dass es ein wenig auf Kohrs Seite des Eingangs zu liegen kam. Das habe der alte Mann für kurze Zeit toleriert, nicht aber auf Dauer. Außerdem, so erzählten Freunde, kritisierte Kohr den lautstarken Arbeitsstil des Bäckers. Schon frühmorgens sei der Lärm unerträglich gewesen, so Kohr.

Um ein Haar wäre es bei diesem Konflikt sogar zu einer Gerichtsverhandlung gekommen. Kurz vor der juristischen Eskalation entschied sich Kohr plötzlich, sein geliebtes Haus zu verkaufen und die Stadt zu verlassen. Er soll große Wut im Bauch gehabt haben. Freunde und Kollegen hatten lange noch versucht, ihn zum Bleiben zu überreden. Sie organisierten sogar eine Cocktail-Party für diesen Zweck, weil sie wussten, dass er im Grunde in Aberystwyth glücklich war. Kohr blieb stur und unerbittlich. So übersiedelte er 1986 in die graue und gesichtslose Industriestadt Gloucester in Südengland (!), nicht weit von der Grenze zu Wales. Die Entscheidung bereute er später bitter, weil das persönliche Umfeld in Gloucester anonym, der Stadtteil sozial problematisch und wegen der vielen Einbrecher auch gefährlich war. Das Haus gehörte einer Freundin aus London. Mehrfach wurde bei ihm eingebrochen, während der mittlerweile nahezu Gehörlose und Hochbetagte schlief. Obwohl Kohr so tat, als amüsiere ihn das nur, konnte man seine große Verunsicherung spüren. Das war auch der Grund, warum er gegen Ende seines Lebens wieder in seine österreichische Heimat Oberndorf übersiedeln wollte, wo im Dachgeschoß des „Salzachhofes" bereits eine Bleibe für ihn eingerichtet worden war. Doch dann starb er. Im Februar 1994.

Mit seiner langjährigen Lebensgefährtin Diana Lodge – zu Besuch aus Großbritannien in Oberndorf, > 1950er-Jahre.
Bild: Familie Kohr

Schneeballschlacht mit Diana Lodge bei einem Besuch der Großglockner Hochalpenstraße.
Bild:Familie Kohr.

Der Charmeur

Diana Lodge und andere Frauen

„In allem, was mein eigentliches Ich ausmacht,
bin ich seit meinen Kindertagen den Frauen zu Dank verpflichtet.
Es waren Frauen, die die Fenster meiner Augen öffneten
und die Türen meines Geistes.
Wären nicht die Frauen in Gestalt meiner Mutter,
meiner Schwester, einer Freundin gewesen,
ich zählte heute zu denjenigen,
die die Heiterkeit der Welt mit ihrem Schnarchen stören."

Khalil Gibran

Leopold Kohr war kein Frauenheld. Es wurde oft behauptet, er sei einer gewesen. Kohr war sich seiner Ausstrahlung bewusst und genoss sie. Es gab viele Frauen, die ihn bis ins hohe Alter umschwärmten. Mit einigen gab es mehr als platonische Flirts. Waren es Studentinnen, dann dauerte es nicht allzu lange. Was mehr oder weniger harmlos begann, endete nach heißen Phasen oft in Freundschaften und Briefkontakten, die noch über Jahrzehnte gepflegt wurden. Manche schrieben ihm noch, als sie längst Familien gegründet hatten oder verheiratet waren. Viele Freundschaften waren rein platonisch. In Kohrs Nachlass befinden sich Stapel von Briefen, in denen Frauen ihre Bewunderung für ihn und ihre Freundschaft ausdrücken – teils mit kunstvollen Zeichnungen. Der eher klein gewachsene Kohr hatte keine besonders athletische Figur, und Fotos aus den 1950er- und 1960er-Jahren zeigen eine beginnende Halbglatze. Ein Schnauzbart sollte wohl Männlichkeit signalisieren. Andere Bilder zeigen den Universitätsprofessor mit schelmischem Lächeln ganz locker am Strand von Puerto Rico. Ein leichter Bauch wölbt das Hemd, einmal blinzelt uns Kohr in Badehose an. Auf Jugendfotos und im Alter sah er wesentlich sportlicher aus. Seine Körpersprache, seine Bewegungen, seine Mimik und die Art, wie er Dinge sagte, forderte Frauen heraus, ihn sympathisch, interessant und vielleicht auch unwiderstehlich zu finden; eine Mischung aus Teddybär und Gentleman. Kohr bezauberte mit einem – selbst für einen Österreicher – sehr ausgeprägten Charme. Ob er gut drauf war oder schlecht, er hatte Scherze,

Komplimente und bei Bedarf ein Lächeln auf den Lippen, während seine stahlblauen Augen nur so blitzten. Wer ihn im Gespräch mit Frauen beobachtete, spürte das Knistern. Mehrmals wurde ich Zeuge solcher Situationen. Einmal genoss es eine junge Salzburger Kollegin sichtlich, als ihr Kohr nach Abschluss eines Interviews ein herzhaftes „Busserl" (in Österreich ein harmloser Kuss) auf die Wange drückte.

Leopold Kohr trug nie die neueste Mode. Er wusste auch nicht, was gerade „in" war. Das kümmerte ihn nicht. Seine Strickjacken, Schnürlsamthosen, Sakkos aus Tweed, seine Kappen und Mäntel erzeugten ein Bild von zeitloser Eleganz und Sportlichkeit. Kohr hatte eine bunte Sammlung von dezenten Maschen, Fliegen und Halstüchern, deren Farben stets passten. Er trug oft Kleidung nach britischem Stil und legte auf gute Umgangsformen großen Wert. Seine Aufmerksamkeit wurde von Frauen aller Altersgruppen geschätzt, er erhielt fast immer positives Echo. Sein souveräner Handkuss bezauberte schon in den 1940er-Jahren so manche Amerikanerin. Auch in der Wahlheimat Wales fielen seine Qualitäten auf. So beobachtete der Literaturwissenschaftler Walford Davies:

„Leopold war immer sehr aufmerksam zu Frauen. Meine Sekretärinnen, die ich hier in meinem Institut hatte, sie alle liebten ihn und waren von seiner Herzlichkeit hingerissen."

Kohr wäre nicht auf die Idee gekommen, sich von einer Frau bedienen und versorgen zu lassen. Auch aus diesem Grund heiratete er nie, wie er mir anvertraute. Er liebte die Unabhängigkeit über alles und gestand diese auch Frauen zu. Wenn eine Frau ihm etwas aufdrängen wollte, konnte Kohr ungeheuer kühl und abweisend sein. Keinesfalls wollte er bemuttert werden, notfalls schuf er sich durch offene Ablehnung seine Freiräume. Den Drang nach allzu großer Nähe lehnte Kohr aus tiefster Seele ab. Er zeigte das in seiner Körpersprache, obwohl er sich nach außen hin stets bemühte, ein Gentleman zu bleiben. Wutausbrüche oder offenen Streit leistete er sich nicht. Kohr flüchtete auch vor mancher Frau. Über sein Liebesleben schwieg er sich aus. Und es war nicht leicht, einige Meilensteine zu recherchieren.

Der deutsche Rundfunkredakteur Stephan Krass, ein Freund Kohrs, sieht das so: Kohrs Werk werde noch verständlicher, wenn man auch sein Leben genauer betrachtet. Kohr habe nämlich, bewusst oder unbewusst, das vorzuleben versucht, worüber er dozierte: Unabhängigkeit; auch von Frauen – vielleicht auch aus Angst vor Nähe. Die Grenzen zwischen Liebe und großer Abhängigkeit seien insgesamt fließend und kaum kontrollierbar, meint Krass.

Wie viele Männer hatte Kohr ein inniges, fast übersteigertes und in Bezug auf sein späteres Frauenbild vermutlich problematisches Verhältnis zu seiner Mutter. Die

Apothekerstochter aus kleinbürgerlichen Verhältnissen liebte ihre Söhne abgöttisch, wie es hieß. Sie klammerte sich an ihre ‚Kronprinzen' und war sehr katholisch – im Gegensatz zu Kohrs Vater, dem sozialdemokratischen Landarzt, einem eher kühlen Charakter. Die Mutter sorgte für häusliche Geborgenheit und bewirtete in wirtschaftlichen Notzeiten während des Ersten Weltkrieges auch zahlreiche Nachbarskinder mit Kakao und Kuchen. Im Hause Kohr in Oberndorf habe stets frischer Wind geweht, berichten Zeitzeugen. Vater Leopold hatte seine Arztpraxis im Haus. Das Paar hatte nichts dagegen, wenn Kinder herumtobten. Nachbarn und Patienten, die im Kohrschen Wartezimmer saßen, sollen oft mit Ärger und Unverständnis reagiert haben. Freiheiten für Kinder waren am Beginn des 20. Jahrhunderts nicht selbstverständlich. Autoritäre Obrigkeiten, Kirche und Gesellschaft wollten keine eigenständigen Persönlichkeiten. Wer sozial anerkannt sein wollte, musste sich an bürgerliche Spielregeln und Förmlichkeiten halten. Als Sohn eines Juden und einer katholischen Mutter hatte Kohrs Vater Leopold schon in seiner Jugend in Mähren die antisemitische Haltung seiner Mitbürger erfahren. So war er selbst ebenso wie seine Frau umso mehr auf ein liberales und offenes Klima bedacht, von dem die meisten Altersgenossen des 1909 geborenen Leopold wohl nur träumen konnten. Bis in die 1990er-Jahre lebten im Salzburger Flachgau noch Menschen, die sich an den Oberndorfer Gemeindearzt Leopold Kohr senior erinnern konnten:

„Der alte Herr Medizinalrat war ein feiner Mensch. Der hat Arme immer auch gratis behandelt."

Kohrs Vater war um einiges älter als seine Frau. Sie hatte nach dem Gymnasium mit 18 Jahren ihre Ausbildung abbrechen müssen, weil sie mit Leopolds ältestem Bruder Hans schwanger war. Die Ausbildung ihrer Kinder ließ sich das Paar viel kosten. Auf Anraten des Diplomaten Egon Ranshofen-Wertheimer, eines Freundes der Familie, schickte der Arzt Kohr seinen Sohn gleich nach der Matura für ein Jahr nach London. Dort sollte er an der „London School of Economics" von Grund auf Englisch und Wirtschaft lernen. Ranshofen-Wertheimer führte den jungen Kohr in London in seine Netzwerke ein und stellte ihm Kontakte bis in Regierungskreise zur Verfügung. Diese Londoner Zeit am Beginn seines Erwachsenenlebens prägte Kohrs kosmopolitische Einstellung.

Die Liebe seines Lebens war die englische Künstlerin Diana Lodge, die mit dem Philosophen, Schriftsteller und Shakespeare-Spezialisten Oliver Lodge verheiratet war. Kohr lernte das Paar schon während des Zweiten Weltkrieges kennen, als die beiden in den USA lebten, um vor Hitlers Bombenkrieg sicher zu sein. Diana Lodge bekam 1944 einen Sohn, der auf den Namen Colin getauft wurde. Dieser hatte nach eigenen Angaben die ersten zehn Jahre seines Lebens das Gefühl zwei Väter zu haben: Oliver Lodge und Leopold Kohr. Die Erwachsenen lebten und liebten im

Dreieck. Nach Kohrs Tod (1994) hat sich Colin entschieden, die Vaterschaft gerichtlich feststellen zu lassen. Nach Angaben seiner hochbetagten Mutter Diana war das Ergebnis aber negativ ausgefallen – für Kohr; und positiv für Oliver Lodge. Trotz der schwierigen Konstellation waren die Jahrzehnte mit Diana für Kohr die stabilsten seines Lebens. Diana Lodge erzählte mir, dass Kohr und sie nach dem Tod ihres Mannes Oliver (1955) sogar geplant hatten zu heiraten. Doch Kohr machte im letzten Moment einen Rückzieher. Die innige Beziehung ging später in die Brüche. Sie trennten sich, blieben aber in Freundschaft verbunden. Bis zu ihrem Tod lebte Diana Lodge in der Nähe des Dorfes Slad, wenige Kilometer von der südenglischen Industriestadt Gloucester entfernt. Die Katholikin war tief religiös, was ihr half, den Tod ihres langjährigen Weggefährten Leopold zu verkraften. Diana bewohnte ein uraltes Bauernhaus, das ihr Kohr Anfang der 1960er-Jahre gekauft hatte: „Trillgate" heißt das kleine Anwesen, ein traditioneller Steinbau in den Cotswolds, dessen ältester Giebel aus dem 14. Jahrhundert stammt.

Dr. Rosemarie Kohr und Diana Lodge

1950er-Jahre: Diana Lodge (Mitte) mit Sohn Colin und Leopold Kohr (rechts) bei Abreise nach Besuch in Oberndorf. Links: Dr. Rosemarie Kohr, die Schwägerin des Philosophen, Frau seines Bruders Fritz.

Als es zwischen der verheirateten Diana Lodge und Leopold Kohr 1943 zu funken begann, waren Dreiecke nicht nur für Hüter der puritanischen Moral im angloamerikanischen Raum ein Skandal. Kohr und das Ehepaar Lodge verzichteten von Anfang an auf Geheimhaltung. Freunde und Bekannte waren informiert, nach dem Krieg dann auch Kohrs Salzburger Verwandtschaft. Obwohl Kohr ab 1981 von Bürgerlichen in Österreich politisch vereinnahmt wurde, war sein Liebesleben alles andere als vorbildlich im christlich-konservativen Sinn. Er neigte auch in seinen utopischen Schriften nicht dazu, die Kleinfamilie zu idealisieren. Aus eigener Erfahrung wusste er allzu gut, dass die Dinge manchmal sehr kompliziert sein konnten. Kohr lebte – mit Ausnahme seiner Kindheit – nie in einer so genannten intakten Familie, wie sie bürgerlichen Moralvorstellungen entsprach. Er lebte das Leben so, wie es sich mit allen emotionalen Höhen und Tiefen darstellte. Sein Buch „The Breakdown of Nations" widmete er Colin Lodge, seinem mutmaßlichen Sohn oder Nichtsohn.

Von Idealen und Zielen, Licht- und Schattenseiten des Feminismus blieb Kohr unbeeinflusst. Nicht nur sein eigener Zugang zu den Themen Liebe und Sex versperrte ihm den Weg. Er verehrte das antike Griechenland und seine Männergesellschaft(en) in einer ziemlich unkritischen Art, die durchaus Widerspruch hervorrufen konnte. Darüber diskutierte ich oft mit ihm, wir stritten uns auch. Ich warf ihm seinen idealisierenden Blick auf frühere Jahrtausende vor. Dennoch konnte ich mir das Lachen nicht verkneifen, wenn er seine Anekdoten aus der Antike hervorkramte. Ich müsse doch zugeben, dass auch Wahrheiten drinstecken, meinte Kohr:

„Der Diogenes wurde eines Tages als Kriegsgefangener auf dem Sklavenmarkt von Kreta verkauft. Da hat er sich an seinen Eigentümer gewendet, weil gerade jemand vorbeigegangen war, der ihn interessiert hatte. Diogenes sagte zu seinem Besitzer: Verkauf mich an den da, der sieht aus, als ob er einen Meister brauchen kann. Natürlich war Diogenes ein Sklave. Aber das ist doch irrelevant. In Wirklichkeit war er wegen seiner Persönlichkeit ein Meister und Herr. Es ist nicht wichtig, welche Position man hat, sondern wer man ist. Die Welt ist sehr oft von Sklaven regiert worden. Schauen Sie sich die römischen Kaiser an. Das waren im Grunde doch alle die Sklaven ihrer selbst."

Aber Sie können doch nicht bestreiten, dass im antiken Griechenland die Frauen nichts zu sagen hatten, dass es Staaten von Sklavenhaltern waren – trotz so genannter Demokratie.

„Wo Männer sich protzen, dort regieren in Wahrheit die Frauen. Das war auch in Griechenland so. Da gibt es die Geschichte des Themistokles, als er gerade auf dem Gipfel seiner Macht stand. Da hat ihn ein Freund besucht, der im Krieg wieder einmal erfolgreich die Perser zurückgeschlagen hatte. Ein großer Held also. Themistokles warnte den Freund: Pass auf, wie du meinen kleinen Sohn behandelst. Der ist nämlich der Machthaber über Griechenland. Der Freund hat dann gesagt, Themistokles, was bist du doch für ein Träumer! Themistokles entgegnete: Der Träumer bist du. Griechenland beherrscht die Welt. Athen beherrscht Griechenland. Ich beherrsche Athen. Meine Frau beherrscht mich. Und mein kleiner Sohn beherrscht meine Frau! Und wissen Sie, dieser Themistokles hat Recht. Es ist nämlich ganz wurscht, was der Status der Frauen ist. Sie haben immer die Männer beherrscht. Es ist nämlich nicht wichtig, wer auf dem Thron sitzt. Wichtig ist, wer hinter dem Thron steht."

Diana Lodge war die wichtigste Frau seines Lebens. Die Malerin und Schauspielerin, geboren 1904 in Wales, war fünf Jahre älter als Kohr. Sie empfing mich im Dezember 1993 mit 89 Lebensjahren für ein langes Interview. Lodge hatte keine Scheu zu antworten, auch als ich sie auf schwierige Phasen ihrer Liebe zu Kohr ansprach. Sie hatte ihn mitten im Krieg 1943 auf einer Party im US-Bundesstaat Virginia kennengelernt, als ihr Mann Oliver Lodge als Gastprofessor an den Universitäten

Philadelphia, Baltimore und Williamsburg lehrte. Die sehr hübsche Diana arbeitete damals an einer Kunstschule als Modell für Malklassen. Der junge Kohr lehrte an der Rutgers University in New Brunswick (New Jersey). Oliver Lodge wusste früh von den Gefühlen seiner Frau für Kohr und hatte nichts dagegen. Laut Diana Lodge sei mit offenen Karten gespielt worden. Ihr Mann war fast 30 Jahre älter.

„With Leopold I never had this spiritual thing, I always had a physical thing."

Ob sie sich noch an die ersten Begegnungen mit Kohr erinnerte?

„Of course! Leopold turnte gern, machte Kopfstände und ging auf seinen Händen. Er mochte aber sportliche Spiele nicht, bei denen Teamarbeit erforderlich war. Dafür schwamm er gut und kletterte auf den Küstenfelsen umher. Und er war sehr charmant. Diese Eigenschaft haben ja viele Österreicher. Mit Handküssen und so. Ich verliebte mich sehr schnell in ihn."

Leopold Kohr mit Colin Lodge in den Cotswolds nahe Gloucester (1993). Über Dianas Sohn behaupte(te)n viele, er sei das Kind von Kohr. Colin Lodge selbst dementierte das vehement gegenüber dem Autor dieser Zeilen. Sein Vater sei Oliver Lodge. Bild: Gerald Lehner

1944 wurde in Virginia Dianas Sohn Colin geboren. In der britischen Verwandtschaft munkelte man über Jahrzehnte, dass in Wahrheit Leopold Kohr der Vater sei. Doch Colin betonte 1993 mir gegenüber, Oliver Lodge sei definitiv sein Vater. Der Shakespeare-Forscher sei mit ein Wegbereiter der Hippy-Bewegung gewesen, daher auch seine Toleranz gegenüber dem Liebhaber seiner viel jüngeren Frau:

„Mein Vater war 50, als er meine Mutter heiratete. Und 65, als diese dann Leopold kennenlernte."

Das Ehepaar Lodge kehrte mit den Kindern nach der Niederlage Nazideutschlands aus den USA wieder nach Großbritannien zurück. Kohr blieb an der Rutgers University von New Jersey. Er nutzte nun die Sommerferien, um seine Freundin in Europa zu besuchen. Zu Ostern oder zu Weihnachten flog diese mit ihrem Sohn Colin gelegentlich in die USA. Wenn Kohr aus Amerika kam, brachte er viele Geschenke mit. Colin war von ihm schwer begeistert. Die Großzügigkeit hatte auch Schattenseiten. Kohr verwöhnte „seinen" Colin, dessen Schwester und der ältere Bruder gingen oft leer aus. Unter den Kindern gab es deswegen heftige Eifersucht. Der Patriarch Oliver Lodge starb 1955 mit 76 Jahren. Diana trauerte offiziell zwei

Jahre. Sie arbeitete wieder in ihrem erlernten Beruf als Volksschullehrerin. Dann zog sie von Bristol zu Kohr nach Übersee, der inzwischen an der Universität von San Juan in Puerto Rico lehrte. Colin wurde mit seinen 13 Jahren in einem britischen Internat untergebracht. Die älteren Geschwister waren schon berufstätig. In den Sommerferien durfte Colin zu Kohr und Diana Lodge in die Karibik reisen. Oder sie kamen aus Puerto Rico, holten den Buben ab und fuhren von England mit dem Auto nach Österreich – in Kohrs Heimat Oberndorf für die Sommerferien.

Diana Lodge mochte es überhaupt nicht, wenn Kohr sie irgendwelchen „wichtigen" Leuten aus Wissenschaft und Politik vorstellte. Er dachte, die Kontakte würden ihrer Karriere als Künstlerin nützlich sein. Und er habe ihr oft empfohlen, doch abstrakter und moderner zu malen. Dann könne sie mit ihrem Talent die Werke gut verkaufen. Diana lehnte ab. Sie liebte ihre naive Kunst. Das Geschäftliche hatte sie nicht interessiert. Es war auf einer von Leopolds Gartenpartys, als sie ihn besonders frustriert und enttäuscht habe, wie sie sich erinnerte. Der Gouverneur von Puerto Rico war an diesem Tag unter den Gästen. Und Kohr stellte ihm seine Freundin vor:

„Und zu mir sagte Leopold, ich möchte dir jetzt den perfekten Gentleman vorstellen. Das hatte den Effekt, dass ich wieder einmal schnellstens die Party verlassen wollte. Er erzählte diesem Gouverneur, dass ich eine besondere Lady sei. Doch ich entgegnete: Ich bin keine Lady! So war Leopold schwer beleidigt, dass ich ihn selbst damit irgendwie heruntergemacht hätte. Ich glaube, dass solche Dinge aus seiner Sicht sehr zerstörerisch auf unsere Beziehung wirkten. Er vermutete, ich hätte nicht genug Respekt vor ihm. Doch das stimmte nicht."

Diana Lodge kämpfte mit Gewissenskonflikten. Kohr hatte ihr das Buch des amerikanischen Trappistenmönchs Thomas Merton geschenkt: „Elected Silence". Es inspirierte sie so stark, dass sie beschloss, von den Anglikanern zu den Katholiken zu konvertieren. Irgendwann erzählte sie es Kohr. Dieser reagierte zynisch:

„Er konnte es nicht fassen, was spirituell mit mir passierte. Ich begann regelmäßig in die Kirche zu gehen und wollte aus ganzem Herzen Katholikin werden. Das konnte und wollte er einfach nicht begreifen."

Als Katholikin wollte Diane Lodge mit der wilden Ehe Schluss machen und Leopold Kohr heiraten. Da ergriff er die Flucht:

„Er könne keine Verantwortung für eine Frau übernehmen, sagte er. Das zeigte mir, dass ich nun die Freiheit hatte, ihn zu verlassen. Ich wusste, dass ich nun frei entscheiden konnte. Wir trennten uns."

DDr. Leopold Kohr im fortgeschrittenen Alter in der alten Heimat Salzburg - mit seinem Bruder Dr. Fritz Kohr, der die Arztpraxis des Vaters in Oberndorf nach dem Krieg übernommen hatte.
Bild: Familie Kohr

Kohr an seinem 80. Geburtstag am 5. Oktober 1989 mit seiner Schwägerin Dr. Rosemarie Kohr in Oberndorf bei Salzburg. Die pensionierte Ärztin hat uns die meisten Familienfotos für dieses Buch zur Verfügung gestellt.

Das menschliche Maß

Rückkehr nach Salzburg

„Aber der Kohr? Das ist doch ein Sozialromantiker."

Bruno Kreisky

Schon in den 1950er-Jahren kam Leopold Kohr mehrmals aus Puerto Rico nach Salzburg zurück. Hier besuchte er die Familien seiner Brüder und unternahm Ausflüge mit Freundinnen und weiblichen Bekannten aus Großbritannien oder der Karibik. Neben dem Land Salzburg war Wales immer wieder sein bevorzugtes Reiseziel während der Sommerferien. Kohr kümmerte sich nicht darum, dass ihn in Salzburg abgesehen von der Verwandtschaft niemand mehr erkannte. Seine Abenteuer und Aktivitäten in Amerika gegen die Nazis hängte er in Österreich nie an die große Glocke. Zu viele Ehemalige waren wieder zu hohen Ämtern und Würden gelangt. Im Juli 1972, nach seiner Pensionierung an der Uni von Aberystwyth in Wales, lernte er durch Zufall den Salzburger Kulturmanager und Verleger Alfred Winter kennen. Sieben Jahre später sahen sie einander wieder. Kohr stand im Vorzimmer von Winters Büro und flirtete mit dessen Sekretärin Elizabeth Mortimer – einer Britin, die schon lange in Salzburg lebte. Winter organisierte gerade die Salzburger Landesausstellung 1980 und hatte Stress. Die Schau sollte im Keltenmuseum der Tennengauer Kleinstadt Hallein untergebracht werden, in einer Gegend, wo ein keltischer Stamm vor Jahrtausenden den Salzbergbau zu einer ersten Blüte gebracht hatten. Auf dem Dürrnberg bei Hallein lag seine wichtigste Siedlung. Irgendwann fragte Kulturmanager Winter seine Mitarbeiterin, wer denn dieser Mann sei. Elizabeth Mortimer erzählte von dem Ökonomen und Philosophen, mit dem sie schon länger befreundet war: Leopold Kohr. Angereist aus Wales machte er wieder Urlaub in Salzburg. So kamen sie ins Gespräch. Winter war begeistert, denn Kohr berichtete von den keltischen Walisern – ein Thema, das genau zur geplanten Salzburger Keltenausstellung passte. Kohr bot ihm an, seine Kontakte in Wales zur Verfügung zu stellen und rief seinen alten Kampfgefährten Gwynfor Evans an, den Chef der walisischen Nationalpartei „Plaid Cymru" sowie Geraint Bowen, den keltischen „Erzdruiden". Beide wurden 1980 dann zur offiziellen Eröffnung der Keltenausstellung nach Hallein/Salzburg eingeladen.

Erstaunlich ist, dass alles, was Kohr in den USA, in Kanada, Puerto Rico und Wales publiziert und eingefädelt hatte, bis Anfang der 1980er-Jahre in Österreich unbekannt war. In Salzburg wusste nur der Zukunftsforscher und Schriftsteller Robert Jungk, wer Kohr war. Winter arrangierte ein Treffen der beiden. Später schrieb Jungk, auf den ersten Blick könnte man die Kleinheitstheorie des gebürtigen Salzburgers vielleicht als chauvinistisch missverstehen. Bei näherer Betrachtung erkenne man, wie zutreffend das Konzept sei. Überhaupt sei Kohr ein angenehmer und humorvoller Zeitgenosse, mit dem er gern ein Glas Wein trinke, so Jungk.

Alfred Winter nutzte Kontakte zu den Medien, um Kohr bekannter zu machen. Einer der ersten Interviewer war der Salzburger Roman Hinterseer, damals noch Redakteur der Tageszeitung „Kurier". In Wien organisierte der Fernsehredakteur Franz Kreuzer vom ORF erste TV-Diskussionen und Filmberichte. Und auch ein bunter Hund der österreichischen Medienszene nahm Witterung auf: Günther Nenning machte mehrere Interviews mit Kohr. Winter versuchte, auch die Politik für Kohr zu interessieren. Die Kontakte zu Bruno Kreisky brachten wenig, der alte Bundeskanzler und Sozialdemokrat hielt nichts von Kohrs Thesen. Kreisky war während des Krieges in Schweden im Exil gewesen, und zwischen vielen Emigranten gab es noch immer Rivalitäten. Jedenfalls kam kein Kontakt zustande, und Kreisky bezeichnete Kohr in einem Interview – wenig schmeichelnd – als „Sozialromantiker".

Kohr konnte es nicht beeinflussen, wer sich in Österreich für ihn interessierte oder ihn vereinnahmte. Auf Bundesebene ignorierte ihn die Sozialdemokratie völlig. Nur im Land Salzburg gab es zwei Sozialdemokraten in führenden Positionen, die keine Berührungsängste mit dem Anarchisten hatten: Herbert Moritz und Wolfgang Radlegger. Auf der rechten Seite war der Empfang viel herzlicher. Der sehr konservative Wilfried Haslauer entwickelte sich rasch zum Bewunderer, Förderer und Freund – allerdings nicht ganz uneigennützig. Haslauer fühlte sich als Kreuzritter des österreichischen Föderalismus und wehrte sich fast schon reflexartig und traditionell gegen die Wiener Bundespolitik. Die Bundesregierungen waren damals ganz und gar sozialdemokratisch. So kamen Kohrs Thesen den Salzburger Konservativen gerade recht. Haslauer traute Kohrs Ansätzen anfangs dennoch nicht so ganz. Er ließ ein wissenschaftliches Gutachten erstellen, das Kohrs philosophische Bedeutung erörtern sollte. Erst als feststand, dass er kein Scharlatan war, kam Kohr in den Genuss amtlicher Ehren seiner alten Heimat Salzburg. Am 27. Mai 1981 überreichte ihm Landeshauptmann Haslauer in den Prunkräumen der erzbischöflichen Residenz den „Ring des Landes Salzburg".

Im Jahr danach veranstalteten die Salzburger Landesregierung und der Österreichische Rundfunk (ORF) ein wissenschaftliches Symposium über Kohrs Thesen. Es fand im April 1982 unter dem Titel „Rückkehr zum menschlichen Maß – Kleinheit als Überlebensprinzip" im Landesstudio ORF Salzburg statt. Teilgenommen haben neben Kohr unter anderen: John Papworth (London), Robert Jungk (Salzburg), Gwynfor Evans (Wales), Kirkpatrick Sale (USA), Erwin Chargaff (USA), Henry Klumb (Puerto Rico), Hartmut Bossel (BRD), Herbert Dachs (Salzburg), Franz Horner (Salzburg), Oskar Schatz (Salzburg), Rupert Riedl (Wien). Und der Stargast war ein gebürtiger Österreicher, der sich in Lateinamerika als Visionär und Kulturkritiker einen revolutionären Ruf erworben hatte: Ivan Illich. Als ich im Sommer 1993 versuchte mit ihm Kontakt aufzunehmen, war er schwer krank und lehnte ein Treffen ab. Auf die Frage, was Kohr ihm bedeute, sagte er:

Der Anarchist und Regionalist Kohr mit dem früheren Salzburger Landeshauptmann Wilfried Haslauer (ÖVP), einem sehr konservativen Politiker, der Kohrs Philosophie der staatlichen Kleinheit für den Föderalismus in Österreich nutzte – wie ihn die ÖVP versteht; als Gegenpol der konservativen Bundesländer gegen die traditionell „rote" Bundeshauptstadt und Verwaltungszentrale Wien. Bild: Archiv Alfred Winter

„Ich habe ihn lieb gewonnen. Er hat mich stark beeinflusst, besonders mit seiner Theorie des überschaubaren Raums, den wir brauchen, um glücklich leben zu können."

Der Historiker, Kristallograph, Philosoph, Theologe und katholische Priester Ivan Illich wurde 1926 in Wien geboren. Er besuchte in Florenz das „Liceo Scientifico Leonardo da Vinci", wo er 1942 maturierte. Danach studierte er zunächst an der Universität Florenz und wechselte ein Jahr später nach Rom an die „Gregoriana", um sich auf die Priesterlaufbahn vorzubereiten. Im Jahr 1951 promovierte Illich in Salzburg mit einer historischen Arbeit über den Geschichtsphilosophen Arnold J. Toynbee. Im selben Jahr wanderte er in die USA aus, wo er bis 1956 in New York als Seelsorger in den Elendsvierteln der Zuwanderer aus Puerto Rico tätig war. Später übersiedelte Illich in die Karibik und wurde mit knapp 30 Jahren an der Universität von Puerto Rico zum Vizerektor ernannt. Hier kam es zu ersten Streitereien mit der katholischen Hierarchie. Der Bischof von Ponce kritisierte den Gouverneur Luis Munoz Marin scharf, weil der Politiker für Geburtenkontrolle kämpfte, um das Elend der Massen zu lindern. Der Priester und Wissenschafter Illich verteidigte den Gouverneur und griff den konservativen Bischof öffentlich an. Er verlor seinen

Job an der Universität und ging 1960 nach Mexico. In Cuernavaca gründete Illich das „Centro Intercultural de Documentacion" (CIDOC). Es befasst sich mit sozial und ökologisch verträglichen Lebensformen in Entwicklungsländern, die beitragen sollten, die Selbsthilfe zu stärken, Armut und Hunger zu bekämpfen und den Einfluss der Industriestaaten zurückzudrängen. Illich entwickelte sich zu einem der schärfsten Kritiker der westlichen Konsumgesellschaft und ihrer Philosophie des Wachstums. Illich zögerte bis zu seinem Tod nicht, auch auf Missstände in der Kirche hinzuweisen. Das kostete dem Befreiungstheologen im Vatikan die letzten Sympathien.

Leopold Kohr hätte seinen Verehrer gern als Papst gesehen:

„Ich habe damals den Ivan in der Schweiz nach langer Zeit wieder einmal getroffen. In Davos hat eine große Konferenz über die Grenzen der Medizin stattgefunden. Wir beide haben dort Referate gehalten. Da waren ein halbes Dutzend Nobelpreisträger im Saal anwesend. Danach hat der Ivan zu mir gesagt: Leopold, kommen Sie mit, wir müssen noch weiter diskutieren. Er habe aber zwischendurch einen Termin. Mit dem französischen Fernsehen. Die wollten ein Interview von ihm. Der Fernsehreporter hat dann vorgeschlagen, für das Interview auf die Damentoilette zu gehen. Die war in einem entfernten Trakt und der einzige ruhige Platz in dem großen Kongresshaus. Damit sie nicht gestört werden. Zu mir hat der Ivan Illich dann gesagt, Leopold, gehen Sie doch bitte mit auf die Damentoilette. Wir sind mit dem Interview sowieso bald fertig. Dann habe ich bei den Fernsehleuten zugeschaut. Ich habe den Ivan Illich dabei angeschaut und irgendwie gespürt, da ist etwas Heiliges in ihm. Etwas Päpstliches. Das habe ich ihm dann nach dem Interview erzählt. Er war ganz überrascht. Völlig sprachlos. Eine halbe Minute lang. So etwas kommt ja bei ihm eher selten vor, weil er sonst viel redet."

Haben Sie besondere Antennen für solche Situationen?

„Na, das ist schwer zu definieren. Ein wirklicher Heiliger darf natürlich auch schimpfen. Sogar der Jesus hat geschimpft. Und der Ivan Illich hat in diesem Interview auch ein bissel geschimpft. Sicher auch über den Großkapitalismus. Heilig ... wissen Sie, das sind so mystisch-entschwommene Begriffe, wie ein schönes Deckengemälde in einer Kirche, die man heutzutage putzt, restauriert und voll mit Scheinwerfer beleuchtet. Aber dadurch zerstört man den Zauber. Das Großartige bei einem Deckengemälde ist, dass man es nie ganz sieht. Es ist immer ein bissel Platz für eigene Gedanken. Man sieht über das weit hinaus, was da steht. Und Heilige sind für mich so ähnlich wie ein gutes Decken-

gemälde. Das lässt sich nie so genau beschreiben, was es wirklich ist. Man weiß nur, dass es gut ist! Es erhebt das Gefühl, die Seele. Auch ein Deckengemälde kann das Fühlen erweitern. So einen Eindruck hat damals auch der Ivan Illich auf mich gemacht. Man spürt das Heilige. Ich habe ihn einmal in Cuernavaca in Mexico besucht. Er saß in seinem Sozialzentrum mit armen Leuten beim Essen mit gekreuzten Beinen auf dem Boden. Er ist einfach eine inspirierende Seele, die mir gut tut. Ivan ist sehr zäh und hat Idealismus, eine Fähigkeit, die Menschen zu begeistern."

Sie haben doch ein ähnliches Faible für den britischen Autor und Landwirtschaftsexperten John Seymour, einen Verfechter der regionalen Selbstversorgung mit naturbelassenen Nahrungsmitteln aus dem eigenen Garten?

„Bei Ivan Illich und John Seymour mag ich, dass sie so sind, wie sie sind. Ohne dass ich sie irgendwie beeinflusst hätte. Ich mag es, dass wir radikal unsere eigenen Wege gegangen sind. Das Ähnliche zwischen uns ist nur, dass jeder ohne Kompromiss seinen Visionen nachgeht. Und ich bin der Schwächste von allen, weil ich nur predige und nichts in die Tat umsetze. Die anderen setzen alles praktisch um. Ich bin nur ein Redner, ein Schwätzer."

Ivan Illich sagte in seiner Festrede von 1982 bei einem Kongress in Salzburg, dass er, der in Lateinamerika lebte, oft an Kohrs Schönheitsbegriff und das Land Salzburg denke. Erst durch Kohr sei es ihm gelungen, eine Maßeinheit für Schönheit und Ästhetik zu finden, ein menschliches Maß. Vielleicht ließe sich dieses Gefühl für Ästhetik auch mathematisch illustrieren. Die Einheit der Schönheit und bescheidenen Größe sei Kohrs Traumland Salzburg perfekt angepasst, dem Lebensraum um seine Heimat Oberndorf. Den Radius dieses Raumes hatte Kohr mit etwa 22 Kilometern angegeben. Illich schlug deshalb vor, eine neue Maßeinheit zu schaffen:

„In meinen Überlegungen gehe ich vom Studium des „Kohr" aus. Ein Kohr – Sie verzeihen wohl, dass ich Ihren Familiennamen im Dienste der Sozialmorphologie missbrauche – ist nicht ein Gebiet, sondern ein Bereich, nicht ein Maß, sondern ein Ausmaß und entspricht jenem Lebensgefühl, das Sie mit 22 km bezeichnen, also den vier Gehstunden oder eineinhalb Radstunden zwischen Oberndorf und der Stadt Salzburg. Den metrischen Einheiten stelle ich nun dieses neue Maß „Kohr" gegenüber."

Familienfoto um 1916/17. Leopold ganz links.
Bild: Familie Kohr

Kindheit und Jugend

Humanist aus Salzburg

Was waren die prägenden Lebensräume des jungen Leopold Kohr? Gutes Rüstzeug erhielt der gebürtige Oberndorfer im Humanistischen Gymnasium in der Stadt Salzburg; in jenem Gebäude, in dem heute das landeseigene Kunstmuseum Rupertinum untergebracht ist – in direkter Nachbarschaft der gotischen Franziskanerkirche. Vor Prüfungen und Schularbeiten wanderte der jugendliche Kohr zur barocken Wallfahrtskirche Maria Plain auf einen Hügel im Norden der Stadt Salzburg. Hier bietet sich ein herrliches Panorama mit den dicht bewaldeten Stadtbergen, im Hintergrund die schneebedeckten Kalkriesen der Berchtesgadener Alpen, des Hagen- und Tennengebirges. Maria Plain bei schönem Wetter entschädigte Kohr für bittere Stunden und Tage in muffigen Studierstuben und Klassenzimmern des Humanistischen Gymnasiums in der Salzburger Altstadt. Schulische Probleme hatte er nur in Griechisch.

Für die Matura (Reifeprüfung) im Frühling 1928 lieh sich Kohr den Anzug von seinem Freund Fredl Gschwendtner, einem Pinzgauer aus Saalfelden, mit dem er die Schulbank drückte. Kohr war abergläubisch. Gschwendtner trat zwei Tage früher zur Reifeprüfung an und kam gut durch. Also konnte der Anzug nur Glück bringen! Aber auch für Kohr gab es keine Schwierigkeiten. Die Konzentration ließ in Griechisch zwar vorerst zu wünschen übrig, doch dann ging ihm ein Licht auf und er erntete eine gute Note.

Im Schülerheim Rupertinum war es damals Brauch, dass der Präfekt die frischgebackenen Maturanten zu Apfelstrudel und Kaffee einlud. Er sah, dass Kohr bei seiner Rückkehr aus dem Prüfungssaal kreidebleich war:

„Er hat dann zur Köchin gesagt, der Kohr kriegt keinen Apfelstrudel. Er hat geglaubt, ich wäre durchgefallen. Aber das war nur der Schock, dass mein Freund Willi Friedrich durchgefallen ist. Wie ich dann nach Oberndorf gekommen bin, hat mich mein Vater vom Zug abgeholt. Ich war noch immer bleich, und auch er hat geglaubt, dass ich durchgefallen bin. Natürlich war er dann wunderbar erlöst, als ich ihm sagte, dass ich es geschafft habe. Während

meiner Karriere am Gymnasium war ihm schon ab und zu vom Klassenvorstand geraten worden, ich könne doch genauso eine ehrenwerte Karriere als Schlosser machen. Aber mein Vater hat zu mir gehalten und mich nie aufgegeben. Jetzt war er stolz auf mich. Dann ist er, was sehr selten war, mit mir ins Kaffeehaus gegangen. Er ist fast nie ausgegangen. Wir haben dann eine Partie Billard gespielt."

Was halten Sie von Reifeprüfungen?

„Es wird da etwas vorgespiegelt. Und es ist viel Glück dabei, welche Fragen man erwischt. Mit Wahrheit hat das wenig zu tun. Aber das ist ein Grundgesetz unserer Zivilisation. Man soll nicht die Wahrheit sagen, sondern man soll Schönes sagen. Wenn man zum Beispiel einem Mädel sagt, du hast die schönsten Augen der Welt. Wo ist das statistisch nachweisbar? Nirgends. Aber man kriegt ihre Gunst!"

Auch Kohrs Freund Richard Preußler, der Sohn des sozialdemokratischen Landeshauptmannstellvertreters von Salzburg, schaffte die Matura ohne Schwierigkeiten. 1928 fuhr er mit Kohr nach Innsbruck. Sie inskribierten an der Universität für Studien der Rechtswissenschaften. Es gab damals wenig Anwesenheitspflicht bei Lehrveranstaltungen. So entschlossen sich die 18-Jährigen, den ersten Lehrstoff in Abwesenheit nachzulernen und für ein Jahr nach Großbritannien zu übersiedeln, um ihre Englischkenntnisse aufzubessern. Ihre Väter, die auch miteinander befreundet waren, bestärkten sie und gaben ihnen Geld. Der alte Kohr hatte Kontakte zu Salzburger Pfadfindern, die wiederum in England viele Leute kannten. Außerdem kontaktierte Salzburgs oberster Sozialdemokrat Robert Preußler einen engen Freund in Großbritannien, der später im Leben von Leopold Kohr als dessen wichtigster Förderer auch in Amerika eine entscheidende Rolle spielen sollte: Egon Ranshofen-Wertheimer, gebürtiger Braunauer, damals Journalist und Korrespondent in London, später Diplomat des Völkerbundes in Genf und während des Zweiten Weltkrieges ein Berater der US-Regierung in Washington DC.

An der London School of Economics

Der junge Kohr war gerade 19 geworden, als er 1928 mit dem Studienkollegen Richard Preußler nach London abreiste:

„Wir nahmen den Zug bis zum Kanal und sind an einem schönen Tag im Spätherbst in Dover angekommen. Wir hatten im Gymnasium zwar Altgriechisch und Französisch perfekt lernen müssen, aber keine Ausbildung in Englisch gehabt. Deshalb konnten wir nur ein paar Worte. My father is a farmer in London, mein Vater ist ein Bauer in London, das war der einzige Satz, den ich damals beherrschte. Er stammte aus einem Lehrbuch, das mir mein Vater geschenkt hat. Der Preußler Richard hat gar nichts gekonnt. Wie wir in Dover angekommen sind, da sind wir vor riesigen Tafeln gestanden. Sie zeigten Waren, die man beim Zoll deklarieren muss. Die Zöllner zeigten mit einem Stock auf die Tafel, wir schüttelten die Köpfe. Aber nicht, weil wir nichts zu deklarieren hatten. Wir wussten nicht, was das bedeutet. Zum Schluss haben sie uns durchgelassen. Der Zug nach London hat schon gewartet. Der Richard Preußler ist gleich in den ersten Wagen eingestiegen. Wie ich nachkam, sagte er, wir können hier nicht fahren. Man muss nämlich einen Smoking tragen. So, jetzt sind wir in den nächsten Waggon. Hier muss man auch einen Smoking tragen! Wieder zurück. Ich habe gesagt, ob Smoking oder nicht, wir fahren hier jetzt mit! Koste es, was es wolle. Der Schaffner hat uns dann mit Zeichensprache erklärt, was Smoking bedeutet. Aber wir waren ohnehin Nichtraucher :-)))

In London war dichtester Nebel. Der Egon Ranshofen-Wertheimer hat uns abgeholt. Bevor wir mit ihm in London auf Streifzug gegangen sind, wohnten wir zwei Monate bei Pfadfindern in Kent, bei einer Familie Spencer. Der Vater war Chief Scout von ganz England und ein hoher Beamter des Londoner Wasserwerks. Er hat uns in Boy Scout-Uniformen gesteckt, und dann waren wir bei der Weihe des neuen Erzbischofs von Canterbury dabei. Die Boy Scouts schütteln immer die linke Hand. Wir mussten uns erst daran gewöhnen und machten viele Fehler. Es gab dann ein Gartenfest beim Lord von Cornwall. Der Herzog und die Herzogin von York waren da, dazu noch die kleine Elizabeth, die in den 1950er-Jahren die Königin von England geworden ist. Sie war noch ein Kind. Wir, die zwei Nicht-Boy-Scouts aus Salzburg in Uniform, der Mr. Spencer, Lady und Lord Cornwall, der Herzog von York und spätere König von England sowie seine kleine Tochter Elizabeth, wir haben bei diesem Fest die Paraden der Pfadfinder abgenommen. Es war eine Riesengaudi für den Richard Preußler und für mich."

Wie kamen Sie an die London School of Economics? Das war ja eine elitäre Schmiede für Nationalökonomen.

„Das stimmt, aber sie war sehr fortschrittlich. Unser Landleben bei den Spencers war dagegen konservativ und solid. An der weltberühmten London School of Economics gab es dagegen ein revolutionäres Milieu, weil viele Professoren vom Sozialismus träumten. Ich hatte schon davon gehört. Der Richard musste nach Salzburg zurück. Mir hat es in England so gut gefallen, dass ich noch viel länger bleiben wollte. Von den Pfadfindern in Kent sind wir nach London gefahren, wo uns wieder Egon Ranshofen-Wertheimer vom Bahnhof abgeholt hat. Der Richard hat sich noch ein paar Tage lang London angeschaut. Unser Gastgeber Wertheimer arbeitete als Korrespondent für die Wiener Arbeiterzeitung und für die sozialistische Presse in Berlin und Zürich. Er war ein brillanter Schreiber, erzählte mir von seiner Bekanntschaft mit meinem Vater. Seine Kontakte waren erstklassig. Er vermittelte mir einen Studienplatz an der London School of Economics. Wertheimer kannte dort die meisten Professoren. Durch ihn lernte ich gleich einmal Hugh Dalton kennen, den späteren Finanzminister der ersten sozialdemokratischen Regierung von Großbritannien, die 1929 an die Macht kam. Dalton unterrichtete an der London School of Economics und stellte mich einem seiner begabtesten Studenten vor. Der hieß Robert Fraser. Wir sind nach kurzer Zeit enge Freunde geworden. Robert Fraser brachte es nach einigen Jahren zum Chefredakteur des „Daily Herald". Das war die Tageszeitung der Labour Party. Als ich 1937 in den Spanischen Bürgerkrieg reiste, hat er mir ein Zertifikat mitgegeben, das mich als Korrespondent des „Daily Herald" auswies. In den 1960er-Jahren bekam er dann den Posten des Generaldirektors der britischen Fernsehbehörde ITV, Independent Television Authority. Robert Fraser war in den achtziger Jahren oft auch bei mir in Salzburg. Leider ist er vor ein paar Jahren gestorben."

Nach zwei Monaten an der London School of Economics (LSE) hatte sich Kohrs Englisch stark verbessert. In London wurde der junge Salzburger von seinem Universitätslehrer Hugh Dalton bei Politikern und Professoren vorgestellt. Er lernte Noel Baker, Harold Joseph Laski, Herbert Stanley Morrison, Ramsey MacDonald und Sir Oswald Mosley kennen.

1929 gab es einen Machtwechsel bei den Unterhaus-Wahlen, und einige von Kohrs sozialistischen Gesprächspartnern waren plötzlich Minister der neuen britischen Regierung. Nur der Sozialist Mosley begann eine konträre Laufbahn und wurde Führer der britischen Faschisten. Ein Jahr zuvor, als Kohr an der LSE studierte, war Mosley noch ein Linker gewesen. Kohr genoss die politische Aufbruchsstimmung, die damals von der London School of Economics ausging.

Von der marxistischen Gesellschaftstheorie erwarteten sich viele britische Intellektuelle eine Verbesserung der Lebensbedingungen. Auch die Arbeiterschaft unterstützte den neuen Kurs. Es schien, als hätten die Konservativen in Großbritannien endgültig ausgedient. Den Kommunisten vertraute die Bevölkerung nicht. So setzte die Sozialdemokratie zum Höhenflug an. Es dauerte nicht lange. Das Chaos der Weltwirtschaftskrise verunsicherte die Menschen, und bald verlor die Labour Party ihre große Mehrheit im Parlament wieder. Leopold Kohr entwickelte sich hier zum Partylöwen. Das Jahr 1928 sei eines der schönsten seines Lebens gewesen, sagte er mir:

„Ich war damals noch sehr jung, sodass es keine wirklichen Freundschaften waren. Diese Leute waren Professoren, also Vorgesetzte. Man begegnete uns Studenten mit Respekt, diskutierte ernsthaft mit uns. Mir war aber klar, dass es sich um sehr verschiedene Generationen handelte. Mit Hugh Dalton verstand ich mich besonders gut. Wir schrieben uns Briefe, wenn wir uns länger nicht getroffen haben. Meistens ging es um politische und wirtschaftliche Fragen. Man traf beim Tee auch Frauen, die sehr interessant waren. Eine der schönsten, die ich in London kennengelernt habe, war Anna Scott, die Tochter vom Herausgeber und Chefredakteur des „Manchester Guardian". Sie hatte mehrere Freundinnen, die überwältigende Schönheiten waren. Nur in England konnte sich damals niemand richtig anziehen. Damals habe ich immer gesagt, die Amerikanerinnen haben Schönheit und Stil, aber keinen Charme. Die Französinnen haben Stil und Charme, aber keine Schönheit. Die Engländerinnen haben Schönheit und Charme, aber keinen Stil."

Alles kann man nicht haben.

„Ja, genau. Zwei Wochen vor meinem Abschied in London habe ich beim Tanzen noch eine junge Studentin kennengelernt und mich Hals über Kopf in sie verliebt. Thompson hat sie geheißen. An den Vornamen erinnere ich mich nicht, merkwürdigerweise. Fast alles bis hin zur Verlobung passierte in dieser kurzen Zeit zwischen uns. Aber dann hat sie nie wieder etwas von mir gehört. Wahrscheinlich im letzten Moment, da setzt sich in mir immer wieder der Flüchtling durch."

Rechtzeitig die Flucht zu ergreifen, das ist für Sie schon sehr wichtig.

„Ja, deshalb habe ich wahrscheinlich auch nie geheiratet."

Studienkollege von Karl Gruber

Im Herbst 1929 kehrte Leopold Kohr nach Österreich zurück. Der 20-Jährige setzte in Innsbruck sein Jus- bzw. Jura-Studium fort. Die Erfahrungen von London motivierten ihn, in der konservativ-katholischen Landeshauptstadt Tirols eine sozialdemokratische Studentengruppe zu gründen. Mit seinem Freund und Studienkollegen Richard Preußler verbrachte er nicht viel Zeit in Hörsälen. Sie saßen in Cafés und Wirtshäusern, diskutierten nicht nur über Paragrafen und Gesetzbücher, viel mehr über Politik, Wirtschaft und Kunst. Und sie zechten Nächte durch, wie es sich für Studenten gehört. Vor Examen marschierten sie nachts durch das Wipptal auf der Brennerstraße viele Kilometer in Richtung Staatsgrenze von Italien. Gefrühstückt wurde in Bergdörfern. Kohr und Preußler prüften sich auf diesen Ausflügen gegenseitig. Autos fuhren damals auf der Brennerstrecke nur wenige. Es waren Mondnächte, in denen sie ihre Wanderungen genossen. Preußler und Kohr lernten einen jungen Innsbrucker Sozialisten kennen, er hieß Karl Gruber. Der Sohn eines Eisenbahners war etwa gleich alt und studierte ebenfalls Rechtswissenschaften. Gruber war bis zu seinem 25. Lebensjahr ein Sozialist, ehe er zur Vaterländischen Front der Katholisch-Konservativen wechselte. Während des Zweiten Weltkrieges war Gruber dann im Widerstand gegen das Naziregime. Im Chaos der unmittelbaren Nachkriegszeit wurde er von den alliierten Befreiern zum Landeshauptmann von Tirol ernannt. Ab November 1945 war er Außenminister der neuen Bundesregierung in Wien. Leopold Kohr erinnerte sich noch im hohen Alter gern an Karl Gruber, als dieser Anfang der 1930er-Jahre noch ein junger Sozialist war und bei der neuen Studentengruppe mitmachen wollte:

„Wir haben die erste Versammlung in einem Lokal gegenüber dem Innsbrucker Bahnhof abgehalten und hatten Angst, dass wir von Rechtsradikalen oder Konservativen angegriffen werden. Der Parteichef Kunz von den Tiroler Sozialdemokraten war auch anwesend. Insgesamt zwölf Leute. Er hat einen jungen Mann mitgebracht, der viel größer war als wir. Dieser Hüne hieß Karl Gruber und sollte uns im Notfall beschützen, so als eine Art Leibgarde. Wir fanden bald heraus, dass er nicht nur körperlich gut in Form war, sondern auch geistig. Wir haben uns zuletzt in Wien wieder einmal getroffen, da waren wir beide schon über 80. 1945, als Karl Gruber dann der erste Außenminister der Zweiten Republik Österreich wurde, hat er den Kurt Waldheim als seinen Sekretär angestellt. Ich war damals schon in Washington und wusste noch nichts davon. Das hat mir dann mein alter Freund im State Department, der Egon Ranshofen-Wertheimer, erzählt: In Österreich gebe es jetzt eine neue Regierung und ein gewisser Karl Gruber sei neuer Außenminister, ein Konservativer.

Und ich habe zu Wertheimer gesagt, ich kenne auch einen Karl Gruber. Das ist sicher mein alter Freund aus Innsbruck. Und ich habe schon immer vorhergesagt, der wird eines Tages die politische Farbe wechseln."

Warum spürten Sie das?

„Der Karl Gruber war sehr fesch und ambitioniert. Er hat eigentlich nie so richtig hineingepasst in unsere sozialistische Gedankenwelt von damals. Dann hat mir 1945 der Wertheimer in Washington einige Fotos von Mitgliedern der neuen österreichischen Regierung gezeigt. Ist das der Gruber? Nein! Da war ein älterer Herr auf dem Bild. Ich dachte, das ist nun wirklich nicht unser Gruber. Es war aber ein falsches Foto. In Wirklichkeit handelte es sich tatsächlich um unseren Karl, den der Preußler Richard und ich 1929 in Innsbruck als sozialistische Leibwache engagiert hatten. Ich sollte ihn schon bald wiedersehen. Denn die österreichische Botschaft in Washington wurde damals renoviert. Das war eines der ersten Projekte, wofür Wien nach dem Zweiten Weltkrieg Geld ausgegeben hat.

Ich habe dann in Amerika sofort vermutet, der Gruber will den Job als Außenminister aufgeben und Botschafter in Washington werden. Nein, haben der Wertheimer und andere Freunde gesagt. Das ist doch völlig unwahrscheinlich, dass jemand vom Außenminister zum Botschafter wird! Es kam aber dann genau so. Der Gruber hat als Außenminister begonnen, Russland herauszufordern, die mächtige Sowjetunion, der damals alle zu Füßen lagen. Das überraschte Politiker in aller Welt, denn selbst die westlichen Alliierten haben sich damals nicht so richtig getraut, mit den Russen Klartext zu reden. Der Gruber hat es gemacht. Er hat gedonnert, dass man sich von der Sowjetunion nicht alles gefallen lassen darf. Umso mehr Bewunderung hat er im Westen bekommen, von den Außenministern der Siegermächte, die Hosenscheißer waren.

Den Gruber haben sie immer stärker bewundert. Und das ist ärger und ärger geworden. Und nach einiger Zeit hat der österreichische Bundeskanzler Julius Raab gesagt, mein lieber Außenminister, das geht zu weit. So kann man nicht mit der Sowjetunion reden. Der Gruber ist dann zurückgetreten und übersiedelte mit Begeisterung als Botschafter nach Washington. Ich glaube, er hat das schon lange vorher geplant. Als die Botschaft in den USA fertig war, hat er die Sowjetunion immer stärker abgewatscht. Was zu seinem Rücktritt führte. Ein Genie!"

Grubers Rücktritt beschreiben Historiker anders als Kohr. Der österreichische Außenminister sei im November 1953 aus anderen Gründen gestürzt worden

– wegen eines umstrittenen Buches: „Zwischen Befreiung und Freiheit. Der Sonderfall Österreich". Gruber schildert hier im Detail, wie Österreichs ehemaliger Bundeskanzler Leopold Figl, sein konservativer Parteifreund, mit der kommunistischen Partei Ernst Fischers verhandelt und paktiert habe. Gruber wurde daraufhin innerhalb seiner konservativen ÖVP heftig kritisiert und sei schließlich wegen „parteischädigenden Verhaltens" als Außenminister abgesetzt worden.

Zwischen Innsbruck und Paris

Kohr hielt es 1930 nicht lange in Innsbruck. Er studierte zwar weiter, übersiedelte aber Ende des Jahres für ein Jahr nach Paris. Dort fand er einen ersten Job als Journalist. Die Kontakte verdankte er einem Freund. Dieser Tscheche studierte in Paris und wohnte mit einem jungen Marokkaner zusammen. Kohr wohnte dann einige Zeit mit den beiden in einer Pension. Zur Universität war es nicht weit, doch Kohr studierte in Paris nicht viel. Vielmehr bezauberte ihn das Stadtleben:

„Auf einer Party habe ich einen gewissen Gilbert Roi und einen Philip Koenig kennengelernt. Die waren Mitglieder des ‚Club Jeunesse International', eines internationalen Jugendclubs, wo viel über Politik geredet wurde. Das war so ein ständiges Schicksal in meinem Leben, dass ich oft eingeladen wurde. Roi und Koenig haben eine Nachrichtenagentur gegründet. Die hieß ‚Agence Viator'. Viator bedeutet Reisender, Wanderer. Da habe ich dann mitgearbeitet. Meine ersten Storys handelten von Clochards unter den Brücken von Paris. Über den Tiroler Wintersport und die Universitätsstadt Innsbruck habe ich auch mehrere Geschichten in französischen Zeitungen veröffentlicht. Wie dann später der Spanische Bürgerkrieg ausgebrochen ist, da wurde ich von meinen Pariser Freunden nach Valencias als Korrespondent geschickt.
Viele Jahre später hat sich mein Weg mit dem von Koenig wieder gekreuzt. Von Puerto Rico bin ich in den 1970er-Jahren nach Haiti gefahren. Da habe ich in der Zeitung gelesen, dass der neue Botschafter Frankreichs, Philipe Koenig, sein Beglaubigungsschreiben dem Präsidenten Duvalier, dem sogenannten ‚Papa-Doc', überreicht hat. Da bin ich dann zur französischen Botschaft gegangen, um mich zu erkundigen, ob das nun mein alter Freund ist. Nachmittags habe ich ihn getroffen. Er hatte gerade einen französischen Minister vom Flughafen abgeholt. Nein, dachte ich mir. Das ist er nicht. Aber dann hat mir dieser Koenig in die Augen geschaut, hat seinen Minister allein gelassen, kam zu mir her, schüttelte meine Hand und sagte: Leopold Kohr! Er war es wirklich.

Dann hat er mir erzählt, dass er oft an mich gedacht hat. Denn kurz nach Ende des Zweiten Weltkrieges war Koenig oberster Zivilbeamter der französischen Besatzungsmacht in Tirol. Die Welt ist wirklich klein."

Wie wichtig war die Pariser Zeit?

„Sehr. Da habe ich dann die Schwelle endgültig übertreten. Auch was Frauen betrifft. Bisher war es meistens nur Schwarm gewesen. Jetzt habe ich die Wirklichkeit näher kennengelernt. Liebe ist wirklich ein Zustand, von himmelhoch jauchzend bis zu Tode betrübt. Es war damals eine Dänin, mit der ich in Paris eine schöne, aber schwierige Zeit verbracht habe. Wir haben eine lange Freundschaft gehabt. Auch später noch. Mehr will ich nicht sagen. Nach meiner Rückkehr Ende 1931 nach Innsbruck, da habe ich eine nette Tirolerin kennengelernt, eine Kollegin von der Universität. Die lebt hoffentlich noch. Ab und zu haben wir noch Kontakt. Für sie habe ich ein Gedicht geschrieben, an das ich mich gut erinnere: Einstmals wollt' ich ein König sein/nicht um meine Feinde zu henken/nur um dir zum Geburtstag einmal/ein Königreich zu schenken/Und Gold und Geld wollt' ich haben einmal,/nicht um im Geiz zu ersaufen/ sondern um dir zu deinem Geburtstag einmal/ein Königreich zu kaufen/Und einmal wollt' ich ein Dichter sein/nicht um mein Leid dir zu klagen/sondern nur um mit einem poetischen Wort,/eine Gemeinheit zu sagen."

Der Schluss klingt nicht sehr romantisch. Wie ging das weiter?

„Wie das Leben so spielt. Wir haben uns getrennt. Aber nicht sehr lange. Wenn man eine große Hymne für die Frau singen würde, wenn sie weggeht, dann würde das nur Verachtung in ihr hervorrufen. Eine Gemeinheit zieht sie in einer solchen Phase eher an. Das tolle Königreich und Geld, das hätte sie wahrscheinlich überhaupt nicht interessiert. Aber eine symbolische Watschen mit diesem Gedicht zu bekommen, das hat sie dann motiviert, mit unserer Beziehung weiterzumachen. Das ist eine fundamentale Weisheit in der Liebe: Eine Frau ist wie ein Schatten. Wenn man ihn verfolgt, dann läuft er weg. Geht man zurück, dann folgt er einem. Frauen sind Schatten von Männern und umgekehrt natürlich auch."

Leopold Kohr studierte bis 1933 in Innsbruck. Es zog ihn immer wieder zwischendurch nach Frankreich. Die Erlebnisse in Paris, Frauen und das gute Essen ließen ihn nicht mehr los. Als er seinen ersten Doktortitel als Jurist in der Tasche hatte, fuhr er zur Entspannung nach Sizilien. Er wählte von Innsbruck nicht den kürzesten Weg über den Brennerpass, sondern nahm den Zug nach Genf und fuhr über französisches Gebiet. Auf dem Bahnhof von Grenoble nutzte er einen kurzen Aufenthalt, um sich den Bauch mit französischen Spezialitäten vollzuschlagen. Dann ging es zur italienischen Grenze und über Rom nach Palermo. In den folgenden zwei Jahren absolvierte Kohr an den Landesgerichten Salzburg und Wien sein Gerichtspraktikum. Daneben studierte er Staats- bzw. Politikwissenschaften an der Universität Wien und erhielt seinen zweiten Doktortitel. Seine Erinnerungen an diese Jahre waren eher spärlich. Zumindest fehlte bei seinen Erzählungen jene Begeisterung, die ich während anderer Phasen unserer Interviews oft gespürt hatte. Gern schilderte Kohr seine zahlreichen Ausflüge nach Paris, die in dieser Zeit stattfanden. Oft nützte er auch kurze Wochenenden, um seine Dänin zu treffen.

Die politische Lage verschlimmerte sich. Bald hatte Kohr das Gefühl, in Österreich nicht mehr leben zu können. Er war noch keine 25 Jahre alt, als im Frühling 1934 die austrofaschistische Regierung des Engelbert Dollfuß die Macht übernahm und die Linke verboten wurde. Freunde und Gesinnungsgenossen Kohrs kamen ins Gefängnis. In Deutschland sorgten die Nazis schon seit 1933 für Angst und Schrecken. Den Lockrufen des Kommunismus widerstand Kohr. Immer öfter fuhr er nach Paris. Im Jahr 1937 entschloss er sich, als Reporter nach Spanien zu gehen, um aus dem Bürgerkrieg zu berichten – aus republikanischer Perspektive. Er wollte damit auch seiner dänischen Freundin imponieren. In Spanien wandelte sich der junge Sozialdemokrat zum Anarchisten. Nach der Rückkehr wählte er Paris als Basis für seinen Absprung ins Exil, das ihn auf der Flucht vor den Nazis 1938 nach Nordamerika führte.

Sohn von Revolutionen

Kohrs Interesse für politische Umstürze wurde schon im September 1918 geweckt, kurz vor dem Waffenstillstand des Ersten Weltkrieges. Im Land herrschte bittere Not. Kohr war acht und kam von Oberndorf das erste Mal in die Stadt Salzburg; in Begleitung seiner Tante. Vieles hatte der Bub schon über Salzburg gehört. Wie ein Weltwunder erschien dem Volksschüler aus der Flachgauer Provinz die Festung Hohensalzburg, und die Tante schlug vor, den steilen Berg zum Gemäuer hinaufzusteigen, um die Stadt von oben zu betrachten. Wenig später fielen Schüsse in der Stadt, unten auf dem Residenzplatz vor dem Dom. In der Salzburger Innenstadt wurden Geschäfte geplündert. Der Lärm drang bis hinauf zum kleinen Kohr auf die Festung, wo er aus der Vogelperspektive diesen ersten Ansatz einer Revolution betrachtete:

„Ich habe damals als naives Kind vom Land geglaubt, solche Revolutionen gehören automatisch zum Leben in jeder Stadt. Wie wir da oben auf der Festung gestanden sind, unten wurde demonstriert und geschossen, dieser Lärm, für mich schien das alles völlig normal zu sein. Das ist eben so in einer echten Stadt, habe ich mir gedacht."

Kohr und seine Tante wurden Zeugen der so genannten „Salzburger Hungerrevolte". Niemand wusste in diesen Wochen, wie es mit Österreich weitergehen sollte, das baldige Ende des habsburgischen Kaiserhauses zeichnete sich längst ab, das den – mit den preußischen Verbündeten angezettelten – Weltkrieg verloren hatte. In Salzburg herrschte – wie in allen anderen Teilen der untergehenden Monarchie – größte wirtschaftliche Not. Politiker, darunter auch Robert Preußler, der Chef der sozialdemokratischen Partei in Salzburg, bemühten sich, die Verhältnisse zu verbessern.

Der kleine Leopold Kohr ahnte nicht, dass ihn ein paar Jahre später sehr viel mit der Familie dieses einflussreichen Mannes verbinden würde. Genau an diesem Tag, als Kohr auf der Festung stand, übergab Preußler dem konservativen Präsidenten des Salzburger Landtages ein Memorandum mit Forderungen für eine Verbesserung der Ernährung des Volkes. Während der darauffolgenden Demonstrationen stürmten hungernde Salzburger das Regierungsgebäude. Der Sozialdemokrat Preußler rief zur Ordnung auf, doch hörte man nicht mehr auf ihn. Das Infanterieregiment Nr. 59 des Kaisers sollte auf Befehl der Salzburger Landesregierung den Aufstand niederschlagen. Die meisten Soldaten weigerten sich, gegen Zivilisten vorzugehen. Nur einzelne Warnschüsse fielen. Eine große Menschenmenge zog durch die Straßen, in der Nähe des Bahnhofes kam es beim Hotel Europa zu größeren Plünderungen. Erst gegen Abend trat Ruhe ein, als die Obrigkeit in aller Eile bosnische Soldaten aufbot. Insgesamt wurden 908 Salzburger verhaftet, darunter 626 Frauen, viele davon Mütter.

Die Arztfamilie Kohr in Oberndorf blieb von den schlimmsten Folgen dieser Hungersnot verschont. Leopold Kohr senior hatte zahlreiche Bauern im Salzburger Flachgau sowie im angrenzenden Innviertel als Patienten. Auch in Gemeinden des benachbarten Bayern war er sehr geschätzt. Statt Geld erhielt er für Hausbesuche immer öfter Speck, Schinken, Würste, Eier, Butter, Gemüse, Brot und Würste, nicht in großen Mengen, aber genug, dass die Familie nicht hungern musste. Der alte Kohr teilte seine kleinen Reichtümer auch mit weniger gut gestellten Familien. Er war Idealist und Sozialdemokrat aus Überzeugung, wie es damals noch viele gab. In der konservativ-katholischen Öffentlichkeit des Salzburger Flachgaues schwieg er sich über seine politischen Ansichten aus. Privat hatte der Oberndorfer Gemeindearzt Kohr gute Kontakte zu Sozialisten in der Landeshauptstadt Salzburg. Mit Robert Preußler, dem roten Landesparteichef von Salzburg, war er befreundet. Nach der Jahrhundertwende hatte es Leopold Kohr senior und Richard Preußler aus Nordböhmen nach Salzburg verschlagen. Anfangs war der Arzt Kohr als Urlaubsvertretung in dem Salzburger Dorf Thalgau beschäftigt, verliebte aber sich dann in Oberndorf in Romana Müller, die Tochter des örtlichen Apothekers. 1906 kam ihr ältester Sohn Toni zur Welt, der später Chefarzt der Salzburger Gebietskrankenkasse wurde. Bevor Leopold am 5. Oktober 1909 geboren wurde, kamen noch zwei Babys zur Welt, ein Sohn und eine Tochter, die aber früh starben. Leopolds jüngere Schwester Maria absolvierte ebenfalls ein Medizinstudium. Sie starb in den 1960er-Jahren bei einem Autounfall in ihrer Wahlheimat Milano (Mailand). Auf Maria folgte Fritz, der später die Arztpraxis des Vaters in Oberndorf übernahm. Und der Nachzügler der Familie Kohr war Hans, der Professor für Linguistik wurde und an Universitäten in Kanada lehrte.

Die Vorfahrer der Mutter Romana Kohr (geb. Müller) stammten aus dem Sudetenland Böhmens. Die Familie hatte in Prag eine große Verwandtschaft:

„Meine Tante mütterlicherseits war immer an Stammbäumen interessiert. Von der habe ich noch ein paar Dokumente. Da habe ich gesehen, dass sich dieser Zweig der Familie bis zu Karl dem Großen zurückleiten soll. Wenn der mit seinem Riesenreich gewusst hätte, dass ich eines Tages die Kleinheit propagiere. Meine Großmutter hat übrigens Groß geheißen, mein Großvater Müller. Bei denen gibt es eine Stammlinie bis zurück ins achte Jahrhundert."

Was wissen Sie über die Familie Ihres Vaters?

„Mein Vater war ein getaufter Jude. Aber das Interessante war, dass die Verwandten der Mutter alle schwarzhaarig waren. Mein Vater dagegen war blauäugig und blond. Also alle diese Abstammungstheorien, das ist doch ein richtiger Blödsinn. Mein Vater hat sich taufen lassen, weil meine Mutter sehr katholisch war. Die hat darauf bestanden, dass er konvertiert."

Robert Preußler, Parteichef der Salzburger Sozialdemokraten und Freund von Leopold Kohr senior, stammte ebenfalls aus Böhmen; aus Gablonz, dem Zentrum der Glasindustrie im Norden des Landes. Als Arbeiterführer hatte er einen harten Leidensweg hinter sich. Schon 1885 war Preußler wegen politischer Tätigkeit für die Arbeiterschaft von Gablonz verhaftet, in Ketten abgeführt und nach langer Untersuchungshaft im Landesgericht von Prag zu sechs Monaten Gefängnis verurteilt worden. Die Behörden warfen ihm vor, er habe *„nicht nur* *verbotene Bücher und Zeitschriften gelesen und deren Inhalt weitererzählt, sondern auch selbst sozialistische Gedichte verfasst und verbreitet, einen verbotenen Arbeiterbildungsverein gegründet, die Familien von Inhaftierten unterstützt sowie bei Veranstaltungen Bilder von Sozialisten gezeigt."*

Nach seiner Entlassung aus der Haft beschloss Preußler einen „Verband der Glasbläser" und die sozialistische Zeitung „Der Glasarbeiter" zu gründen. Er war Vorfahre des Schriftstellers Otfried Preußler, der in der zweiten Hälfte des 20. Jahrhunderts mit Kinderbüchern wie „Räuber Hotzenplotz" und „Das kleine Gespenst" im deutschsprachigen Raum bekannt wurde und sich in Oberbayern niederließ. Robert Preußler liebte humoristische Publikationen. Zwischen 1898 und 1905 gab er in Gablonz das satirische Heimatblatt „Rübezahl" heraus. Bald fielen seine Schriften der österreichischen Parteiführung des Habsburgerreiches auf. Der Sozialistenchef Victor Adler holte ihn nach Wien, wo Preußler für die „Arbeiterzeitung" tätig wurde. 1904 übernahm er als Chefredakteur die sozialistische „Salzburger Wacht". Nach wenigen Jahren in Salzburg wurde Preußler in den Salzburger Landtag gewählt. In der Ersten Republik war er auch Nationalratsabgeordneter, Bundesrat und schließlich stellvertretender Landeshauptmann von Salzburg. Es ist seinem Engagement zu verdanken, dass 1907 in Salzburg das allgemeine Wahlrecht eingeführt wurde. Vorher war die Teilnahme vom Steueraufkommen abhängig, eine „demokratische" Wahl, die nur Großgrundbesitzern, Händlern und anderen Wohlhabenden möglich war. Robert Preußler wurde ab 1934 von den Austrofaschisten und ab 1938 von den Nazis verfolgt. Man folterte ihn auch, und er verstarb 1942.

Der Neffe von SA-Chef Ernst Röhm

Neben Richard Preußler hatte Leopold Kohr noch einen zweiten, sehr engen Freund im Humanistischen Gymnasium von Salzburg: Otto Lippert. Der stammte aus München. Über dessen Familie erschloss sich ein ziemlich bizarrer Kontakt für den jungen Kohr – mitten hinein in die nationalsozialistische Partei in Deutschland. Otto Lippert war nämlich ein Neffe von Ernst Röhm, Hitlers frühem Kampfgefährten und Chef der Sturmabteilung (SA). Die Eltern von Otto Lippert lebten um 1920 in einem noblen Villenviertel von München, gleich neben einem Haus, das Hitler gehörte. Lipperts Mutter war die Schwester von Ernst Röhm. Mehrmals besuchte Leopold Kohr als Gymnasiast in den 1920er- und frühen 1930er-Jahren die Lipperts in München. Die Mutter seines Schulfreundes erzählte ihm von dem – ihr sehr unsympathischen – Adolf Hitler, der oft mit ihrem Bruder Ernst in ihrer Küche sitze, bis in die frühen Morgenstunden diskutiere und irgendwelche politischen Pläne aushecke. Wenn die zwei betrunken wären, dann würden sich Hitler und Röhm heftig als „T183 el" und „Deppen" beschimpfen, sagte die freundliche Frau Lippert. Ihr Bruder Ernst war einer der wenigen, die Hitler duzen durften. Als Kohr in späteren Jahren von seinem Studienaufenthalt in London nach Salzburg zurückkehrte, machte er auf der Reise eine Zwischenstation in München und besuchte wieder die Lipperts.

„Der Ernst Röhm lebte mit der Familie Lippert damals in einem gemeinsamen Haushalt. Seine Schwester kochte für ihn. Er war nie verheiratet und widmete sich mehr seinen homosexuellen Leidenschaften. Wie ich in München angekommen bin, hat die Frau Lippert gesagt, ich solle doch im Bett ihres Bruders Ernst Röhm schlafen. Das habe ich dann getan. Gott sei dank war der Röhm damals gerade in Südamerika unterwegs, wo er in Bolivien als Militärberater und Trainer von Faschisten gearbeitet hat."

Haben Sie ihn persönlich kennengelernt?

„Nein. Es wurden immer nur Geschichten erzählt. Röhm hat viele Briefe nach Hause geschrieben, in denen er sich beklagt, dass es in Südamerika so wenig Homosexuelle gibt. Er war schon ganz verzweifelt, weil er da drüben keinen Freund gefunden hat."

Ernst Röhm wurde 1887 in München geboren. Wie Rudolf Heß gehörte er zu den Gründern der NSDAP. Röhm fühlte sich als Berufsrevolutionär und Militärexperte und repräsentierte den eher proletarischen und „sozialistischen" Flügel der Nazipartei. Er träumte von einer zweiten nationalsozialistischen Revolution, durch welche in Deutschland der Großkapitalismus abgeschafft werden würde. Röhms Sturmabteilung hatte mittels Straßenterror den eigentlichen Kampf um die Macht geführt. Hitler duldete ihn, bis der Freund in den Verdacht geriet, einen Staatsstreich zu planen. Am 1. Juli 1934 wurde Röhm auf Befehl Hitlers erschossen. Mit ihm fielen Tausende SA-Mitglieder dieser „Nacht der langen Messer" zum Opfer. Auslöser waren interne Machtkämpfe der NSDAP, Intrigen, angezettelt von Großindustriellen und Führungskräften der rivalisierenden Schutzstaffel (SS), den professionellen Mordbrigaden Himmlers.

Das Privatleben von Ernst Röhm war den Hütern der kleinbürgerlichen Moral im Nazistaat ein Dorn im Auge. Schon in den zwanziger Jahren wurde bei Hitler heftig gegen ihn intrigiert. Röhm konnte mit der sterilen Weiblichkeitsideologie der NSDAP nichts anfangen. Er lehnte es ab, wenn Hitler forderte:

„Die deutsche Frau schminkt sich nicht." Röhm liebte erotische Verkleidungskunst bei Männern und Frauen. Erst 1924 habe er entdeckt, gleichgeschlechtlich zu sein, schrieb Röhm am 25. Februar 1929 in einem Brief an einen Münchener Freund. Kohr hatte eine Kopie und gab sie mir zu lesen. Darin schrieb Röhm, er könne sich zwar an eine Reihe gleichgeschlechtlicher Gefühle und Akte in seiner Kindheit erinnern, habe später aber nur mit Frauen verkehrt, mit vielen Frauen: *„Allerdings nie mit besonderem Genuss. Auch drei Tripper habe ich mir geholt."* Röhm beklagte sich in diesem Brief bitter über das Fehlen einer Schwulenszene in Bolivien: *„Eine absolute Verständnislosigkeit herrscht hier, so dass ich gar nicht mehr weiß, was ich machen soll. Dabei glaubt man, wenn man auf der Straße geht, dass alles anders sein müsste. Die – im Übrigen teilweise sehr hübschen – Jungen gehen nach der hiesigen Sitte alle eng eingehängt, umarmen sich zur Begrüßung auf der Straße, was mich natürlich doppelt ärgert. Auch meinen spanischen Lehrer habe ich vorsichtig ausgeforscht; er meint auch, dass es so etwas in La Paz nicht gäbe. In Buenos Aires schon, aber dorthin dauert die Hin- und Herfahrt mindestens zehn Tage und kostet über 1000 Mark. Da steh' ich nun, ich armer Tor und weiß gar nicht, was ich machen soll."*

Kohr kicherte, als er mir den Brief Röhms zu lesen gab. Dann erinnerte er sich an 1934. Im Juni fuhr er wieder mit der Bahn von Salzburg nach München und wollte seinen ehemaligen Schulkollegen Otto Lippert besuchen, ehe er nach Dänemark weiterreiste, um in Kopenhagen eine Freundin zu treffen. Kohr hatte als Jurist gerade sein Studium und das Gerichtsjahr abgeschlossen. Wenige Monate zuvor hatte er in Wien schwere Kämpfe zwischen sozialistischen Milizen und dem Bundesheer sowie der rechtsradikal-katholischen Heimwehr erlebt, die auf Befehl der austrofaschistischen Regierung gegen die verbotene Partei der Sozialdemokraten vorgingen. Hitler war 1934 in Deutschland schon ein knappes Jahr lang an der Macht. So ging Kohr in München vom Hauptbahnhof zum Haus der Familie Lippert und wunderte sich. Das Tor wurde von einem SA-Posten in voller Montur bewacht. Kohr erzählte mir lachend, der Wächter sei ein Geliebter von Ernst Röhm gewesen:

„Da habe ich gesehen, dass sein Mund mit Lippenstift geschminkt war. Seine Augen waren mit Lidschatten verschönert. Er hatte auch gepuderte Wangen. Dann hat er mich nach Waffen durchsucht und gesagt, alles klar, ich soll doch ins Haus gehen. Dort hat mich ein junger und hübscher Liftboy empfangen. Das war auch ein geschminkter SA-Mann. So sind wir hinaufgefahren.
Sie waren sehr freundlich zu mir. Was mir aufgefallen ist, im ganzen Haus Lippert hing kein einziges Hitlerbild. Damals war der Hitler ja schon Reichskanzler und ein wichtiger Mann in Deutschland. Es gab in dem Haus aber ein großes Gemälde vom bayerischen Prinzregenten. Der Otto Lippert hat mir

schon früher erzählt, dass sein Nazi-Onkel Röhm auch monarchistisch war. Der Hitler war denen total wurscht. Oben hat mich der Vater von Otto Lippert empfangen, der Schwager von Röhm. Der Otto war nämlich nicht zu Hause. So habe ich mit seinem Vater einen Kaffee getrunken. Der hat mir erzählt, dass der Ernst Röhm mit Hitler große Schwierigkeiten hat. Es gebe politische Streitereien. Deshalb stünden diese Wachtposten vor dem Haus."

Hätten Sie Ernst Röhm gerne kennengelernt?

„Ja, sicher. Es war unter jungen Leuten damals modern, wenn man einen hochrangigen Nazi kannte. Auch wenn man gegen diesen Wahnsinn eingestellt war. Ich erinnere mich, wie ich damals zu Otto Lippert nach München gefahren bin, da traf ich auf dem Salzburger Hauptbahnhof die Gretl Witternig. Sie war die Tochter vom sozialistischen Nationalrat Witternig, der als Sozialist viel radikaler als der Robert Preußler war. In die Gretl waren damals alle verliebt. Sie war bildhübsch, wahrscheinlich die schönste Frau von Salzburg. Leider war sie auf dem Bahnsteig in Begleitung eines Engländers, der in Oxford studierte. Er hieß Don. Die Gretl brachte ihn zum Zug. So fuhr ich mit dem Don in Richtung München. Er hat gesagt, er würde gerne einen Naziführer kennenlernen. Ich habe gesagt, ich bin selbst kein Nazi. Aber zufällig sei einer meiner besten Freunde ein Neffe von Ernst Röhm. So habe ich dem Don die Adresse von Otto Lippert gegeben. Dann bin ich in München ausgestiegen. Der Don ist im Zug geblieben. Bevor ich nach Dänemark weiterfuhr, wollte ich den Otto Lippert besuchen. Außerdem hatte ich in München ein Treffen mit meiner Mutter vereinbart. Sie kam gerade von einer Kur in Bad Nauheim aus dem Taunus in Hessen zurück. Bevor sie nach Salzburg zurück und ich nach Kopenhagen weiterfuhr, haben wir beim Münchner Bahnhof in einem kleinen Hotel übernachtet. Meine Mutter hat gesagt, irgendetwas liegt da in der Luft. Überall, in ganz Deutschland, marschiert die SA. Tag und Nacht. Ich habe gesagt, du siehst immer irgendwelche Sachen in deiner Einbildung. Widersprich mir nicht, hat meine Mutter gesagt, dieses Mal ist wirklich etwas los."

Spürten Sie die Gefahr nicht?

„Es stimmt schon. Irgendetwas war anders. Am nächsten Tag, es war der 30. Juni 1934, da habe ich mir gedacht, vielleicht sollte ich meine Reise nach Dänemark doch um einen Tag verschieben, damit ich den Ernst Röhm in München endlich persönlich kennenlerne. Aber die Liebe zu meiner Dänin war dann doch stärker als das Interesse an Politik. So bin ich vorerst bis Leipzig gefahren. Dort

gab es einen tollen Bahnhof mit dieser berühmten Eisenkonstruktion als Überdachung. Und ich habe immer einen Fimmel gehabt für solche Bahnhöfe. Da bin ich ausgestiegen, um mir alles anzuschauen. Es war Totenstille. Nichts. Und vom Eingang her ist dann ein SA-Mann gekommen, der die „Leipziger Nachrichten" unter dem Arm hatte. Mit riesigen Schlagzeilen: Röhm wegen Hochverrates erschossen! So ist das Leben. Am Tag zuvor wollte ich den Röhm noch in München treffen. Und nun hatte das große Massaker begonnen. Hunderte von SA-Leuten und Offizieren wurden von Hitler umgebracht. An diesem Tag sind dennoch alle Züge pünktlich abgefahren. So kam ich am nächsten Tag in Kopenhagen an."

In Dänemark ging der Nervenkitzel weiter. Er traf seine Freundin namens Jakobsen in Kopenhagen – an ihren Vornamen erinnerte er sich nicht mehr. Der Vater verbot ihm die Übernachtung im Zimmer der Angebeteten. So schlief Kohr in einem Kopenhagener Hotel. Abends hörte er Schüsse:

„Ein Maschinengewehr? Ein Feuergefecht? Wahrscheinlich ein Straßenkampf. Schon wieder eine Revolution, dachte ich mir. Am Fenster hat man aber nichts gesehen. Es gab nur gedämpften Lärm. Ich habe mich hingelegt und bin gleich eingeschlafen."

An nächsten Tag war er bei den Eltern seiner Freundin zum Essen eingeladen. Der Vater war Geschäftsführer einer dänischen Akkumulatorenfabrik. Leopold Kohr erzählte ihnen von den Schüssen am Abend zuvor. Vom alten Jakobsen wollte Kohr nun wissen, wer denn in der dänischen Revolution gegen wen kämpfe.

„Für mich waren Revolutionen und Bürgerkriege nach den Erfahrungen in Wien, München und Leipzig schon fast normal. Aber meine dänischen Gastgeber konnten es nicht glauben, dass in Kopenhagen nun die Revolution ausgebrochen sei. Dann stellte sich heraus, dass mein Hotel direkt neben dem „Tivoli", dem riesiger Vergnügungsgelände von Kopenhagen, stand. Das ist so eine Art Prater wie in Wien. Und jede Nacht wurde dort in diesem Frühsommer 1934 ausgiebig gefeiert. Mit Feuerwerk, Raketen, Böllern und Knallfröschen."

Da haben Sie sich ziemlich blamiert.

„Ja, natürlich. Aber als Österreicher hatte ich ganz andere Erfahrungen als die Dänen, die lange in Frieden leben konnten. Und am nächsten Tag war Vater Jakobsen beim dänischen König zum Abendessen eingeladen. Er war ja ein Industrieller. Dort hat er die Geschichte von diesem naiven Österreicher dann erzählt, der beim Tivoli wohnt und die Feierlichkeiten für eine Revolution hält. Der dänische König soll sich vor Lachen nur so gebogen haben."

Kindheit wie Tom Sawyer

„Boarische Dampfnudln
bleibt's a weng steh'n
lasst's euch a weng beuteln,
dann könnt's wieder geh'n."

Oberndorfer Kinderreim

Der Lausbub (Zweiter von links) mit Geschwistern und Mutter.
Bild: Familie Kohr

Der Mississippi von Kohrs Kindheit hieß Salzach. Wie bei Tom Sawyer und Huckleberry Finn spielte ein Fluss für Leopold und seine Freunde die zentrale Rolle. Er beflügelte Phantasien und verführte zu Abenteuern. Im Herbst 1915 kam der Sechsjährige in die Volksschule. Auf dem Heimweg vom Unterricht trödelte er oft mit anderen Schülern, es zog sie zur Salzach und ihren benachbarten Rinnsalen, Weihern und Auen. Dort beobachteten sie Fische, Frösche und Wasservögel, träumten von Indianern, Urwäldern und fernen Ländern.

Die Salzach, ein Wahrzeichen des Landes Salzburg, wird von Gletschern und Bächen des Hochgebirges in den Hohen Tauern und in den Nördlichen Kalkalpen gespeist. Vor Kohrs Heimatstadt Oberndorf fließt sie viele Kilometer durch das flachere Alpenvorland. Wenn klares Wetter herrscht, ist von den sanften Hügeln der Umgebung der Nordrand des Hochgebirges mit Untersberg, Hohem Göll und Watzmann-Massiv in der Ferne zu sehen. In der Mitte des Flusses verläuft seit fast 200 Jahren die Staatsgrenze Österreichs zu Bayern. Die Stadt Laufen liegt auf dem anderen Ufer der Salzach und ist der Vorposten Deutschlands. Bis 1811 gehörten Laufen und Oberndorf als Stadt zusammen. Nach den Kriegswirren der napoleonischen Zeit wurde die Region neu aufgeteilt. Das Erzbistum Salzburg verlor seinen „Rupertigau" an Bayern, die uralten Besitzungen westlich der Salzach zwischen Mühldorf am Inn, Tittmoning, Fridolfing, Laufen, Freilassing, Bad Reichenhall und Berchtesgaden. Bei Oberndorf bildete seither die Salzach eine neue Grenze. Das gute Verhältnis der Nachbarn wurde durch die neue Staatsgrenze wenig getrübt. Das ist bis heute so. Man gehört zwar zu verschiedenen Nationalstaaten. Doch oft scheint es in der Region, als existiere diese Linie nur auf Landkarten oder in Gehirnen von Bürokraten und früher auch von Zöllnern, die auf beiden Seiten der alten Salzachbrücke wachten, ehe im Zuge der EU auch diese Kontrollen durch das Schengen-Abkommen fielen.

Für Leopold Kohr war die Salzach das Symbol, wie spannend eine Grenze sein kann. Er machte sich noch im hohen Alter einen Sport daraus, im bayerischen Laufen einzukaufen und die Sachen über die Salzachbrücke nach Österreich zu schmuggeln. Glaubt man Kohr, dann verschwand mit den Grenzkontrollen innerhalb der EU auch eine uralte Kulturleistung dieser Schwesternstädte Laufen und Oberndorf:

„Ein echter Oberndorfer ist ein Schmuggler. Und wenn er kein Schmuggler ist, dann ist er kein echter Oberndorfer. Für die Laufener gilt das umgekehrt ebenso."

Er trommelte sein Leben lang gegen die Bevormundung durch zentralistische Apparate und Regierungen: Leopold Kohr als Vier- oder Fünfjähriger (ca. 1913/1914).
Bild: Familie Kohr

Auch für Kinder war diese Flussgrenze aufregend. Wer sich in Räuber und Gendarmen oder Indianer und Cowboys verwandelt, hat mit einem ruhig dahinfließenden Fluss und seinen Auen und Nebenarmen viel Freude. Kohr erinnerte sich an zahlreiche Abenteuer auf beiden Seiten der Salzach. Gelegentlich herrschte „Krieg" zwischen den Ufern. Dann schallten in Oberndorf und Laufen die deftigen Schmährufe über den Fluss. Kinder forderten sich zu Raufereien heraus, es wurde hinüber- und herübergeschimpft. Es wurden auch Floße gebaut. Und wer hatte schon in diesem Alter einen eigenen Pass, um über die Grenzbrücke ohne Schwierigkeit ins Feindesland zu kommen? So blieb Phantasie die wichtigste Waffe im Kampf gegen das andere Ufer. Es überrascht nicht, wenn Leopold Kohr und seine Freunde die bayerischen Rivalen als „Dampfnudeln" verspotteten. Man rief hinüber, sie sollen doch endlich stehenbleiben und sich ein wenig verprügeln lassen, dann werde man sie gnädig wieder ziehen lassen.

Pfeil und Bogen, Holz, Nägel, kleine Werkzeuge, Tomahawk, Seile, Schnüre, Federn, Steine, Taschenmesser und Zündhölzer waren damals wie heute die Ausrüstung eines Oberndorfer Kriegers. Wie sonst könnte man an einem Ferientag die Wildnis in den dichten Auen der Salzach durchqueren? Wie sonst könnte man es sich in einem selbstgebauten Baumhaus bequem machen und den Unterschlupf gegen die Laufener verteidigen? Die Salzach war nicht nur für Kinder ein Lebensnerv. Gerade in Oberndorf und Laufen am Unterlauf führte der Fluss bei Unwettern in der südlich gelegenen Bergregion oft Hochwasser. In Kohrs Kindheit war die Salzach noch nicht verbaut. Seit dem Mittelalter wurden die Gemeinden und Städte am Fluss mehr oder weniger regelmäßig überflutet. Bei seinen Lehrveranstaltungen und Vorträgen in Nordamerika, Puerto Rico, Wales und England wies Kohr immer wieder darauf hin, wie stark seine unbeschwerte Kindheit an der Salzach in Oberndorf seine Philosophie beeinflusst habe. Hier habe es alles gegeben, was es auch in der so genannten „großen Welt" draußen gab, sagte er seinen Studenten: Freude, Leid, Freunde, Feinde, gute Erfahrungen und böse. Der Fluss zog den kleinen Kohr magisch an:

„Da gibt es zwischen Alt- und Neu-Oberndorf noch heute einen seichten Bach, der zwischen der Schule und meinem Elternhaus in Richtung Salzach fließt. Das ist eine romantische Gegend. Ich war ungefähr sechs Jahre alt und habe immer versucht, mit einem Sprung über den Bach zu kommen. Das ist nie gelungen. Da habe ich mir gedacht, je weiter ich einen Anlauf nehme, umso besser komme ich hinüber. Mein intellektuelles Format war damals so, dass ich auf den Haunsberg hinaufgehen wollte und von dort oben herunterlaufen wollte. Als Anlauf. Ich bin oft in diesen Bach hineingefallen. Und meine Mutter hat schon immer mit einem Kessel voll heißem Wasser auf mich gewartet."

Ich habe gehört, dass Sie das Hochwasser der Salzach als Kind immer geliebt haben.

„Das liebe ich heute noch immer. Nur sehe ich es seltener. Das Hochwasser ist für viele Leute ein Schrecken, aber für uns war es immer ein Festtag. Mein Gott, was die Zeitungen immer über das Oberndorfer Hochwasser geschrieben haben. Über die armen Oberndorfer, die alle versinken werden. In Wirklichkeit war es unsere schönste Zeit."

Aber doch nur für die Kinder?

„Nein, für alle Oberndorfer. Für den Großvater, den Vater, die Bauern, für alle, die überschwemmt worden sind."

Das kann ich mir nicht vorstellen.

„Ich werde es Ihnen erklären. Erstens einmal, das Hochwasser war sicher ein Notfall. Da wurden alle gebraucht. Es hat zur gegenseitigen Hilfe angestachelt. Die hat nicht aus Geld, sondern aus Arbeit, also aus echter Hilfe bestanden. Geld ist nämlich keine echte Hilfe. Die Leute haben viele Stunden miteinander gearbeitet, geredet und später gefeiert. Und für uns Kinder war es sowieso ein Fest. Ich erinnere mich, das Hochwasser hat oft die großen Türen von den Bauernhöfen aus den Angeln gehoben. Darauf haben wir Kinder nur gewartet. Da sind wir dann in den Straßen von Oberndorf auf den herrlichsten Floßen herumgefahren. Das zählt zu meinen besten Erinnerungen. In aller Welt habe ich später den Kindern von den Oberndorfer Hochwassern erzählt. Andere Geschichten haben sie dann gar nicht mehr interessiert. Die haben immer wieder gesagt, erzähl uns doch noch mehr von den Hochwassern!"

Die Oberndorfer waren fleißige Holzfischer?

„Ja, früher war Treibholz ein begehrter Rohstoff. Halb Oberndorf hat damals das Brennholz für den Winter aus dem Hochwasser der Salzach gefischt. Es war das größte Fest, an das ich mich noch erinnere, eines der schlimmsten Hochwasser, 1929, glaube ich, war das. Ein Verwandter war damals Bürgermeister von Oberndorf. Bei jeder Gelegenheit ist er auf die Salzachbrücke gegangen und hat mit sachlicher Kenntnis und Lustgefühl festgestellt, dass der Fluss wieder einmal anschwillt. Eines Tages ist sogar das Gerücht durchgedrungen, dass flussaufwärts in der Stadt Hallein der Holzrechen bei der Papierfabrik in Gefahr sei. Die Oberndorfer haben sich gefreut und daraufhin einen Spion nach Hallein geschickt. Der sollte, sobald der Halleiner Holzrechen bricht, sofort die Nachricht nach Oberndorf melden. Telefonisch. So hat man bei uns nicht nur das normale Treibholz herausgefischt. Sondern auch das Holz der Papierfabrik, das hinter dem Halleiner Holzrechen aufgestaut war und zusätzlich noch das Holz vom zerstörten Holzrechen."

Das ist doch auch zynisch und makaber. Zumindest für die Halleiner.

„Ja, aber nicht für die Oberndorfer. Ganze Hütten sind damals die Salzach heruntergekommen. Es gibt nichts im Leben, was wirklich tragisch ist. Die Presse hat das immer ausgeschlachtet. Die schrieb von furchtbaren Katastrophen und wollte Hilfe mobilisieren. Sogar internationale Hilfe wurde damals angefordert. Diese Journalisten ..."

Als Leopold Kohr im Herbst 1915 in die Oberndorfer Volksschule kam, brach eine heile Welt zusammen. Obwohl seit einem Jahr Krieg herrschte, hatte der Vater dafür gesorgt, dass es seinen Sprösslingen an nichts fehlte. Tagelang war der Sechsjährige traurig, weil er spürte, dass nun eine große Zeit zu Ende ging:

„Das war einer der wenigen Momente in meinem Leben, wo ich geweint habe. Wie mich da meine Mutter im Alter von sechs Jahren an die Hand genommen hat, mit mir zur Schule gegangen ist, das war das Ende meiner Freiheit. Fürchterlich."

Waren Sie ein Lausbub?

„Natürlich. Die unerlaubten Dinge habe ich besonders geliebt. Darauf habe ich später in mehreren Büchern hingewiesen, dass es keinen Menschen gibt, dem nicht die unerlaubten Dinge gefallen. Darum beten wir ja zu Gott, führe uns nicht in Versuchung. Aber was würde der liebe Gott sagen, wenn ich sagen würde, ich bin eh guat, du kannst mich nicht verführen? Das wär ihm viel zu fad. Eine meiner Hauptvergnügungen war Fenster einschlagen. Auch von anderen Leuten.
Da gab es eines Tages einen Hagelsturm. Meine Eltern haben ein Schlafzimmer mit einem schönen Fenster gehabt. Wie ein Kirchenfenster hat das ausgeschaut, mit vielen, einzelnen, kleinen Viereckfenstern. So ein Mosaik. Da habe ich mir gedacht, der Hagelsturm ist eine ideale Gelegenheit. Ich bin hinaus, habe eine Handvoll Kieselsteine genommen und dann die eigenen Fenster eingehaut, vom Schlafzimmer meiner Eltern. Sie waren weg. Wie sie zurückgekommen sind, hat mein Vater gesagt, dieser Sturm und der Hagel haben da ziemlichen Schaden angerichtet, eine Menge Fenster sind zerbrochen. Ja, und ich habe dazu genickt. Und dann ist er hinauf ins Schlafzimmer, um den Schaden zu inspizieren. Ich bin mit ihm gegangen. So als Gutachter. Wie wir ins Schlafzimmer gekommen sind, da ist mir plötzlich klargeworden, dass Hagelkörner normalerweise schmelzen. Aber meine Kieselsteine schmelzen ja nicht! Jetzt hat mein Vater die Steine gefunden, mit denen ich die Fenster eingeschlagen habe. Er war ein gutmütiger Kerl. Er hat mich schon ein bissel geschimpft. Aber ich kann mich nicht erinnern, dass er mich jemals durchgehaut hätte."

Im Herbst 1920 übersiedelte der fast Elfjährige mit Sack und Pack in die Landeshauptstadt Salzburg. Seine Zeit am Humanistischen Bundesgymnasium begann. Für den jungen Oberndorfer war es zu mühsam und umständlich, jeden Tag als Fahrschüler in die Flachgauer aus der Heimatstadt zu pendeln. So bezog

Kohr mit weiteren 30 Buben Quartier in den Schlafsälen und Studierstuben des „Marianum Collegium Rupertinum". Das heutige Kunstmuseum des Landes Salzburg war damals ein kirchliches Zöglingsheim, weitum bekannt für Zucht und Ordnung und entsprechend gefürchtet. Kohr erinnerte sich noch im hohen Alter gern an die Streiche dort:

„Es war dennoch eine glückliche Zeit dort. Obwohl alles so diszipliniert war. Aber nichts ist schöner, wenn man jung ist, als wenn man kleine Verletzungen der Vorschriften begeht. Wenn keine Disziplin da ist, dann kann man ja gar nichts verletzen. Das wäre langweilig. Die Disziplin hat also einen besonderen Wert, weil man ihre Gesetze übertreten kann und muss. Das ist seit der Zeit im Rupertinum immer meine Philosophie geblieben: Die kleinen Gesetzesverletzungen verhindern die großen. Ähnlich ist es mit dem Krieg. Die kleinen Kriege des Mittelalters hätten nie solche Massenmorde entstehen lassen, wie wir sie im 20. Jahrhundert kennenlernen. In diesem Alter damals, da brauchten wir ja auch Disziplin. Dieses überwachte Leben war herrlich. Weil wir immer nach Freiheiten suchten und kleine Sünden begingen. Merkwürdigerweise bin ich heute fast der einzige Überlebende von dieser Gruppe damals. Ich hatte tolle Freundschaften im Rupertinum. Ich war kein Engel. Aber ich war auch kein Verbrecher. Die kleinen Sünden gehören zum Leben. Und die herrlichsten Sachen im Rupertinum geschahen nachts. Um halb neun war jeden Tag das Abendgebet. Und dann Bettruhe. In schönen Nächten, so zwei oder drei im Monat, da sind wir spät in der Nacht aufgestanden und hinunter in den Hof, der jetzt noch besteht.
Der Ofen, dieser herrliche Eisenofen, der früher oben in unserem Studierzimmer stand, der steht heute unten im Restaurant vom Museum „Rupertinum". An dem Ofen haben wir Schüler uns im Winter immer gewärmt. Da unten im Hof gab es eine Geheimtür, die man mit dem Finger aufspreizen konnte. Eine Wendeltreppe führte hinauf auf den Dachboden. Und dann eine Holzstiege bis zum Dach. Da war eine Klappe, die man leicht öffnen konnte. Und dann sind wir hinaus in die herrlichen Mondnächte. Über dem schlafenden Salzburg, kein Straßenlicht gab es damals, keinen Laut, keinen Lärm. Nichts. Nur der Mond und die dunklen Dächer. Die Häuser sind in der Salzburger Altstadt alle eng zusammengebaut. Überall gibt es Bretter, um die verschieden hohen Dächer zu verbinden. Da sind wir dann herumgelaufen. Bis weit hinunter zum Rathaus. Das ist göttliches Gebet! Das ist wahre Herrlichkeit!"

Kohr (links vorne) mit Studenten der Universität von San Juan, Puerto Rico.
Bild: Familie Kohr

Utopie und Widerspruch als Haltung

Modell für den Nahen Osten?

Barack Obama sagte am Beginn seiner Amtszeit, wenn der Konflikt zwischen Israel und den Palästinensern nicht gelöst würde, sei die ganze Menschheit bedroht. Denn der Nahe Osten könne Ausgangspunkt für einen Flächenbrand sein, der letztlich über Iran, Pakistan und Indien auch mit nuklearen Waffen geführt werden könnte. Wäre es nicht sinnvoll und überlegenswert, festgefahrene Krisenherde und Nationalismen wie jene der Palästinenser und Israelis durch Kantonisierung und regionale Selbstverwaltung zu entschärfen? Durch Förderung kleiner und ethnisch gemischter Einheiten Lebensräume zu schaffen, in denen die Ressourcen wie Trinkwasser und fruchtbarer Boden gerechter verteilt würden? Könnten die Ansätze Kohrs Lösungsmöglichkeiten für Krisenregionen bieten? Warum interessieren sich Politiker nicht für Modelle einer humaneren Machtverteilung, wie sie aus Kohrs Denkansätzen und Theorien abzuleiten wären?

Die meisten Beobachter und Akteure der Weltpolitik schlagen im Konflikt zwischen Israel und den Palästinensern in den besetzten Gebieten eine Zweistaatenlösung vor. Gibt es nicht schon genug „unabhängige" Staaten von Fanatikern und Kriegstreibern? Warum kein gemeinsames Projekt? Wie würde sich das Land verändern, wenn Israel sein Staatskonzept reformieren würde? Könnte eine Art Schweiz des Nahen Ostens mit einer Vielzahl von Kantonen entstehen? Reine Utopie. Natürlich. Ein solches Israel wäre andererseits die realpolitisch längst fällige Abkehr von Herzls Zionismus, der über viele Jahrzehnte seine Funktionen gut erfüllt hat; zum Beispiel indem er den Millionen von in ganz Europa entwurzelten Jüdinnen und Juden nach dem Zweiten Weltkrieg das Überleben sicherte und eine Heimat gab.

Die anarchistisch friedliche Dezentralisierung des Landes ist eine erstaunlich logische Utopie: Israel als kleiner Staat mit vielen noch kleineren Kantonen. Ein Kohr`sches Modell mit optimierter Verwaltung, nach sozialer Gerechtigkeit strebender und regional gut funktionierender Wirtschaft – möglichst frei von ethnischen Barrieren. Ein Staat, in dem Juden und Palästinenser ihren Alltag im jeweiligen Kanton selbst in die Hand nehmen können. Wo eine ethnisch gemischte Bundesregierung das tut, wozu sie vom frei gewählten Parlament beauftragt ist: den Rechtsstaat zu garantieren, nach innen und außen zu verteidigen, den Frieden politisch und militärisch zu beschützen, Nachbarn zu achten und Gemeinsames zu ermöglichen. Ein Israel, in dem nicht radikale Zentralisten, Nationalisten, politisch missbrauchbare Militärs und fanatische Orthodoxe liberaleren Menschen das Leben schwer machen. Ein Israel ohne islamistische Attentäter mit Sprengstoffgürteln, arabischen Terroristen an Raketenwerfern im Grenzland, ohne rabiate „Siedler" mit Maschinenpistolen und Faschisten vieler Schattierungen.

Nur mit Hilfe ihrer radikal dezentralen Struktur habe die Schweiz als politisches System so viele Jahrhunderte überdauert, schreibt Kohr. Die Schweizer Deutschen, Franzosen, Italiener und Rätoromanen hätten wegen der überaus starken Selbstverwaltung und kulturellen wie politischen Vielfalt ihrer kleinräumigen Kantone auch im 19. und 20. Jahrhundert keinen Grund gehabt, sich den kriegerischen Nationalismen der großen Zentralstaaten Europas anzuschließen. Natürlich verschweigt Kohr dabei problematische Entwicklungen in der Schweiz, wie die traditionelle Benachteiligung der Schweizer Frauen.

Israel ist mit 22.000 Quadratkilometern Kernland und 6.800 Quadratkilometern der besetzten Gebiete nur etwa halb so groß wie die Schweiz. Gleichzeitig gibt es in beiden Staaten fast gleich viele Einwohner. In Israel waren es 2008 fast 7,4 Millionen, in der Schweiz 7,7 Millionen. Schweizer Bürger haben in ihren Gemeinden, Bezirken und Kantonen wesentlich mehr Selbstbestimmungsrechte als die Israelis. Politische Autonomie von ländlichen Teilgebieten war in Israel seit der Staatsgründung (1949) nie ein Thema. Israel ist strukturell und verwaltungsmäßig ein klassischer Zentralstaat. Er orientierte sich zu Beginn an den Kolonialverwaltungen der Türken und später der Briten, die vor der Gründung Israels die Region ausbeuteten und sich gegenseitig bekämpften. Türken und Briten agier(t)en traditionell äußerst zentralistisch.

Im modernen Israel sind alle politischen und wirtschaftlichen Strukturen auf Tel Aviv und Jerusalem ausgerichtet. Das dient dem Selbstschutz und hat – natürlich – auch militärische Gründe. Israel ist die einzige Demokratie der Region und definiert sich – trotz seiner zahlreichen ethnischen Minderheiten – als jüdischer Staat. Seit seiner Gründung, seit 1949, steht Israel im Überlebenskampf. Die Lage verschlimmert sich angesichts unzähliger Drohungen und Bedrohungen durch arabische Nachbarn und Fanatiker, die den Staat zerstören und „alle Juden ins Meer treiben" wollen, wie die Propaganda von Islamisten und arabischen Nationalisten seit Jahrzehnten immer wieder andeutet. Der politische Rechtsruck in Israel bei der Wahl 2009 bescherte vielen Freunden des Landes schwere Gewissenskonflikte. Er spülte noch mehr radikale Nationalisten in die Knesset; und stärkte weiter den Zentralismus. Der Friedensprozess schien gefährdeter zu sein denn je. Dazu kamen mutmaßliche Kriegsverbrechen israelischer Soldaten bei der Invasion im Gaza-Streifen, die sogar von Beteiligten selbstkritisch zugegeben wurden. Einige Soldaten verwiesen auf rechtsradikale Kommandeure der Armee und nationalistische Geistliche der Militärverwaltung. Diese hätten zu Übergriffen gegen palästinensische Zivilisten regelrecht aufgestachelt, hieß es im öffentlich-rechtlichen Rundfunk Israels im Frühling 2009. Kritische Medienberichte und Diskussionen in der Öffentlichkeit sind Zeichen, dass Israels Demokratie, die mediale Kontrolle und eine unabhängige Justiz auch in schwierigen Zeiten dort noch funktionieren. Warum sollte nicht eines Tages auch ein Wandel auf Kohr'schen Pfaden möglich werden?

Utopien werden manchmal wahr. Und manche werden früher wahr als selbst die hartnäckigsten Optimisten zu hoffen wagen. Sowjetunion, DDR und andere Refugien des Stalinismus verschwanden nach 1989 in kurzer Zeit vom Erdboden; der Utopist Leopold Kohr hatte schon 1942 in der „Los Angeles Times" den sicheren Untergang Hitlers prophezeit, als dieser für die meisten Zeitgenossen noch jenseits des Möglichen zu liegen schien.

Ernst Florian Winter, Befreier Österreichs

Der ehemalige US-Soldat, Geheimdienst-Offizier und Diplomat Ernst Florian Winter (links) besuchte 2008 das Grab von Leopold Kohr in Oberndorf – mit dem Politikwissenschafter Andreas Maislinger.
Bild: Gerald Lehner

Ende Mai 2008 schloss sich in Salzburg ein Kreis, der mit diesen Utopien zu tun hat. Ein betagter Mann besuchte das Grab von Leopold Kohr auf dem Friedhof von Oberndorf bei Salzburg, 14 Jahre nach Kohrs Tod. Der Katholik mit dem beständig guten Aussehen von Ernest Hemingway betete für den Philosophen: Ernst Florian Winter. Der einstige „Befreier des Innviertels" im angrenzenden Oberösterreich war einer der ersten US-Soldaten überhaupt, die Ende April/ Anfang Mai 1945 beim Kampf gegen SS und die Deutsche Wehrmacht ihren Fuß auf österreichischen Boden setzten. Winter und Kohr, die auf der Flucht vor den Nazis nach Nordamerika emigrierten Österreicher, kannten sich persönlich nicht, aber beide hatten im Zweiten Weltkrieg die gleiche Utopie: die Befreiung Österreichs vom Joch des Nationalsozialismus. Während Kohr in amerikanischen Zeitungen sein Trommelfeuer gegen Hitlers Regime entfachte, kämpfte Ernst Florian Winter als Offizier der US-Armee und des amerikanischen Militärgeheimdienstes.

Anfang Mai 1945 kommandierte der junge Winter elf noch jüngere Männer mit leichter Infanterie-Bewaffnung. Sie überquerten bei Burghausen in Schlauchbooten die Salzach von Bayern nach Oberösterreich. Wenige Tage zuvor war Winter dabei gewesen, als seine Einheit – die 86. Division in der 3. US-Armee – das KZ Dachau in der Nähe von München befreite, seit 1933 das älteste aller Folter- und Todeszentren der Nationalsozialisten. Am späten Abend des 3. Mai 1945 stand der damals 22-jährige US-Offizier – sieben Jahre nach seiner Flucht nach Amerika – wieder auf heimatlichem Boden: *„Gott sei es noch heute gedankt, dass ich niemanden umbringen musste"*, sagte Winter. Für die erste nächtliche Erkundung auf österreichischem Territorium schnappte sich Winters Stoßtrupp einige Fahrräder. Mit ihren halbautomatischen Browning-Gewehren schwangen sich die Amerikaner auf die Drahtesel. Noch vor Sonnenaufgang erreichten sie die Innviertler Ortschaft Gundertshausen. Knechte und Mägde erspähten den Zug: „*Wer seid denn ihr?*" „*Na, wer werden wir schon sein?*", zitiert Winter schmunzelnd das erste Gespräch. Man war erfreut, dass ein Amerikaner astreines Österreichisch sprach: „*So sehen also Freiheitskämpfer aus*", habe eine Magd gelacht: „*Das war mein schönstes Kompliment.*"

Winter war als Geheimdienstler und Dolmetscher der 86. Division („Black Hawk") der 3. US-Armee zugeteilt. Der Auftrag seines Zuges auf österreichischem Gebiet lautete, das auffällige Gebäude in Gundertshausen zu besetzen, welches sie auf den Luftaufnahmen für einen Innviertler Vierseithof gehalten hatten. Die 86. Division unter General Patton sollte später – aus Bayern kommend – hier ihr Hauptquartier für die Befreiung Österreichs aufschlagen. Bei den Gebäuden handelte es sich um die Brauerei Schnaitl, die es noch heute gibt. Wenige Tage nach der Ankunft in Österreich fuhr Winter mit einem Jeep nach Salzburg, um das Haus seines späteren Schwiegervaters im Stadtteil Aigen zu inspizieren – in dessen Auftrag. Die Villa hatte sich nach der Flucht der Salzburger Musikerfamilie Trapp („Sound of Music") kein Geringerer als Heinrich Himmler, Reichsführer SS, unter den Nagel gerissen. Bei seinen Aufenthalten in Salzburg plante und organisierte Himmler in der Villa auch phasenweise den Holocaust. Die Hauskapelle diente hohen SS-Führern als Ort für Saufgelage. Kurz nach dem Krieg heiratete Ernst Florian Winter dann Johanna Trapp in den USA, die Tochter des Barons. In den 1960er-Jahren wurde er Professor für Politikwissenschaft an der Columbia University in New York und später Direktor der Diplomatischen Akademie in Wien. Später ließ sich Winter als Pensionist, Bergbauer und Pferdezüchter im Defereggental in Osttirol nieder. Am 3. Mai 2008 erhielt er von der Stadt Braunau am Inn den Egon-Ranshofen-Wertheimer-Preis. Statt als Befreier gefeiert zu werden seien Männer wie Winter in der Nachkriegszeit lange als „Verräter" diffamiert worden, merkte der österreichische Diplomat Michel Cullin in seiner Laudatio an: „*Das ist kein Ruhmesblatt dieser Republik.*"

Ernst Florian Winter und Andreas Maislinger (links) vor dem Geburtshaus von Leopold Kohr in Oberndorf bei Salzburg.
Bild: Gerald Lehner

Die Architektur des Simon Schmiderer

Simon Schmiderer, Architekt in den USA, Mitarbeiter bei der Planung für die UNO-Gebäude in New York, enger Freund von Kohr. Bei einem Strandspaziergang in Highland Beach, Florida 1994.
Bild: Gerald Lehner

Leopold Kohr war geprägt von vielerlei Widersprüchen und unterschiedlichen persönlichen Verbindungen, die sich charmant und zum Teil als starke Gegensätze in sein Leben fügten. Er hatte auch enge Beziehungen mit Leuten, die mit seiner Theorie der staatlichen Kleinheit überhaupt nichts anfangen konnten. Eine seiner längsten Freundschaften galt dem New Yorker Architekten Simon Schmiderer, wie Kohr ein gebürtiger Salzburger, vehementer Gegner der Nazis, ehemaliger Flüchtling und Utopist im künstlerischen Sinn. Außerdem war der überzeugte Amerikaner Schmiderer bis zu seinem Tod im hohen Alter ein Sozialdemokrat; ein wirklich gewagter Standpunkt in den neoliberalen und antisozialistischen USA. Und Schmiderer hatte allerdings nichts gegen eine gute Weltregierung einzuwenden, die Kohr aus seiner tiefsten Seele des Anarchisten ablehnte. Nach dem Krieg hatte Schmiderer als junger Mann und Idealist beim Entwurf für den Bau der Vereinten Nationen (UNO) am East River in Manhattan mitgearbeitet. Kohr dagegen kritisierte die UNO sein Leben lang wegen ihrer Schwerfälligkeit, Ineffizienz und des Verdachts auf Korrumpierbarkeit. Als ich Schmiderer 1994 auf seinem Alterssitz in Florida besuchte, betonte er wenige Wochen nach dem Tod Kohrs, dieser sei einer seiner engsten Freunde gewesen:

„Aber von seiner Theorie der Kleinheit halte ich nichts. Das ist doch Träumerei oder Blödsinn." Warum? *„Sehen Sie sich die Staatenwelt an, glauben Sie, ein Hahn kräht nach solchen Dingen? Die tun doch alle, was sie wollen!"* Aber genau das schreibt doch auch Kohr am Ende von „The Breakdown of Nations", entgegnete ich, in diesem Punkt war er doch ein Realist. *„Na ja, stimmt. Darüber*

schmunzelte er oft. Ich mochte ihn sehr, es ist so schade um ihn." 2001 starb Simon Schmiderer, und die New Yorker Familie seines Sohnes Timothy bestattete die Urne auf dem Friedhof der alten Salzburger Heimat Saalfelden – mit Blick auf das Hochgebirge des Steinernen Meeres, das Schmiderer vor seinem Exil als Jugendlicher so geliebt hatte.

Mit Schmiderer verließ ein weiterer Utopist diese Welt. Wie Kohr und dessen Förderer Egon Ranshofen-Wertheimer, Mitbegründer der UNO aus Braunau am Inn und Berater des Weißen Hauses im Zweiten Weltkrieg, hatte ihn die alte Heimat Österreich vergessen. Obwohl es auch Schmiderer in den USA zu Ruhm und Ehre gebracht hatte in der Architektur. Schmiderer war Planer und Schöpfer großer Konstruktionen mit Beton. Kleinstrukturierte Dinge, die Kohr gefallen hätten, waren seine Sache nicht. Beim Projekt für die UNO war Schmiderer noch ein so genannter „backroom boy" gewesen, einer der Assistenten für die zwölf internationalen Star-Architekten, die die Hauptentwürfe machten. Die Assistenten bevölkerten in Manhattan einen eigenen Zeichensaal. Ihre Aufgabe war die Umsetzung von Entwürfen, die die Stars geliefert hatten. Die Jungen fertigten dazu erste Detailzeichnungen und modellhafte Darstellungen an. Und sie prüften, ob sich die Pläne überhaupt verwirklichen ließen. Leute wie Schmiderer sahen die Zusammenarbeit mit den wichtigsten Architekten jener Zeit als Glück und Sprungbrett ins Berufsleben.

Sprach man Schmiderer auf seine Rolle im Planungsteam der UNO an, so betonte er, diese sei nicht sehr bedeutend gewesen. Anderer Meinung war sein früherer Vorgesetzter im Planungsbüro Harrison & Abramovitz, das zum Imperium der Milliardärsfamilie Rockefeller gehörte. Der Architekt und Bautechniker George A. Dudley lebte im hohen Alter in Albany, der Hauptstadt des Bundesstaates New York. Dort stand er 1996 für ein Interview zur Verfügung. Er starb 2005. Simon Schmiderer habe für den Bau der UNO-Gebäude auch seine handwerklichen Fähigkeiten beigesteuert, sagte Dudley. Der Salzburger war einerseits Architekt und hatte in seiner Jugend in Salzburg auch das Handwerk des Tischlers erlernt. Dadurch habe Schmiderer ein besonderes Gefühl für konstruktive Details und Räume mitgebracht, so Dudley:

„Das sind Fähigkeiten, die bei der Umsetzung von Plänen entscheidend sein können. Leider beherrschen nur wenige Architekten solche Dinge. Die meisten sind zu sehr in Theorien, Designfragen oder Eitelkeiten verstrickt."

Einfache Herkunft

Simon Schmiderer wurde am 27. Januar 1911 in der Pinzgauer Gemeinde Saalfelden geboren. Er war der Sohn eines Lokführers und Sozialdemokraten, der sich in der Gewerkschaft engagierte. In seiner Kindheit litt der Bub oft an Hunger, der Erste Weltkrieg bescherte der Familie große Not. Im Jahr 1925 begann Schmiderer eine Tischlerlehre in dem Saalfeldener Betrieb Lirk, der noch heute existiert. Daneben begeisterte er sich für das Bergsteigen im nahen Steinernen Meer. Fünf Jahre später schaffte der Salzburger die Meisterprüfung. Er siegte bei einem Tischler-Wettbewerb aufgrund seines herausragenden Designs, bekam er ein Stipendium und begann an der Hochschule für Angewandte Kunst in Wien Architektur zu studieren. Dort lernte er die junge Mabby Burlingham aus den USA kennen, eine Enkelin des New Yorker Juwelenkönigs Tiffany, die ebenfalls in Wien studierte.

Mit ihren Geschwistern und ihrer Mutter Dorothy Burlingham lebte Mabby in der Wiener Berggasse, im Haus von Sigmund Freud. Dorothy war mit Anna Freud, der Tochter des Professors, eng befreundet. Sie sollen ein Paar gewesen sein. Als 1938 die Nazis die Macht in Österreich übernahmen, flüchtete Simon Schmiderer mit den Burlinghams und Freuds nach London und später nach New York. Weil er sich offen zur Sozialdemokratie bekannte, stand sein Name auf den Listen der Nazis. Zu Beginn seines Exils schlug sich Simon Schmiderer in New York als technischer Zeichner durch. Das Studium hatte er noch in Wien abgeschlossen. Trotz seiner familiären Verbindungen war es schwierig einen Job zu bekommen. Mabby, die Enkelin von Tiffany, hatte er inzwischen geheiratet. Die USA investierten damals kaum in öffentliche Bauvorhaben. Das Geld floss in die Rüstung. Erst nach einiger Zeit erhielt Schmiderer kleinere Aufträge. Als Tiffany an der Ecke 57th Street / 5th Avenue ein neues Geschäft bauen ließ, arbeitete Schmiderer mit. Nach und nach schaffte er den Sprung in renommierte Büros.

Schon 1943 hatte Simon Schmiderer im New Yorker Architektenbüro von Wallace K. Harrison und Maxwell Abramovitz eine feste Anstellung bekommen. Der junge Salzburger war später nicht nur an Planungen für die UNO beteiligt. Er durfte zudem an Entwürfen für das neue Gebäude des Verlages TIME LIFE mitarbeiten. Harrisons Architekten befassten sich auch mit sozialen Fragen, wie dem Bau von Wohnsiedlungen und Kindergärten im Auftrag der Stadt New York. Im Auftrag des Rockefeller-Imperiums wurde Schmiderer in die Karibik geschickt, wo er in Puerto Rico an der Konstruktion riesiger Wohnsiedlungen beteiligt war, die völlig im Gegensatz zu Kohrs Vorstellungen standen. Schmiderer entwickelte eine – später in vielen Ländern kopierte – Baumethode mit Fertigteilen aus Beton, die mit Hilfe sehr großer Kräne aufgestellt wurden. Der Bau mehrerer Blocks konnte so innerhalb weniger Tage fertiggestellt werden. Die Wohnqualität war zwar etwas besser als in Osteuropa und Sowjetrussland, dennoch gehörte Schmiderer damit zu den Geburtshelfern der heute vielkritisierten Plattenbauten.

Das Scheitern dieser Architektur ist heute offenkundig und unbestritten. Hier schließt sich wieder ein Kreis zu Kohrs Forderungen nach intakten Lebens- und Wohnräumen im kleineren Maßstab. Die gesichts- und geschichtslosen Vorstädte der Metropolen ebenso wie die Zentralbesiedelung in allen Teilen der Erde bilden Gegenpole zu Kohrs romantisierender Verherrlichung von Dorf- und Landleben sowie seiner Verklärung des kleinräumigen Stadtlebens im antiken Griechenland.

Mittlerweile setzt sich das Bewusstsein durch, wonach die Energieversorgung dezentraler, regionaler und damit unabhängiger organisiert werden sollte – etwa über Sonnen- und Windenergie. Vor 25 Jahren waren es neben Kohr noch einige Umweltschützer bzw. kompromisslose Grüne, die ein Umdenken forderten. Heute gehören diese Ansätze zum Mainstream. Dazu kommt die Erkenntnis, dass Strukturen des Kleinen auch im Großen angelegt sein müssen, um gutes Leben und Wohnen überhaupt erst zu ermöglichen.

In fortschrittlichen Städten belebt man strukturell zerstörte Viertel wieder durch dörfliche Gestaltung – mit entsprechenden sozialen und gewerblichen Dienstleistungen und kleinräumiger Gastronomie um eine Nahversorgung der Bevölkerung sicherzustellen. Parallel gibt es in reicheren Regionen Deutschlands und Österreichs seit etwa 30 Jahren die so genannte „Dorferneuerung". Dieses Instrument sollte der allgemeinen Landflucht gegensteuern, wurde und wird jedoch im ländlichen Raum nicht selten für architektonischen Kitsch, Vettern- und Parteibuchwirtschaft missbraucht. Dass sich Kohr als einer der Ersten schon in den 1950er-Jahren mit der Rettung dörflicher Strukturen – besonders in Entwicklungsländern – beschäftigt hatte, war lange Zeit vergessen.

Gloucester, Großbritannien, Herbst 1993, wenige Monate vor seinem Tod.
Bild: Gerald Lehner

Was bleibt?

Nachdem Kohr in den 1980er-Jahren in seiner alten Heimat Salzburg wieder „entdeckt" worden war, kam dort unter seiner Patronanz ein Dorferneuerungsprogramm in Gang. Es ird in der Region Oberpinzgau von einigen Gemeinden verwirklicht. Basis ist der gemeinnützige Kulturverein Tauriska in Neukirchen am Großvenediger, dem auch die Leopold Kohr-Akademie angeschlossen ist. Gegründet wurde der Verein von dem Salzburger Kulturmanager Alfred Winter, der den Austroamerikaner Kohr für Salzburg wieder „entdeckte".

Tauriska fördert regionale Identitäten, Menschen und Talente, „gräbt" Erhaltenswertes, Altes und Neues aus und ermöglicht praktische Projekte. Regionalität in einer globalisierten Welt wird dabei als strategischer Vorteil für das Wirtschaften in der Bergregion gesehen.

Die Kulturmanager Susanna Vötter-Dankl und Christian Vötter haben Tauriska – zusammen mit Impulsgeber Alfred Winter (bis zu seiner Pensionierung war er Leiter der Abteilung für kulturelle Sonderprojekte der Salzburger Landesregierung) – zu einer über die Grenzen Österreichs bekannten Institution gemacht. Im Sinn von Leopold Kohr. Auch der Philosoph begleitete den Verein bis zu seinem Tod im Jahr 1994 als dessen Präsident.

Regionale Ressourcen und Wirtschaftskreisläufe zu stärken, das ist eines der Hauptziele. Tauriska hat auch Partner in anderen Regionen: Südtirol, Bayern, den norddeutschen Bundesländern Bremen und Nordrhein-Westfalen. Fachtagungen ergänzen diese Kontakte. Die Leopold-Kohr-Akademie hat inzwischen auch an der Universität Salzburg einen festen Platz – mit Lehrgängen, Ringvorlesungen und der Verleihung des Leopold-Kohr-Preises an aufstrebende junge Wissenschaftler oder renommierte Routiniers. Man nutzt auch Kohrs internationale Fangemeinde, um Philosophen, Ökonomen, Vor- und Querdenker in die Region Salzburg einzuladen. 1999 gab es ein international – auch von Medien – stark beachtetes Treffen von Trägern der Alternativen Nobelpreise. Die Palette reichte von Biobauern aus Costa Rica bis zu Dorferneuerern und Regionalisten aus Finnland sowie Aktivisten von Menschenrechtsbewegungen aus Lateinamerika, Afrika und Asien. Es gab Salzburg- und Kohr-Wochen in Bremen, Symposien, Ausstellungen in Skandinavien, Russland, Bayern oder in der ehemaligen deutschen Bundeshauptstadt Bonn. Dazu kommen TV-Dokumentationen über den Philosophen, die auch an Schauplätzen seines Lebens in Übersee gedreht wurden.

Tauriska dokumentiert Schätze des alten Handwerks und des alpinen Brauchtums. So erfahren zum Beispiel auch die Handwerkstechniken des Filzens, Klöppelns oder Korbmachens eine Wiederbelebung. Die Holzkunstwerke des ehemaligen Tagelöhners und Knechtes Thomas de Martin („Steinberg-Thoma") sind ein Beispiel dafür, ebenso der erste Bio-Kratergarten Österreichs in Bramberg – in seiner Vielfalt seit vielen Jahren ein „Garten Eden".

Tauriska lässt moderne Kunst mit alpiner Kulturlandschaft und wilder Natur verschmelzen – beispielsweise mit einer spektakulären „Seillegung" über die Krimmler Wasserfälle. Und der Kulturverein gibt Orientierung im Sinn des Wortes – mit dem Kunstwerk „Leuchtturm" von Margot Salchegger in Mühlbach im Oberpinzgau, einem Anziehungspunkt für Radler und Wanderer.

Tauriska startete schon vor Jahrzehnten die ersten Bauernmärkte mit Selbstvermarktung regionaler Produkte. Es entstehen Bücher (z.B. „Essen und Sprache") und Ausstellungen über uralte, dennoch zeitgemäße, köstliche und robuste Apfelsorten des Berglandes. Dazu kommen lokal- und regionalgeschichtliche Dokumentationen in Verbindung mit Schulprojekten und Konzepten für den Tourismus. Die alpine Berglandwirtschaft spielt dabei eine zentrale Rolle. Deren Überleben – in Zeiten der Bedrohung durch Lebensmittelskandale, Preisdumping, Massenware und Industrial Farming in flachen Regionen Europas – hängt wesentlich davon ab, ob die Bergbauern im modernen Alpentourismus als Lieferanten von sauberer und hochwertiger Nahrung integriert werden können.

Tauriska und die Leopold-Kohr-Akademie laden ähnliche Initiativen in anderen Regionen und Erdteilen zur Zusammenarbeit ein. Auf den großen Durchbruch in der internationalen Politik wartet Kohrs Fangemeinde noch immer. Kohr ließe sich davon nicht verunsichern, denn über große Durchbrüche hätte sich der Kleinheitsapostel und austroamerikanische Weltbürger ohnehin nur lustig gemacht.

Verein TAURISKA | Leopold Kohr-Akademie
TAURISKA-Kammerlanderstall 15a
A-5741 Neukirchen am Großvenediger
UID: ATU 33982606, ZVR-Zahl 204405414
Tel: +43 (0) 6565 6145 Mobil: +43 (0) 664 5205203 Fax: +43 (0) 6565 6145-4
E-Mail: office@tauriska.at www.tauriska.at

Epilog – Kohr oder Sibirien?

Mein Bezug zu Leopold Kohr ergab sich über Umwege. Berufsmäßig betreute ich – als damals noch junger Radioreporter des ORF Landesstudios Salzburg Ende der 1980er, Anfang der 1990er-Jahre – die Sendereihe „Schatzkammer Hohe Tauern". Ich produzierte akustische Miniaturen über kulturelle, landwirtschaftliche und historische Besonderheiten im Salzburger Alpenhauptkamm. In diesem Zusammenhang stieß ich auf den Kulturverein Tauriska und die Leopold-Kohr-Akademie in Neukirchen am Großvenediger, deren Gründungen auf Leopold Kohr zurückgehen. Von seinem bewegten Leben kannte ich bis dahin nur – weitgehend entpolitisierte – Bruchstücke aus zweiter und dritter Hand, Auszüge medialer und amtlicher Kurzbiografien im damals sehr konservativ regierten Bundesland Salzburg.
Vorerst schien es für mich in eine völlig andere Richtung zu gehen. Ich war 29. Als Journalist und Bergsteiger erhielt ich im Frühsommer 1993 eine Einladung für eine große Expedition des österreichischen Fernsehens (ORF) in die Arktis Sibiriens. Die ehemalige Sowjetunion war für Leute aus dem Westen noch nicht lange zugänglich. Drei Jahre zuvor war ich bereits – als Reporter – mit der Crew des deutschen Extremseglers Arved Fuchs im nördlichsten Teil Sibiriens unterwegs gewesen, auf Teilen der so genannten Nordostpassage bei Dikson, einem berüchtigten Hafen für atomare Unterseeboote. Und nun sollte es mit dem ORF nach Franz-Josef-Land ins arktische Polarmeer Russlands gehen – zu einer Inselgruppe, die im 19. Jahrhundert von einer österreichischen Expedition entdeckt worden war. Meine Aufgabe war die Produktion eines Radio-Features über dieses TV-Projekt für den Kultursender Österreich1 im Hörfunk. Genau da kamen mir Kohr und sein Leben in die Quere.

Vom Salzburger Kulturmanager Alfred Winter hatte ich erfahren, dass der Österreichische Bundesverlag bzw. dessen Verlagsgesellschaft Deuticke einen Biografen für den Philosophen und Austro-Amerikaner Leopold Kohr suche. Dieser lebte damals hochbetagt im britischen Gloucester. Viel Geld gebe es nicht; allerdings Aussicht auf einige Reisen und ein schönes Buch. Genau das reizte mich – aus historischem Interesse, beruflicher Eitelkeit und jugendlichem Leichtsinn – noch mehr als das kommende halbe Jahr in der Arktis Sibiriens. Außerdem wollte ich meinen Vater nicht so lange allein lassen; es war kurz nach dem Tod meiner Mutter, die am 1. Mai 1993 verstorben war. Nach einer fast schlaflosen Nacht sagte ich den Kollegen vom Fernsehen ab, nahm ein paar Tage Urlaub vom Radiojob und flog das erste Mal zu Kohr nach Großbritannien. Ich bereute die schwere Entscheidung nicht.

Tabellarischer Lebenslauf – DDr. Leopold Kohr

5. Oktober 1909	Geburt in Oberndorf bei Salzburg (Flachgau)
1916 bis 1920	Volksschule Oberndorf
Ab 1920:	Schüler des Humanistischen Bundesgymnasiums in Salzburg. Kohr wohnt acht Jahre lang im Internat „Rupertinum“. Freundschaft mit Richard Preußler und Otto Lippert, dem Neffen von Hitlers Kampfgefährten Ernst Röhm, dem Spezialisten für Straßenterror und später ermordeten Chef der Sturmabteilung (SA).
1928	Reifeprüfung
1928 bis 1933	Studium der Rechtswissenschaften – Universität Innsbruck. Ab Spätherbst 1928 hält sich Kohr fast ein Jahr in Großbritannien auf. Student an der London School of Economics. Kontakte zu Ökonomen und Politikern der Labour Party.
Herbst 1929	Rückkehr nach Innsbruck. Gründung einer sozialdemokratischen Studentengruppe.
1933	Promotion zum Dr. jur. in Innsbruck
1933 bis 1937	Gerichtsjahr in Salzburg und Wien. Studium der Staatswissensschaften an der Universität Wien. Wieder Aufenthalte in Paris, wo Kohr journalistisch arbeitet und an der Universität eingeschrieben ist.
5. Mai 1937	Kohr betritt erstmals den Boden Spaniens. Er arbeitet während des Bürgerkrieges gegen die Faschisten als Berichterstatter für Zeitungen in Österreich und der Schweiz sowie für die Pariser Nachrichtenagentur „Agence Viator“. Erste Kontakte zur Anarchistenbewegung in Katalonien.
Sommer 1937	Reporter Kohr diskutiert in Valencia mit Eric Arthur Blair alias George Orwell und sitzt mit Ernest Hemingway sowie Andre Malraux an benachbarten Schreibtischen im Korrespondentenbüro.
Frühling 1938	Hitlers Truppen marschieren in Österreich ein. Kohr gründet mit dem Kaisersohn Otto Habsburg und anderen in Paris eine Widerstandsgruppe. Mit Hilfe des Diplomaten Egon Ranshofen-Wertheimer versuchen sie, den Völkerbund in Genf zu deutlicherer Ablehnung des Vorgehens der Deutschen zu ermuntern. Vergeblich. Kohr hofft in Paris auf ein Visum der USA, das ihm aber verweigert wird. Er benötigt

	einen Stempel der Nazi-Behörden für ein Touristenvisum und muss zurück nach Salzburg. Mit knapper Notgelingt ihm die Rückkehr nach Paris, wo er die Flucht nach Nordamerika organisiert.
Herbst 1938	Kohr schifft sich in Le Havre ein. Am 31. Oktober geht er in New York an Land. Unterkunft bei dem Bäcker Lämmermeyer, einem gebürtigen Oberndorfer. Reise nach Toronto. Kohr wird von der Familie des kanadischen Historikers George M. Wrong aufgenommen und als Flüchtling auf zahlreichen Partys verwöhnt.
Ab 1939	Kohr reist in den Nordwesten Kanadas und verdingt sich am Rande der Arktis in einem Goldbergwerk. Durch die harten Arbeitsbedingungen erleidet er einen Hörsturz. Seine Taubheit wird immer schlimmer. Im warmen Kalifornien erhofft er sich Linderung. Doch kein Arzt kann helfen. Arbeit mit Otto Habsburg für die „Österreich-Frei-Bewegung" im politischen Kampf gegen Hitler. Kohr ist ein wichtiger Repräsentant dieser Widerstandsgruppe in Kanada. Beginn der publizistischen Arbeit gegen Nazideutschland. Erste Treffen in New York mit Simon Schmiderer und Harry, dem Neffen von Sigmund Freud.
1941 bis 1943	Kohr arbeitet für die »Carnegie Endowment for International Peace« in Washington und leitet eine Studiengruppe, die sich mit der Geschichte von Wirtschaftsgemeinschaften beschäftigt. Enge Zusammenarbeit mit Egon Ranshofen-Wertheimer, der Kohr mit den wichtigsten Chefredakteuren der USA bekannt macht. Wertheimer ist als Berater des Weißen Hauses tätig. Kohr kritisiert seinen Kollegen Rafael Lemkin, der gerade ein Gesetz zur Verhinderung von Völkermorden ausarbeitet. Diese Entwürfe von Paragraphen in der Studie „Genocide" seien völlig nutzlos, sagt Kohr. Später werden sie aber als eine der ersten Grundlagen der UNO von der neuen Staatengemeinschaft beschlossen. Lemkin war einer der geistigen Väter der Nürnberger Kriegsverbrecherprozesse und des heutigen Internationalen Gerichtshofes in Den Haag.

26. Sept. 1941	Kohrs erster Artikel über die – seiner Ansicht nach – nun nötige Zerschlagung der Großmächte erscheint im linkskatholischen New Yorker Magazin "The Commonweal" und trägt den Titel "Disunion Now".
6. Januar 1942	Kohr startet an diesem Tag mit einem Artikel in der "Washington Post" eine lange Serie in seinem publizistischen Kampf gegen Hitler und setzt sich in der amerikanischen Öffentlichkeit intensiv für österreichische Flüchtlinge ein. Gemeinsam mit Otto Habsburg beeinflusst Kohr die Politik des Weißen Hauses, damit nach Kriegsende Österreich wieder ein unabhängiger Staat wird. Die USA hatten nämlich ursprünglich geplant, es solle künftig eine Provinz Deutschlands bleiben. Außerdem verwendet Kohr die Entstehungsgeschichte des Weihnachtsliedes „Stille Nacht", um für Österreichs Rolle als Opfer der Nazis Stimmung zu machen. Er kritisiert die Alliierten, die seiner Ansicht nach viel zu spät gegen Hitler eingegriffen hätten. Kohr fordert die USA auf, dass Südtirol von Italien an Österreich zurückgegeben werde, wenn Faschismus und Nationalsozialismus eines Tages besiegt seien.
1942	Beginn seiner langjährigen Beziehung zur walisischen Künstlerin Diana Lodge, die damals ebenfalls in den USA lebt.
1943 bis 1955	Kohr unterrichtet an der Rutgers University im US-Bundesstaat New Jersey die Fächer Nationalökonomie und Politische Philosophie. Enge Freundschaft mit seinem Kollegen, dem Lateinamerika-Spezialisten Robert J. Alexander, sowie mit dem Geldexperten Anatol Murad, einem gebürtigen Wiener, der ebenfalls in New Jersey lehrt. Kontakte zum venezuelanischen Staatspräsidenten Romulo Betancourt, der damals in den USA als Flüchtling aufgenommen wird. In den Sommerferien erste Reisen in die alte Heimat Oberndorf sowie nach Liechtenstein, wo Kohr mit Vertretern der Regierung enge Kontakte pflegt.
1950/51	Kohr vollendet sein Hauptwerk "The Breakdown of Nation", das erst sieben Jahren später in London veröffentlicht wird.

1955 bis 1973	Kohr lehrt in San Juan an der Staatsuniversität von Puerto Rico. Er unterstützt die Unabhängigkeitsbewegung der Inselbewohner gegen die Vorherrschaft der USA und kämpft gegen die drohende Zerstörung der Altstadt von San Juan durch nordamerikanische Industriegiganten. In Puerto Rico begründet er sein Konzept der Dorferneuerung und Verkehrsberuhigung.
Ab 1958	Kohrs erste Reisen nach Wales, nachdem der walisische Pazifist und Nationalistenchef Gwynfor Evans brieflich mit ihm Kontakt aufgenommen hat. Kohr unterstützt die kleine keltische Nation gegen Englands Zentralregierung in London. Er arbeitet ein Jahr als Gastprofessor in der walisischen Stadt Swansea. Kohr kauft zu Beginn der 1960er-Jahre bei Slad in Südwestengland ein uraltes Bauernhaus namens „Trillgate" für sich und seine Lebensgefährtin Diana Lodge. Wenig später trennen sich die beiden.
1967	In diesem Jahr hilft Kohr auf der winzigen Karibikinsel Anguilla mit, einen unabhängigen Staat zu gründen. Diesem pazifistischen Experiment wird wenig später von Fallschirmjäger der britischen Kolonialmacht ein gewaltsames Ende bereitet.
Ende der 1960er-Jahre	Kohr lernt im Londoner Salon von John Papworth den britischen Nationalökonomen Fritz Schumacher kennen, der später mit dem Buch "Small is beautiful" weltberühmt wird. Der gebürtige Berliner bekennt, mit Kohr habe er jenen Mann getroffen, dessen Thesen ihm für die ökologische Rettung der Erde am geeignetsten erscheinen. Schumacher betont mehrmals, wie wichtig Kohr als sein Lehrer gewesen sei. Kohr reist mit seinem Freund John Papworth in den afrikanischen Staat Zambia. Sie haben eine Einladung von Kenneth Kaunda, einem Bekannten von Papworth, der mittlerweile Staatspräsident geworden ist. Kaunda entwickelt sich zu einem Verehrer von Kohrs Theorien. Er beauftragt Kohr, in Zambia eine Akademie zu gründen. Kohr lehnt ab. Später schreibt Kaunda das Vorwort für Kohrs Buch "Development Without Aid".
1973	Schumacher vollendet sein Buch "Small is beautiful"

	in Puerto Rico, und zwar im Haus von Leopold Kohr, der inzwischen sein Freund geworden ist. Kurz danach erscheint es im Londoner Verlag Blond & Briggs und entwickelt sich rasch zu einem Bestseller. Kohr wird in Puerto Rico pensioniert. Der 63-Jährige übersiedelt in die Universitätsstadt Aberystwyth nach Wales, unterrichtet dort und schließt Freundschaft mit den Anthropologen Alwyn Rees und Brynmore Thomas sowie mit dem jungen Literaturwissenschaftler Walford Davies. Arbeit für die kleine Nationalpartei „Plaid Cymru", die sich in Wales für die Erhaltung der keltischen Kultur sowie international gegen Atomrüstung, Kernkraftwerke und die Vorherrschaft von Großmächten einsetzt.
Frühling 1977	Schumacher ist bei US-Präsident Jimmy Carter eingeladen und präsentiert im Weißen Haus das Buch "Small is beautiful".
September 1977	Schumacher stirbt in der Schweiz an Herzinfarkt auf einer seiner vielen Vortragsreisen, nachdem er sich monatelang überanstrengt hat.
1979	Obwohl Kohr seit Jahrzehnten in der alten Heimat Salzburg seine Sommerferien verbracht hat, wurde in Österreich nie jemand auf ihn aufmerksam. Erst als ihn seine Freundin Elizabeth Mortimer zu Beginn der achtziger Jahre mit dem Salzburger Kulturmanager Alfred Winter bekannt macht, wacht Österreich in der Folge auf. Winter bemüht sich, Kohr einem breiten Publikum bekannt zu machen. Beginn seiner Freundschaften mit dem Salzburger Landeshauptmann Wilfried Haslauer (ÖVP) und dem Zukunftsforscher Robert Jungk. Ivan Illich und John Seymour kommen zu Treffen nach Salzburg.
1986	In Stockholm erhält Kohr den Alternativen Nobelpreis. Kohrs Hauptwohnsitz ist immer noch in Wales. Nach längerem Streit mit seinem Nachbarn, dem Bäcker Matthew Slater, entschließt sich Kohr, seine geliebte Wahlheimat Aberystwyth für immer zu verlassen. Er zieht in die südwestenglische Industriestadt Gloucester. Im selben Jahr werden in Neukirchen am Großvenediger die Leopold-Kohr-Akademie und der Kulturverein Tauriska gegründet,

	um seine Theorien der regionalen Eigenständigkeit in der alten Heimat Salzburg in die Praxis umzusetzen. In der Folge zahlreiche Symposien, Kulturveranstaltungen und Treffen im Rahmen der Dorferneuerung.
1986 bis 1994	Kohr fühlt sich in seiner neuen Heimat Gloucester nicht sehr wohl. Die Anonymität der Industriestadt und das Leben in Vororten stören ihn sehr. Immer wieder steigen Einbrecher nachts in sein Haus, das seiner Freundin Manning Farrell gehört, die in London lebt. Der Nachbar Jeff Barcley, ein Maurer, lindert seine Einsamkeit und hilft ihm bei handwerklichen Arbeiten. Seinen Haushalt hat Kohr auch im hohen Alter völlig selbständig im Griff.
In den 1980er- und frühen 1990er-Jahren	wird Kohr vom Senatsinstitut für Politikwissenschaft der Universität Salzburg zu mehreren Gastvorlesungen eingeladen. Wie in Wales, Puerto Rico und den USA bezaubert er auch in der alten Heimat seine Studenten und Studentinnen.
Frühling 1993	Gerald Lehner beginnt mit Interviews und Arbeiten an dieser Biografie. Einige Reisen führen ihn auf Kohrs Spuren nach London, Südwestengland und Wales. Insgesamt nimmt Lehner in Gloucester und Oberndorf mehr als 50 Stunden Gespräche mit Kohr auf Tonband auf. Für weitere Recherchen, Archivarbeiten, Gespräche mit Zeitzeugen und Gegenchecks reist Lehner in die USA und nach Kanada.
Sommer 1993	Kohr trifft Vorbereitungen für eine Übersiedelung in die Salzburger Heimat Oberndorf, wo er im „Salzachhof" eine Dachwohnung beziehen will. Wenige Wochen vor Kohrs Tod zerstören Einbrecher in Gloucester sein Archiv. Britische Zeitungen berichten über die Unfähigkeit der örtlichen Polizei.
26. Februar 1994	Leopold Kohr stirbt mit 84 Jahren, kurz nachdem ihm ein Herzschrittmacher eingesetzt wurde.

Namensregister

Rest in Peace: Familiengrab auf dem Friedhof in Oberndorf bei Salzburg. Tafel für Leopold Kohr rechts. Bild: Gerald Lehner

Literaturverzeichnis

Alexander, Robert J.: Latin American Political Parties. New York – Washington – London: Praeger Publishers, 1973.
Alexander, Robert J.: Rómulo Betancourt and the Transformation of Venezuela. New Brunswick (USA): Transaction Books, 1982.
Alexander, Robert J.: The Tragedy of Chile. Westport Connecticut: Greenwood Press, 1978.
Alexander, Robert J.: Trotskyism in Latin America. Stanford University, California: Hoover Institution Press, 1973.
Baker, Carlos. Ernest Hemingway: A Life Story. New York: Charles Scribner's Sons, 1969.
Bauer, Ingrid (Hg.): Von der alten Solidarität zur neuen sozialen Frage. 100 Jahre Sozialdemokratie. Wien: Europaverlag, 1988.
Berresford Ellis, Peter: The Celtic Revolution. Talybont (Wales): Y Lolfa, 1985.
Berthelsen, Detlef: Alltag bei Familie Freud. Hamburg: Hoffmann und Campe, 1987.
Brecht, Bertolt: Gedichte. Ausgewählt von Autoren. Mit einem Geleitwort von Ernst Bloch. Frankfurt am Main: Suhrkamp, 1975.
Brown, Robert: First Journey of Exploration Across Vancouver Island. Fairfield, Washington: Ye Galleon Press, 1863.
Burlingham, Michael John: The Last Tiffany. New York: Atheneum/Macmillan Publishing Company, 1989.
Canetti, Elias: Masse und Macht. Frankfurt am Main: Fischer Taschenbuch Verlag, 1980.
Capra, Fritjof: Wendezeit. Bern – München – Wien: Scherz-Verlag, 1985.
Carrasco, José: Chile, mein gemartertes Land. Reinbek bei Hamburg: Rowohlt, 1987.
Chatwin, Bruce: Auf Reisen. München – Wien: Carl Hanser-Verlag, 1993.
Chronik des 20. Jahrhunderts: Braunschweig: Westermann-Hermes-Verlag, 1982.
Clews, Roy: To Dream of Freedom: The Struggle of M.A.C. and the Free Wales Army. Talybont (Wales): Y Lolfa, 1980.
Duff, Wilson: The Indian History of British Columbia. Victoria: Royal British Columbia Museum, 1969.
Enzensberger, Hans Magnus: Der kurze Sommer der Anarchie. Frankfurt am Main: Verlag Suhrkamp, 1972.
Evans, Gwynfor: Fighting for Wales. Talybont (Wales): Y Lolfa, 1991.
Fried, Erich: Um Klarheit. Gedichte gegen das Vergessen. Berlin: Wagenbach, 1985.
Heisenberg, Werner: Deutsche und Jüdische Physik. Herausgegeben von Helmut Rechenberg. München: Serie Piper, 1992.
Holzinger, Hans - Jungk, Robert - Spielmann, Walter (Hg.): Delphin-Lösungen, Das Jahrbuch ,93 der kreativen Antworten. Frankfurt am Main: Horizonte-Verlag, 1992.
Horváth, Ödön von: Die stille Revolution. Frankfurt am Main: Suhrkamp, 1975.
Hotchner, A.E.: Hemingway und seine Welt. München: Heyne-Verlag, 1990.
Jungk, Robert: Trotzdem. Mein Leben für die Zukunft. München-Wien: Hanser-Verlag,1993.
Kaut, Josef: Der steinige Weg. Geschichte der sozialistischen Bewegung im Lande Salzburg. Salzburg: Graphia-Verlag, 1982.
Kohr, Leopold: Das Ende der Großen, Wien: Orac-Verlag, 1986. Originalausgabe bei Routledge & Kegan Paul, London 1957: The Breakdown of Nations.
Kohr, Leopold: Development without Aid. Llandybie – Carmarthenshire (Wales): Publisher Christopher , 1973.
Kohr, Leopold: Die überentwickelten Nationen. Salzburg: Alfred Winter, 1983. Originalausgabe bei Routledge & Kegan Paul, London 1962: The Overdeveloped Nations.
Kohr, Leopold: Is Wales Viable? Llandybie – Carmarthenshire (Wales): Publisher Christopher Davies, 1971.
Kohr, Leopold: The Academic Inn. Talybont (Wales): Y Lolfa, 1993.
Kohr, Leopold: The Inner City. Talybont (Wales): Y Lolfa, 1989.
Kohr, Leopold: The Moon Over Maastricht, in: New Perspectives Quarterly (NPQ), vierteljährlich erscheinendes Magazin, Volume 10, Los Angeles, USA, Winter 1993.
Kohr, Leopold: Weniger Staat. Gegen die Übergriffe der Obrigkeit. Wien: Econ-Verlag, 1965. Originalausgabe USA: Freedom from Government.

Kundera, Milan: Das Buch der lächerlichen Liebe. Frankfurt am Main: Fischer Taschenbuch Verlag, 1989.
Lexikon-Institut-Bertelsmann: Das moderne Lexikon in zwanzig Bänden. Gütersloh-Berlin: Bertelsmann-Verlag, 1976.
McMillan, Alan D.: Native Peoples and Cultures of Canada. Vancouver: Douglas & McIntyre Ltd., 1988.
Mumford, Lewis: Mythos der Maschine. Kultur, Technik und Macht. Die umfassende Darstellung der Entdeckung und Entwicklung der Technik. Frankfurt am Main: Fischer, 1986.
Orwell, George: Farm der Tiere. Zürich: Diogenes Verlag, 1991.
Orwell, George: Mein Katalonien. Zürich: Diogenes Verlag, 1974.
Pochlatko, Herbert - Koweindl, Karl - Pongratz, Josef: Einführung in die Literatur des deutschen Sprachraumes. Wien: Verlag Braumüller, 1977.
Read, Bill: Dylan Thomas. Reinbek bei Hamburg: Rowohlt, 1968.
Rees, Sian: Dyfed./ A Guide To Ancient and Historic Wales. London: HMSO, 1992.
Rettet unsere Städte jetzt! Acht Bürgermeister schlagen Alarm. In: Nachrichtenmagazin Stern, Hamburg 24. März 1994.
Ruby, Robert H. - Brown, John A.: Indians of the Pacific Northwest. Norman: University of Oklahoma Press, 1981.
Sager, Peter: Wales, Literatur und Politik - Industrie und Landschaft. Köln: DuMont Buchverlag, 1985.
Schumacher, E. Friedrich: A Guide For The Perplexed. London: Publisher Jonathan Cape, 1977.
Schumacher, E. Friedrich: Das Ende unserer Epoche. Reinbek bei Hamburg: Rowohlt, 1980.
Schumacher, E. Friedrich: Small Is Beautiful. London: Blond & Briggs, 1973.
Seymour, John - Girardet, Herbert: Fern vom Garten Eden, Die Geschichte des Bodens, Kultivierung, Zerstörung, Rettung. Frankfurt am Main: Wolfgang Krüger-Verlag, 1985.
Seymour, John: Laudatio für Leopold Kohr. Salzburg: Verlag Alfred Winter, 1981.
Thomas, Dylan: Collected Poems 1934 - 1953. Edited by Walford Davies and Ralph Maud. London: J. M. Dent & Sons, 1988.
Thomas, J. C.: Chasin' the Trane, Musik und Mystik von John Coltrane. Wien: Hannibal-Verlag, 1986.
Thomas, Ned: The Welsh Extremist. Modern Welsh Politics, Literature And Society. Talybont (Wales): Y Lolfa, 1973.
Troughton, William: Aberystwyth. A Portrait In Old Picture Postcards. Shropshire: S. B. Publications, Market Drayton, 1989.
Uexküll, Jakob von (Hg.): Der alternative Nobelpreis. München: Verlag Dianus-Trikont, 1985.
Uexküll, Jakob von: Projekte der Hoffnung. München: Raben-Verlag, 1990.
Voggenhuber, Johannes: Berichte an den Souverän. Salzburg: Der Bürger und seine Stadt. Salzburg: Residenz-Verlag, 1988.
Walens, Stanley: The Kwakiutl, Indians of North America. New York: Chelsea House Publishers, 1992.
Wertheimer-Ranshofen, Egon: Die Heimkehr (1946), Aufsatz geschrieben in Washington (USA), veröffentlicht in der Wochenzeitung „Neue Warte am Inn", Braunau am Inn 1957.
Winter, Alfred - Magel, Holger: Ländliche Gemeinden auf dem Weg in den Europäischen Binnenmarkt. Salzburg: Verlag Alfred Winter, 1991.
Winter, Alfred - Magel, Holger: Was braucht das Dorf der Zukunft? Philosophie oder Geld? Oder beides? Salzburg: Alfred Winter, 1988.
Winter, Alfred - Magel, Holger: Zukunftsperspektiven ländlicher Kulturarbeit. Salzburg: Alfred Winter, 1993.
Witzany, Günther: Arche Noah. Ideenforum für Wertwandel und Friedensforschung. Salzburg: Eigenverlag, 1990.
Witzany, Günther: Größenwahn-Geschwindigkeitsrausch-Vereinigungsfieber, Texte zum Ende der Fortschrittsreligion. Salzburg: Unipress-Verlag, 1992.
Witzany, Günther: Verraten und verkauft, Das EG-Lesebuch. Salzburg: Verlag Unipress-Verlag, 1993.
Wochenzeitung Neue Warte am Inn: „Dr. Egon Ranshofen-Wertheimer plötzlich verstorben", Braunau am Inn, Ausgabe vom 2. Jänner 1958, S. 3.
Wood, Barbara: Alias Papa, A Life Of Fritz Schumacher, Publisher Jonathan Cape, Thirty Bedford Square, London 1984.
Young-Bruehl, Elisabeth: Anna Freud. A Biography. New York: Summit Books, 1988

Weiterführende Informationen

Websites zu diesem Buch	leopoldkohr.wordpress.com kohr.at leopold-kohr-akademie.at
Sie finden Kohr und dieses Buch auch in Facebook:	facebook.com/leopold.kohr

Impressum

Gerald Lehner
Das Menschliche Maß. Eine Utopie?
Gespräche mit Leopold Kohr über sein Leben

Layout: Volker Toth und Andreas Rotheneder
Druck: Theiss, St. Stefan

ISBN 978-3-902932-01-3

Gefördert von Land und Stadt Salzburg und
Bundesministerium für Unterricht, Kunst und Kultur